规范化基础管理工具库

*a book solve the fine financial management*

# 精细化财务管理一本通

## 精细化财务管理全方案

张一文　王访华　主编

SPM
南方出版传媒
广东经济出版社
— 广州 —

**图书在版编目（CIP）数据**

精细化财务管理一本通：精细化财务管理全方案 / 张一文，王访华主编 . —广州：广东经济出版社，2015. 5
ISBN 978 - 7 - 5454 - 3967 - 0

Ⅰ. ①精… Ⅱ. ①张… ②王… Ⅲ. ①企业管理 - 财务管理 Ⅳ. ①F275

中国版本图书馆 CIP 数据核字（2015）第 070440 号

| | |
|---|---|
| 出版发行 | 广东经济出版社（广州市环市东路水荫路 11 号 11 ~ 12 楼） |
| 经销 | 全国新华书店 |
| 印刷 | 茂名市永达印刷有限公司<br>（茂名市计星路 144 号） |
| 开本 | 787 毫米 × 1092 毫米　1/16 |
| 印张 | 22. 5　1 插页 |
| 字数 | 437 000 字 |
| 版次 | 2015 年 5 月第 1 版 |
| 印次 | 2015 年 5 月第 1 次 |
| 书号 | ISBN 978 - 7 - 5454 - 3967 - 0 |
| 定价 | 68. 00 元 |

如发现印装质量问题，影响阅读，请与承印厂联系调换。
发行部地址：广州市环市东路水荫路 11 号 11 楼
电话：（020）38306055　37601950　邮政编码：510075
邮购地址：广州市环市东路水荫路 11 号 11 楼
电话：（020）37601980　邮政编码：510075
营销网址：http：//www · gebook. com
广东经济出版社常年法律顾问：何剑桥律师

# 编 委 会

# 前　言

对于企业来说，其目标是生存、发展和获利，所谓“无利不起早”，也就是说要赚钱。说到钱和利，企业所有的环节和工作，最终都会也只能从财务核算的信息中反映出来，而财务管理工作围绕这个企业目标的工作手段就是做好经营、投资和筹资的筹划运作。所以，企业财务管理非常重要，其管理的重点主要有以下几个方面：

第一，资产管理。包括资金、物料、固定资产、往来账项等管理内容，虽然其中有仓储、销售等使用或管理部门，但是他们往往是从数量的角度，而不是金额的角度来管理，换句话说，他们可能保证了资产的安全和完整，但是无法确保资产的价值，因此企业的资产管理只能在财务部门。

第二，经营管理。主要包括成本管理和盈利能力管理两个方面。产品成本和期间费用，发生部门在生产环节或其他部门，但是其高与低、合理与否却由财务部门来掌控，因为只有财务数据才能以货币这个全球统一的单位来体现和衡量它们。

第三，投融资管理。包括投资与筹资的筹划和运作。投资的预测和筹资的节拍对企业来说是至关重要的，而这些，也都是企业财务部门通过自己的管理工作才能够实现的。

第四，综合管理。如预算管理、研发项目管理、内控管理等，这些方向性的预测和规划，如果运用得当，会对企业产生深远的良性影响，而其影响不仅仅在最终的数据方面，更包括各项流程和人员素质、管理水平以及其他方面。

当前经济全球化浪潮势不可挡，信息技术与电子商务蓬勃发展，我国企业集团力争做大做强，这些对企业财务管理都提出了挑战。在新形势下，如何使企业的财务管理同国际接轨，如何通过加强管理来提高经济效益，这些问题值得探讨。有鉴于此，我们组织相关财务专家编写了《精细化财务管理全方案》一书。

《精细化财务管理全方案》一书从精细化管理的角度，详细介绍企业财务管理的系统架构与岗位设计，然后分阶段阐述其工作职责、关键控制点，介绍各个部门、各个阶段精细化管控所需要的流程、制度、表格；同时，列出各项任务、各个阶段常见问题和解答，以此为企业财务人员提供操作指南和借鉴，是企业财务人员的行动指南。

《精细化财务管理全方案》一书还配有实操光盘文件，把一些管理制度与管理表格等罗列出来，供使用者阅读、检索，根据企业财务管理的自身需要进行安排。

# 目　录

## 第一部分　财务管理体系构建

引言：企业的一切正常经营活动及其产生成果的全过程都要通过财务分析和会计核算来体现，为充分发挥财务管理的职能，必须建立财务管理体系，为决策层提供决策依据，并指导生产经营活动，适应市场变化，提高经营效益。



## 第二部分　全面预算管理

引言：全面预算管理是利用预算对企业内部各部门、各单位的各种财务及非财务资源进行分配、考核、控制，以便有效地组织和协调企业的生产经营活动，完成既定的经营目标。全面预算管理是企业全过程、全方位及全员参与的预算管理。

# 第三部分 投资筹资管理

**引言**：筹资活动和投资活动是现代企业财务活动的两项重头戏，特别是在发展中公司和资金密集型公司中尤显重要。加强这两项业务的管理，保障公司持续发展，规避风险，增进效益，是公司决策层和每个财务管理者的基本出发点和操守标准。

## 第四部分　会计核算管理

**引言**：会计核算就是要以货币为计量单位，去记账、算账和报账，以便真实、完整、准确、及时地反映企业的经济活动情况。其基本方法主要有设置账户的账簿、复式记录、填制和审核凭证、登记账簿、成本计算、财产清查和编制会计报表等。

# 第五部分 往来账款控制

**引言**：往来账款是企业在经济业务活动中发生的应收、应付、暂收、暂付款，是企业资产、负债的一个组成部分。加强企业往来账款的管理，对减少企业资金占压，创造良好的企业内部经营管理环境都是十分重要的。

# 第六部分　资产管理

**引言：**资产是一个企业从事生产经营活动必须具备的物质资源和条件。它们能给企业带来巨大的经济利益，是企业从事生产经营活动的物质基础。因此，企业资产管理是企业管理的重要组成部分。

# 第七部分　财务分析

**引言：**财务分析是指以财务和其他资料为依据和起点，采用专门方法，系统地分析和评价企业的过去和现在的经营成果、财务状况及其变动，协助利益关系集团改善决策。财务分析是会计核算的继续和深化，是财务工作的主要组成部分。

# 第八部分 内部审计管理

**引言：**内部审计是在现代企业制度下自我监督、自我约束机制的重要组成部分，内部审计作为完善公司治理，降低企业经营风险的手段和方法，对企业的经营管理有着重要的影响。

## 随书附赠光盘——财务规范化管理制度和表格

# 目　录

## PART 1　财务管理制度

# PART 2 财务管理表格

# 第一部分

# 财务管理体系构建

引言：

企业的一切正常经营活动及其产生成果的全过程都要通过财务分析和会计核算来体现，为充分发挥财务管理的职能，必须建立财务管理体系，为决策层提供决策依据，并指导生产经营活动，适应市场变化，提高经营效益。

# 第一章 财务管理系统

## 一、财务管理系统的定义

财务管理系统是收集、储存和传递有关利润、销售、成本等以及其他因素的信息，获得有关数据以保证各项经营活动达到预期效果，力图以最小的成本实现利润最大化的系统。

## 二、建立财务管理系统所要达到的目标

（1）以总收入最大化为目标。

（2）以利润最大化为目标。

（3）以股东财富最大化为目标。

（4）以企业价值最大化为目标。

## 三、财务管理系统所包含的范畴及边界

财务管理系统的范畴是根据企业的经营发展，在科学预测的基础上拟订各项财务预算；正确及时地筹集资金，合理地使用资金，加强企业资产存量管理；采取有效措施降低成本费用，增加企业利润；正确进行股利分配，及时完成纳税等任务；实行财务监督、维护企业的合法经济利益；建立健全激励体制，实现财务管理系统的最终目标。

其边界对内涉及企业全体员工；对外涉及财政、税务、审计、银行等有关部门，若干供应商及其他与财务有业务联系的单位及个人。

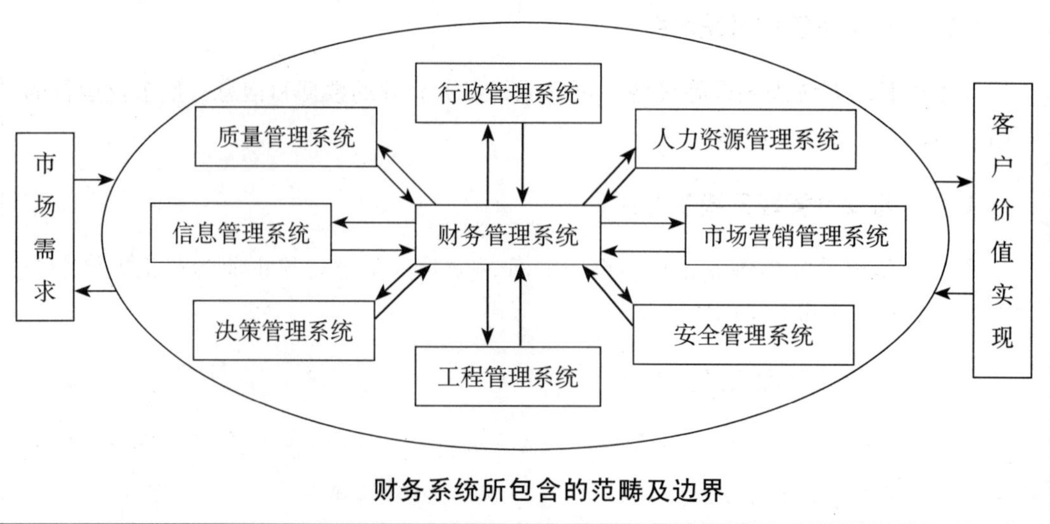


财务系统所包含的范畴及边界

## 四、财务管理系统与其他管理系统之间的关系

### （一）与决策管理系统的关系

为决策管理系统提供企业财务管理的数据和信息，使决策层能正确地制订企业的经营目标和长期发展规划。

### （二）与市场营销管理系统的关系

为市场营销管理系统提供财务管理数据和信息，使企业营销工作能正确地分析、选择客源市场，掌握客户消费及信誉状况，促进企业不断创新，为客户提供优质服务。

### （三）与人力资源管理系统的关系

为人力资源管理系统提供人力资源财务管理的数据和信息，通过加强人力资源成本的控制，合理、科学地安排人力、挖掘潜力，充分调动员工的积极性和创造性，为企业发展储备人力资源。

### （四）与质量管理系统的关系

为质量管理系统提供财务管理的数据和信息，使企业做好各项质量管理工作的同时，每个部门、每个岗位都有明确的职责，在保证服务质量标准的前提下，降低成本，提高工作效率和经济效益。

### （五）与信息管理系统的关系

为信息管理系统提供财务管理的数据和信息，并充分利用信息管理系统的信息高速处理系统，及时、准确地核算、分析、统计各项财务管理工作，提高财务管理质量。

### （六）与工程管理系统的关系

为工程管理系统提供设施设备，正确运行财务管理的数据和信息，使企业运行的设施设备经济、安全、完整。

### （七）与安全管理系统的关系

为安全管理系统提供完全保障财务管理的数据和信息，使企业为员工提供一个安全、舒适的工作和生活环境。

### （八）与行政管理系统的关系

为行政管理系统提供企业财务管理的数据和信息，使行政管理的政令畅通，保证企业经营管理活动有序健康发展。

## 五、财务管理系统的操作流程图

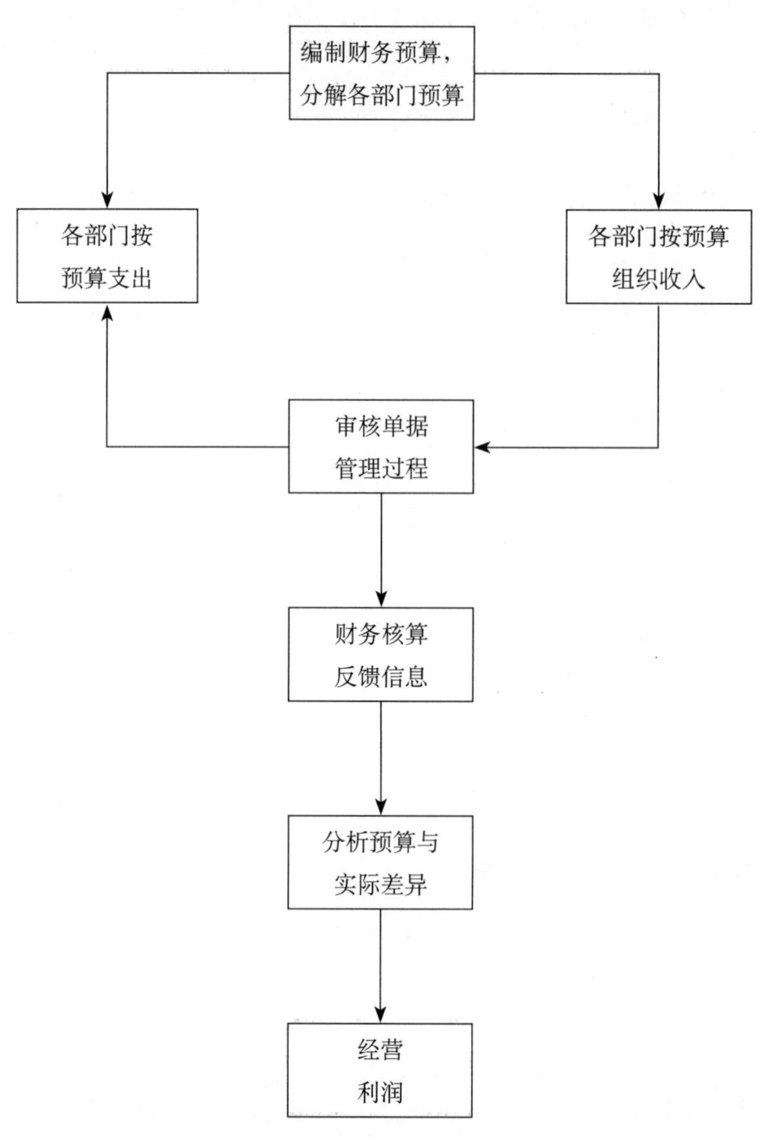


财务管理系统的操作流程图

# 第二章 财务部的构建

财务部是企业、事业机构设立的职能部门，负责本机构的财务管理。一般由财务总监、财务部经理、审计主管、会计、助理会计、出纳员、收银员等组成。

## 一、财务部的主要职能

主要职能是在本机构一定的整体目标下，进行资产的购置（投资）、资本融通（筹资）和经营中现金流量（营运资金）以及利润分配的管理。

（1）严格执行国家财经纪律，遵守会计法规，具体负责公司财务管理制度的实施和运转。

（2）定期进行财务分析，对单位财务管理提出增收节支的建议；加强财务管理，分月、季、年编制和执行财务计划，正确合理调度资金，提高资金使用效率，指导各部门搞好经济核算，为企业发展积累资金。

（3）审核公司各单位、部门编制的财务收支计划；对各单位、部门的资金使用情况进行监管。

（4）审查各部门的开支计划，认真执行费用报销制度，并转报总经理；组织财会人员搞好会计核算，正确、及时、完整地记账、算账、报账，全面反映给企业领导，及时提供真实的会计核算资料。

（5）负责做好资金管理，负责组织公司内部各个环节的财务收支情况，按规定程序、手续及时做好资金回笼，准时进账、存款，保证日常合理开支需要的供给。

（6）负责组织贯彻执行《会计法》等法规公司财务制度财经纪律，建立健全财务管理的各项制度，发现问题及时纠正，重大问题及时报告总经理；支持会计、出纳人员依法行使管理职责。

（7）参与公司经营管理，围绕提高企业的管理水平和经济效益，为总经理当家理财、把关和经营进行参谋；参与重要经济合同和经济协议的研究、审查，并负责对新产品、新项目的开发、技术改造、商品（劳务）价格和工资奖金方案的审核，及时提出具体的改进措施。

（8）负责与财政、税务、金融部门的联系，协助总经理处理好与这些部门的关系，及时掌握财政、税务及外汇动向；组织财务人员，定期开展财务分析工作，考核经营成果，分析经营管理中存在的问题，及时向领导提出建议，促进企业不断提高管理水平。

## 二、财务部的组织架构

不同的组织由于所属行业和规模不同，财务部的组织架构也不尽相同。在这里提供几个企业中常见的财务部设置模式作为参考。

### （一）大型组织财务部组织架构

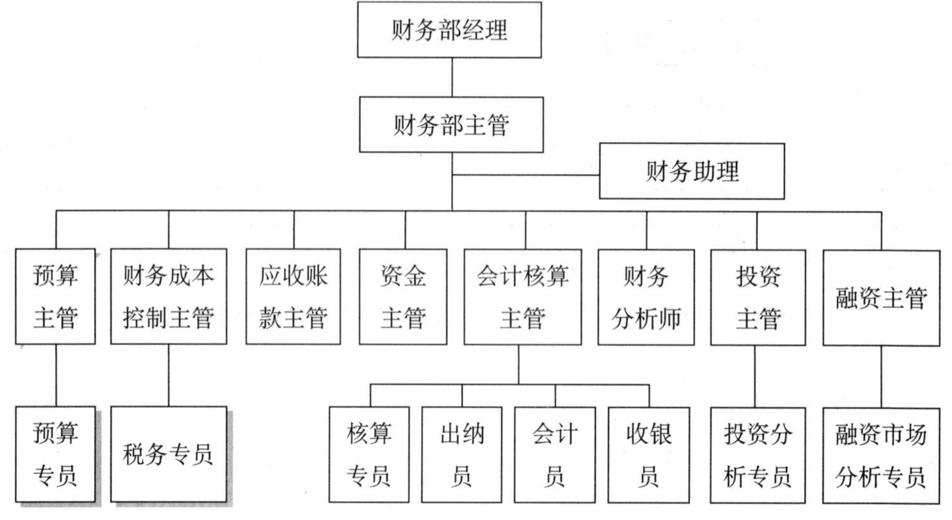


大型组织财务部组织架构（一）

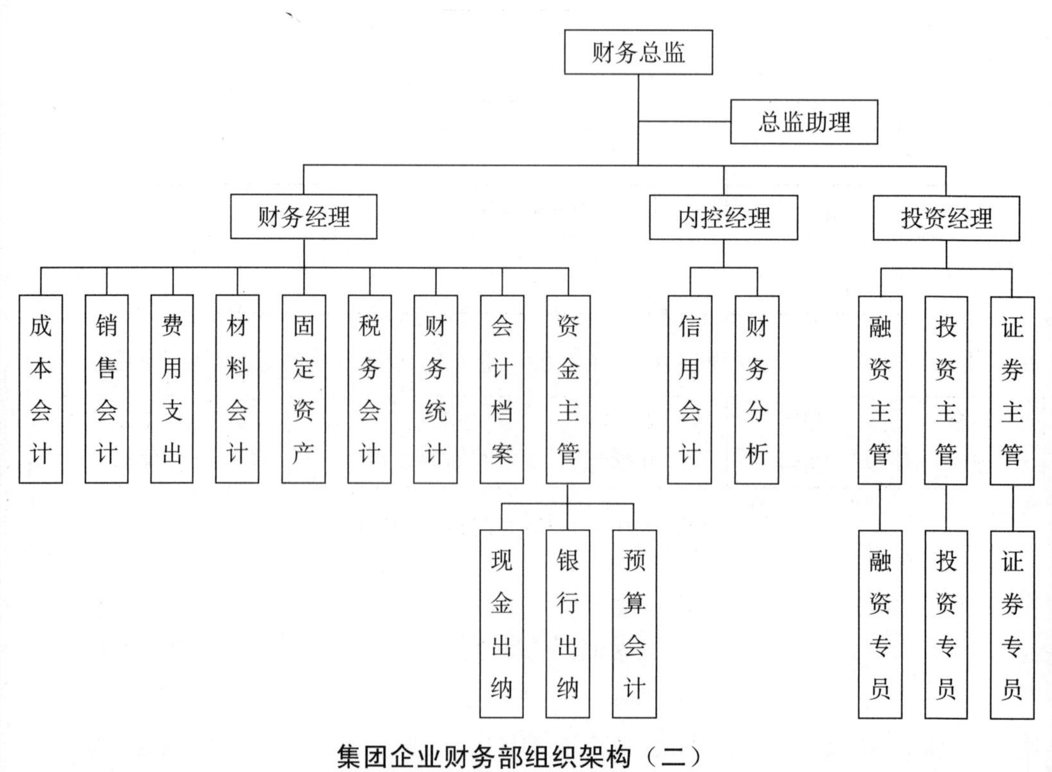


集团企业财务部组织架构（二）

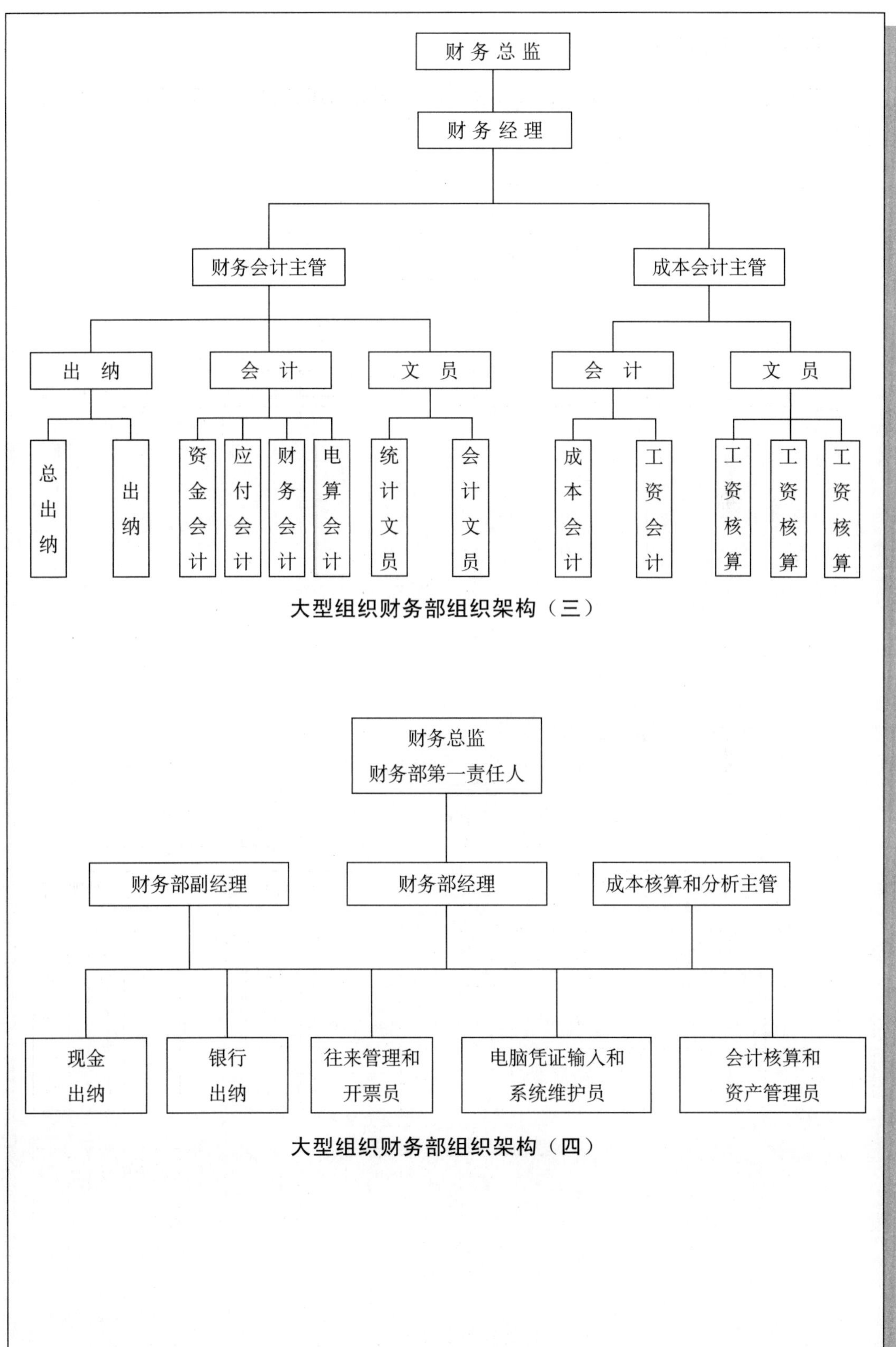


大型组织财务部组织架构（三）



大型组织财务部组织架构（四）

## （二）中型组织财务部组织架构

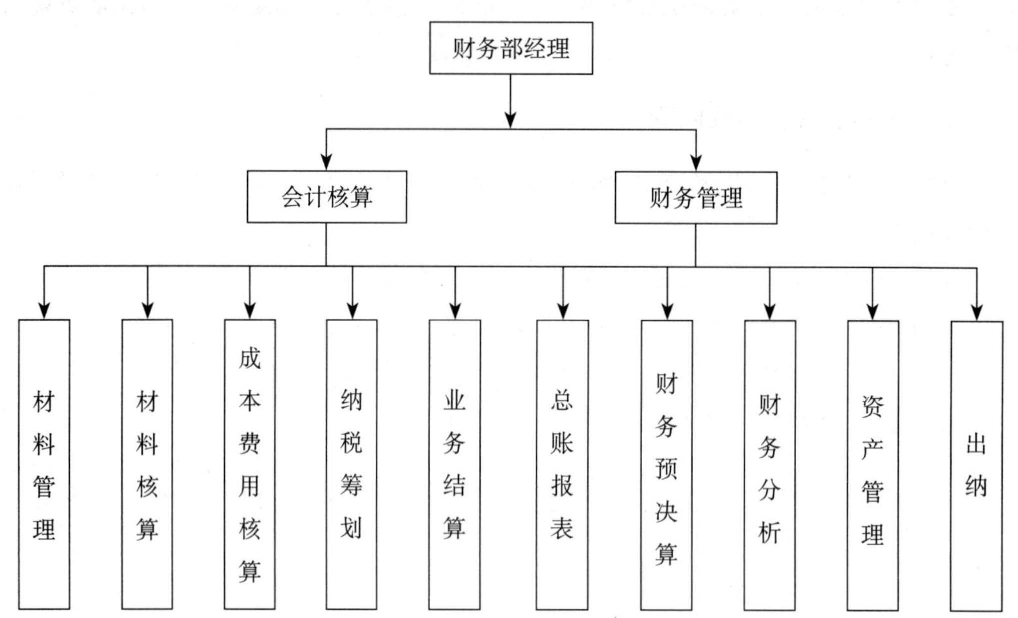


中型组织财务部组织架构

## （三）小型组织财务部组织架构

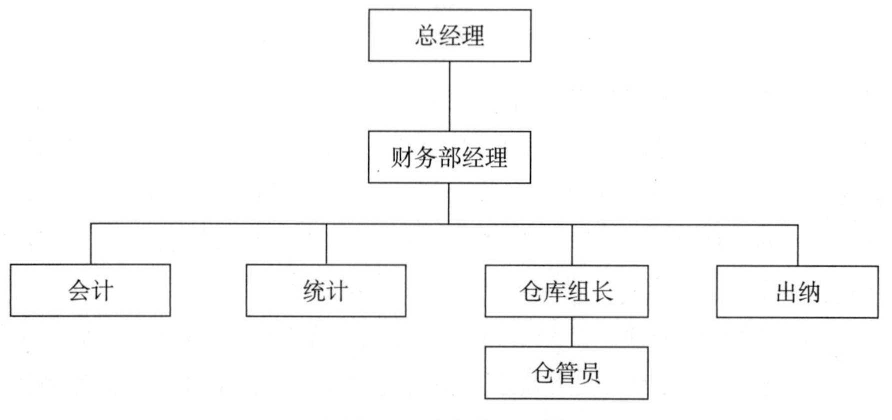


小型组织财务部组织架构

## 三、财务部各岗位的职责

不同的企业财务部的岗位设置不一样，在此我们尽可能地提供一些岗位职责说明供参考：

### （一）财务总监岗位职责

（1）负责建立、实施企业发展的稳健的财务战略和成本战略，以支持公司既定目标的实现。

（2）负责公司筹资、投资的筹划工作，做好企业的理财工作。

（3）保证公司和项目公司在最小风险下正常、有序运营。

（4）领导公司财务部工作，沟通和协调公司内外部联系。

（5）负责编制公司的有关财务资金收支计划，成本费用控制计划，督促公司各职能部门每月26日将部门下月用资计划交财务部，以编制集团资金计划表。督促并审定部门成本核算和分析人员在每月25日前完成集团各类成本表，为公司降低成本消耗提供依据。

（6）负责集团内部的资产和财物的管理监督工作。

（7）每月对公司的经营、工程施工等环节进行财务分析。

（8）负责对公司的财务状况进行分析；定期（每季度）编制财务分析报告。

（9）负责公司合同的审核工作，保障公司的利益不受侵犯。

（10）负责集团的应收、应付审核工作。

（11）建立和完善公司财务管理的内部控制制度。

（12）指导公司按上市公司的要求编制会计报表。

（13）负责审查各公司的财务账目和会计报表。

（14）负责组织财务部人员学习国家最新财经政策、法规，提高财务人员的管理水平和服从执行能力；每月两次对公司管理人员就职业道德和成本控制进行培训。

（15）负责对公司本部及各项目公司的经理、财务和审计人员进行离任监督。

（16）负责安排和配合各类监管部门对公司财务的检查。

（17）每日对部门经理、副经理和主管的当日工作进行检查并以电子文档形成向行政人事部汇报，每周认真审核本部门的监督检查总评工作，并于每周不少于一次对本部门进行检查工作，召开本部门会议并就检查结果进行评说，优秀的嘉奖（并报总办批奖金、加薪），好的表扬，不好的限期整改，并将评说用简要的文字在网上向总办汇报。

（18）每日对财务部经理和主管工作进行核实，保证每周不少于一次在现场进行工作检查。

### （二）财务经理岗位职责

（1）在公司财务总监的领导下，负责主持财务部的全面工作，组织并督促部门人员全面完成本部职责范围内的各项工作任务。

（2）贯彻落实本部岗位责任制和工作标准，密切与生产、业务、采购、仓库等部门的工作联系，加强与有关部门的协作配合工作。

（3）负责组织公司财务管理制度、会计成本核算规程、成本管理会计监督及其有关的财务专项管理制度的拟订、修改、补充和实施。

（4）组织领导编制公司财务计划、审查财务计划。拟订资金筹措和使用方案，全面平衡资金，开辟财源，加速资金周转，提高资金使用效果。

（5）组织领导本部门按上级规定和要求编制财务决算工作。

（6）负责组织公司的成本管理工作。进行成本预测、控制、核算、分析和考核，降低消耗、节约费用，提高盈利水平，确保公司利润指标的完成。

（7）负责建立和完善公司财务稽核、审计内部控制制度，监督其执行情况。

（8）负责审核公司的报表、记账凭证。

（9）负责定期编制财务分析报告，考核经营成果，并及时提出建议，促进公司不断提高管理水平。

（10）负责审核上报财政、税务、工商、海关等部门的税务资料。

（11）负责协助各部门制定考核指标，分析各考核指标的执行情况，并及时提出改进措施。

（12）审查公司经营计划及各项经济合同，并认真监督其执行，参与公司技术、经营以及产品开发、基本建设、技术改造和其他项目的经济效益的决议。

（13）参与审查调整价格、工资、奖金及其涉及财务收支的各种方案。

（14）组织考核、分析公司经营成果，提出可行的建议和措施。

（15）负责会计人员的业务培训。规划会计机构、会计专业职务的设置和会计人员的配备，组织会计人员培训和考核。

（16）负责向公司董事会汇报财务状况和经营成果。定期或不定期汇报各项财务收支和盈亏情况，以便管理层及时进行决策。

（17）有权向主管领导提议下属人选，并对其工作考核评价。

（18）完成公司领导交办的其他工作任务。

### （三）会计主管岗位职责

（1）协助财务经理制订业务计划、财务预算、监督计划。

（2）核签、编制会计凭证，整理保管财务会计档案。

（3）登记保管各种明细账、总分类账。

（4）定期对账，如发现差异，查明差异原因，处理结账时有关的账务调整事宜。

（5）设计、修订会计制度、会计表单，分析财务结构，编制会计报告、报表。

（6）具体执行资金预算及控制预算内的经费支出，管理往来账、应收、应付款、固定资产、无形资产，每月计提核算税金、费用、折旧等费用项目。

（7）完成财务经理交办的其他工作。

### （四）预算主管岗位职责

（1）建立、改进、完善预算管理体系，建立相应的执行、控制机制，起草修改配套的制度、规章。

（2）对公司整体发展战略实施方案的可行性进行分析，与相关业务部门进行沟通，确保发展战略得以有效实施。

（3）对公司整体发展战略提供财务方面的可行性分析。

（4）按照公司中长期发展战略，制订中长期财务规划。

（5）根据公司短期发展目标，制定公司年度全面预算，组织编制全系统预算，建立和维护公司的预算管理系统。

（6）对各部门编制的预算草案进行加工，汇编成企业的销售预算、采购预算、费用预算。

（7）负责编制公司财务预算及财务部门费用预算。

（8）通过预算系统监督和控制预算单位的预算执行情况，形成预算执行报告。

（9）定期汇总、综合分析各部门编制的简要预算执行差异分析报告。

（10）根据实际经营情况，定期更新已编制的预算，使企业的预算更趋准确。

### （五）财务成本控制主管岗位职责

（1）在各种预算基础上提出成本控制计划。

（2）进行项目清算。

（3）根据月度、季度、年度财务状况主持各项财务分析，并对所得分析结果做出解释。

（4）向上级提出有关改进财务系统和财务运转的建议。

（5）向上级提交财务报告。

### （六）应收账款主管岗位职责

（1）监控指定账户的应收账款子系统。

（2）分析并调整应收账户交易和数据。

（3）审核应收账目清单，调整应收账目差异。

（4）每月给销售经理提供详细账目清单。

（5）通过账目分析，对超期应收款提出具体处理建议与应收账目。

（6）依据会计准则和有关的规定，记录会计系统中与应收账目有关的财务活动。

（7）协助外部机构对应收账目的审核，应答其质疑，并向其提供有关信息。

（8）准备月度应收账目报表。

（9）向审计人员提供资料支持。

### （七）资金主管岗位职责

（1）编制公司年度资金预算及控制公司年度资金预算的执行。

（2）编制资金筹集计划，监督筹措资金的使用情况。

（3）编制公司月度流动资金计划，分析月度资金使用情况。

（4）研究与实施公司融资工作。

（5）分析公司资金的使用效益并按期写出分析报告。

（6）分析资金项目的投入情况。

### （八）投资主管岗位职责

（1）分析经济形势，对公司的投资项目进行市场调研、数据收集和可行性分析。

（2）设计投资项目，并对其进行财务预测、风险分析。

（3）为投资项目准备推介性文件，编制投资调研报告、可行性研究报告及框架协议相关内容，并拟订项目实施计划和行动方案，供公司领导和潜在客户参考。

（4）参与投资项目谈判，建立并保持与合作伙伴、主管部门和潜在客户的良好的业务关系。

（5）参与投资项目的直接或间接管理，监控和分析投资项目的经营管理，并及时提出业务拓展和管理改进的建议。

（6）完成上级安排的其他工作。

### （九）融资主管岗位职责

（1）建立、开发和管理公司与国内外资本市场的业务渠道。

（2）开拓公司对外融资业务市场，并维护与客户的关系。

（3）策划、设计和实施公司项目融资方案。

（4）联络及协调与部门业务相关的专家顾问的工作。

（5）关注公司其他部门业务的开发和项目进展，做好相关的配合和服务工作。

### （十）财务分析师岗位职责

（1）分析公司财务状况，研究行业内公司信息，对筹（融）资策略进行财务分析和财经政策跟踪。

（2）预测公司财务收益和风险，建立公司财务管理政策和制度。

（3）分析评估各项业务和各部门业绩，提供财务建议和决策支持。

（4）预测并监督公司现金流和各项资金使用情况。

（5）参与投资和融资项目的财务测算、成本分析、敏感性分析，配合制定投资和融资方案。

（6）撰写财务分析报告、投资财务调研报告、可行性研究报告。

（7）协调公司和部门的其他工作。

### （十一）预算专员岗位职责

（1）协助建立、改进、完善预算管理体系，建立相应的执行、控制机制，起草修改配套的制度、规章。

（2）根据预算体系及管理的需要设计修改内部管理报表，并对预算表格进行整理分析，理清数据关系，改进改善管理制度及表格。

（3）协助编制公司全面经营预算，并负责预算的跟踪管理。

（4）根据预算监控日常支出，并定期进行反馈。

（5）按时、按质、按需提供内部管理报表，对公司经营状况和预算执行情况进行分析。

（6）按时进行年度预算的编制工作。

（7）及时反映预算基础的变化，根据制度进行预算调整。

### （十二）投资分析专员岗位职责

（1）在上级的领导下，具体承揽开发部门项目并设计方案，组织实施项目计划，定期汇报工作进度，确保项目的顺利进行。

（2）作为项目小组成员，按照业务分工实施项目工作。

（3）对投资项目进行财务调查、财务测算、成本分析、敏感性分析。

（4）及时向上级汇报对项目进行产生重大影响的事件或变动信息。

（5）在上级的领导下，收缴项目收益。

（6）参加部门的有关管理会议，参与重大业务及管理决策。

（7）收集、整理项目档案。

### （十三）核算专员岗位职责

（1）制定与会计核算有关的各项规章制度，随时检查各项财务制度的执行情况，对其中出现的问题及时制止、纠正。

（2）进行成本核算的预测、计划、控制、分析以及考核运作，督促公司各部门降低消耗，节约费用、提高经济效益。

（3）利用财务会计资料进行经济活动分析。

（4）指导会计人员的核算业务工作，改善工作质量和服务态度，做好绩效考核工作。

（5）分析税收、外汇管理政策，负责与税务、外汇管理局等机关的联系与协调工作。

### （十四）资本市场分析专员岗位职责

（1）研究行业内企业信息，对企业所处的资本市场和政策变动情况进行全面评估和分析。

（2）分析企业财务状况，分析并评价企业的资本负债结构。

（3）评价企业的交易以及资金流动、投资状况和外汇状况等。

（4）培训指导财务工作人员。

（5）协助企业其他人员对复杂的资本市场进行分析预测。

（6）对行业内企业行为和趋势进行分析。

### （十五）税务会计岗位职责

（1）根据国家财务会计法规和行业会计规定，结合公司特点，负责拟订公司会计核算的有关工作细则和具体规定，报经领导批准后组织实施。

（2）根据国家会计法规规定，准确、及时地做好账务和结算工作，正确进行会计核算，填制和审核会计凭证，登记明细账和总账，对款项和有价证券的收付，财物的收发、增减和使用，资产基金增减和经费收支进行核算。

（3）负责编制公司月度、年度会计报表、年度会计决算及附注说明和利润分配核算工作，并按时提交相关报表给公司董事会审核。

（4）负责公司税金的计算、申报和解缴工作，协助有关部门开展财务审计和年检。

（5）负责会计监督。根据规定的成本、费用开支范围和标准，审核原始凭证的合法性、合理性和真实性，审核费用发生的审批手续是否符合公司规定。

（6）及时做好会计凭证、账册、报表等财会资料的收集、汇编、归档等会计档案管理工作。

（7）主动进行财会资讯分析和评价，向领导提供及时、可靠的财务信息和有关工作建议。

（8）协助做好部门内务工作，负责指导及安排税务会计助理的日常工作，完成财务经理安排的其他工作。

### （十六）总账会计岗位职责

（1）负责审核出纳现金及银行存款余额是否账实相符，并与ERP系统相核对。

（2）负责现金收支单据的审查。审查单据是否符合相关规定，项目是否填写齐全，数字计算是否正确，大小金额是否相符，有关签名和盖章是否齐全等。

（3）负责复核仓库实物账务的准确性以及存货盘点表的准确性，保证账实相符、保证仓库实物账与总账、明细账数据、金额相一致。每月审核成本会计编制的盘盈、盘亏报告表，盘盈、盘亏报财务经理和总经理审批后，按规定进行账务处理。

（4）负责定期对已审核的原始凭证进行会计凭证处理，并定期传递给财务经理审核，经审核无误后，将其作为正式会计凭证登账。填制记账凭证应做到数字真实、内容完整、账物相符。

（5）负责公司费用的核算，认真审核相关费用单据。并按部门归集、分配各项管理费用，编制各部门费用明细表，定期进行纵向分析。对公司费用开支异常情况及时汇报给财务经理或董事会，促使各部门杜绝浪费，自觉节约。

（6）负责公司往来债权债务账目的定期检查，包括与集团公司往来账务的检查核对，按时与往来应付、应收会计核对明细账目，发现呆账及账实不符情况，及时上报财务经理或董事会处理。

（7）负责公司日常财务核算，负责公司各项固定资产的登记、核对，按规定计提折旧，建立固定资产台账。

（8）负责编制和登记各类明细账、总账并定期结账。

（9）负责编制会计报表以及编制报表明细表，并进行财务报告分析。应在每月15日之前提交上月份的相关报表给公司财务经理、董事会审核。

（10）负责整理会计资料。对会计资料及有关经济资料，应按月进行整理、装订，做到单据完整、凭证整洁、美观、易查。

（11）监督月末、年末存货的盘点工作。

（12）负责指导及安排总账助理人员日常工作。完成财务经理安排的其他工作。

### （十七）成本会计岗位职责

（1）在财务经理领导下，按照国家财会法规、公司财会制度和成本管理有关规定，负责拟订公司各处成本核算实施细则，在上级批准后组织执行。

（2）主动与有关人员对公司重大项目、产品等进行成本预算、编制项目成本计划，提供有关的成本资料。

（3）负责公司产品成本核算、成本分析工作，按时编制相关产品成本核算、成本分析报表。应在每月15日之前提交相关报表给公司财务经理、董事会审核。

（4）负责每月检查、核实材料仓及成品仓的发出物品及物料统计是否完整无误。负责仓库提供的盘点报告表与仓库存货明细账进行核对，以确定存货的盘盈、盘亏，并编制相关的盘盈、盘亏报表。

（5）负责检查车间补料的单据，发现异常及时反馈上级主管，促使各部门及时改进措施。

（6）负责对车间维修用品申请领用、各部门办公用品申请领用的情况进行监控，发现异常及时反馈上级主管，并提出各部门用品的领用标准。

（7）负责公司采购物料、实际入库物料、实际领料的数据统计及分析，并按时编制相关的报表提交给董事会、财务经理、审计人员，并提出物料控制的相关建议。

（8）不断监督、调查各部门执行成本计划情况，并就出现的问题及时上报。按时提出降低成本的控制措施和建议。

（9）做好相关成本资料的整理、归档、数据库建立、查询、更新工作。

（10）负责指导及安排财务输单员日常工作。完成财务经理安排的其他工作。

### （十八）往来应付会计岗位职责

（1）负责每月与往来客户对账。要求每月20日前核对完所有客户的往来对账单，并将往来对账单妥善保管，并定期按客户装订成册，以备查询。

（2）负责审核采购部出具的订购单、客户送货单、仓库每日进仓明细表是否一致，包括单价、金额、数量等明细项目。及时提醒仓库提交有关的入库单据。

（3）负责审核仓库提交的有关单据与财务输单员在ERP系统的入库单的有关项目是否一致，如不一致，应及时通知财务输单员更改ERP数据。

（4）负责公司外发加工单的审核，并及时输入ERP系统调整应付余额。

（5）负责定期与总账会计的总账、明细账的往来账科目相互核对，做到账账相符。

（6）负责与及时与采购部门、供应商的沟通，保证往来账目清晰、准确。

（7）定期进行往来账的清查核对工作，在清查过程中，若发现确实无法收回的往来款项，应查明原因，分清责任，并按规定程序上报有关部门及董事会批示。

（8）定期编制应付账款结余明细表，并交给董事会及出纳人员，以便公司安排付款事宜。

（9）负责及时将物料采购进仓单据整理好，月末时交总账会计进行账务处理。

（10）完成财务经理安排的其他工作。

### （十九）工资核算会计岗位职责

（1）负责每月及时向人事部、车间管理部门、后勤部及相关部门索取有关资料，每月按时核算公司员工工资。要求在每月20日之前能够完成上月工资明细表的编制工作。

（2）负责结算辞工人员工资。

（3）及时清查人事部门提供的员工考勤记录及加班工时记录，并要求相关人员配合。

（4）保管公司领导关于公司员工工资调整批示。

（5）按月对已计算但未有领取的工资进行清理，以便出纳人员办理相关手续交总账人员处理。

（6）完成财务经理安排的其他工作。

### （二十）出纳岗位职责

（1）负责管理公司日常备用现金。严格遵守公司资金管理办法等相关制度，做到现金日清月结。并应每日清查盘点现金，保证账证相符、账款相符，发现差错应及时清查更正。

（2）负责公司日常现金收付业务。每日及时登记现金日记账，审核现金支付单据是否符合相关规定，包括审查报销手续、发票单据、金额是否准确无误，临时借支的用途、使用期限和报销期限等。

（3）负责管理公司银行存款账户及办理银行款项收付工作。每月按时到银行取得银行对账单，并与银行账相互核对，如有差异应及时编制银行余额调节表。

（4）严格审查临时借支的用途、报销控制使用限额和报销期限。

（5）负责保管及整理公司资金收付的有关单据，并及时交予总账助理人员进行账务处理。

（6）负责公司的资金预算工作，按时编制公司资金使用报表，并报送相关领导。

（7）负责公司工资的发放。

（8）完成财务经理安排的其他工作。

### （二十一）财务输单员岗位职责

（1）负责审核供应商送货单、采购订单以及每日入库明细表，完成ERP系统输入工作。

（2）负责将实际盘点数据输入ERP系统，督促仓库查找盘点差异，每月整理盘点差异表提交给管理层。

（3）负责核对采购订单材料与实际入库材料差异，并按时提交给成本会计人员完成材料差异报表。

（4）协助往来应付会计，对仓库提交各类单据的及时性进行监督。

（5）负责完成财务经理或成本会计安排的其他工作。

# 第二部分

# 全面预算管理

引言：

全面预算管理是利用预算对企业内部各部门、各单位的各种财务及非财务资源进行分配、考核、控制，以便有效地组织和协调企业的生产经营活动，完成既定的经营目标。全面预算管理是企业全过程、全方位及全员参与的预算管理。

# 第一章 基础知识

## 第一节 认识全面预算

### 一、预算与全面预算

预算是一种系统的方法，用来分配企业的财务、实物及人力等资源，以实现企业既定的战略目标。企业可以通过预算来监控战略目标的实施进度，有助于控制开支，并预测企业的现金流量与利润。

全面预算反映的是企业未来某一特定期间（一般不超过一年或一个经营周期的全部生产、经营活动的财务计划），它以实现企业的目标利润（企业一定期间内利润的预计额，是企业奋斗的目标，根据目标利润制定作业指标，如销售量、生产量、成本、资金筹集额等）为目的，以销售预测为起点，进而对生产、成本及现金收支等进行预测，并编制预计损益表、预计现金流量表和预计资产负债表，反映企业在未来期间的财务状况和经营成果。

### 二、为什么要进行全面预算管理

预算管理是信息社会对财务管理的客观要求。市场风云变幻，能否及时把握全面预算管理信息，抓住机遇是企业驾驭市场的关键。

全面预算管理对现代企业的意义很大：

#### （一）提升战略管理能力

战略目标通过全面预算加以固化与量化，预算的执行与企业战略目标的实现成为同一过程；对预算的有效监控，将确保最大限度地实现企业战略目标。

通过预算监控可以发现未能预知的机遇和挑战，这些信息通过预算汇报体系反映到决策机构，可以帮助企业动态地调整战略规划，提升企业战略管理的应变能力。

#### （二）有效的监控与考核

（1）预算的编制过程向企业和各部门双方提供了设定合理业绩指标的全面信息，同时预算执行结果是业绩考核的重要依据。

（2）将预算与执行情况进行对比和分析，为经营者提供了有效的监控手段。

### （三）高效使用企业资源

（1）预算计划过程和预算指标数据直接体现了公司和各部门使用资源的效率以及对各种资源的需求，因此是调度与分配企业资源的起点。

（2）通过全面预算的编制和平衡，企业可以对有限的资源进行最佳的安排使用，避免资源浪费和低效使用。

### （四）有效管理经营风险

（1）全面预算可以初步揭示企业下一年度的经营情况，使可能的问题提前暴露。

（2）参照预算结果，公司高级管理层可以发现潜在的风险所在，并预先采取相应的防范措施，从而达到规避与化解风险的目的。

### （五）收入提升及成本节约

（1）全面预算管理和考核、奖惩制度共同作用，可以激励并约束相关主体追求尽量高的收入增长和尽量低的成本费用。

（2）编制全面预算过程中相关人员要对企业环境变化做出的理性分析，从而保证企业的收入增长和成本节约计划切实可行。

（3）预算执行的监控过程关注收入和成本这两个关键指标的实现和变化趋势，这迫使预算执行主体对市场变化和成本节约造成的影响作出迅速有效的反应，提升企业的应变能力。

## 三、全面预算管理的特点

全面预算管理具有以下特点：

（1）对未来的精确规划。

（2）以提高企业整体经济效益为根本出发点。全面预算管理将企业管理的职能化整合为企业管理的整体化，讲究联合管理、联合行动，大大提高了管理效率，从而增进企业经济效益。

（3）以价值形式为主的定量描述。

（4）以市场为导向。在企业全面预算的编制、监督、控制与考核中必须始终牢牢树立以市场为导向的管理意识，注意把握市场的特点和变动，揣摩市场规律，并在实际工作中较好地运用规律为企业创造效益。

（5）以企业全员参与为保障。只有企业全体人员重视并积极参与预算编制工作，企业制定的预算才易于被员工接受，才能减少企业管理层和一般员工之间的信息不对称造成的负面影响，为顺利实现企业全面预算管理目标提供保障。

（6）以财务管理为核心。预算的编制、执行、控制和考评等一系列环节，以及众多信息的收集、传递工作都离不开财务管理工作，财务管理部门是全面预算管理的中坚力量，具有不可替代的重要作用。

## 第二节　关键控制点

预算管理是企业对未来整体经营规划的总体安排，是一项重要的管理工具，能帮助管理者进行计划、协调、控制和业绩评价。

### 一、宜自上而下、自下而上、上下结合

整个过程为：

（1）先由高层管理者提出企业总目标和部门分目标。

（2）各基层单位根据一级管理一级的原则据以制定本单位的预算方案，呈报分部门。

（3）分部门再根据各下属单位的预算方案，制定本部门的预算草案，呈报预算委员会。

（4）最后，预算委员会审查各分部预算草案，进行沟通和综合平衡，拟订整个组织的预算方案。

（5）预算方案再反馈回各部门征求意见。

（6）经过自下而上、自上而下的多次反复，形成最终预算，经企业最高决策层审批后，成为正式预算，逐级下达各部门执行。

### 二、以营业收入、成本费用、现金流量为重点

营业收入预算是全面预算管理的中枢环节，它上承市场调查与预测，下启企业在整个预算期的经营活动计划。营业收入预算是否得当，关系到整个预算的合理性和可行性。成本费用预算是预算支出的重点，在收入一定的情况下，成本费用是决定企业经济效益高低的关键因素；制造成本和期间费用的控制也是企业管理的基本功，可以反映出企业管理的水平。现金流量预算则是企业在预算期内全部经营活动和谐运行的保证，否则整个预算管理将是无米之炊。在企业预算管理中，特别是对资本性支出项目的预算管理，要坚决贯彻“量入为出，量力而行”的原则。这里的“入”一方面要从过去自有资金的狭义范围拓宽到举债经营，同时又要考虑企业的偿债能力，杜绝没有资金来源或负债风险过大的资本预算。

## 三、建立单位、部门行政主要负责人责任制

开展全面预算管理，是企业强化经营管理，增强竞争力，提高经济效益的一项长期任务。因此，要把全面预算管理作为加强内部基础管理的首要工作内容，成立预算管理组织机构，并确定预算管理的第一责任人为各单位、部门的行政主要负责人，切实加强领导，明确责任，落实措施。

## 四、推行须切实抓好“四个结合”

### （一）要与实行现金收支两条线管理相结合

预算控制以成本控制为基础，现金流量控制为核心。只有通过控制现金流量才能确保收入项目资金的及时回笼及各项费用的合理支出；只有严格实行现金收支两条线管理，充分发挥企业内部财务结算中心的功能，才能确保资金运用权力的高度集中，形成资金合力，降低财务风险，保证企业生产、建设、投资等资金的合理需求，提高资金使用效率。

### （二）要同深化目标成本管理相结合

全面预算管理直接涉及企业的中心目标——利润，因此，必须进一步深化目标成本管理，从实际情况出发，找准影响企业经济效益的关键问题，瞄准国内外先进水平，制定降低成本、扭亏增效的规划、目标和措施，积极依靠全员降成本和科技降成本，加强成本、费用指标的控制，以确保企业利润目标的完成。

### （三）要同落实管理制度、提高预算的控制和约束力相结合

预算管理的本质要求是一切经济活动都围绕企业目标的实现而开展，在预算执行过程中落实经营策略，强化企业管理。因此，必须围绕实现企业预算，落实管理制度，提高预算的控制力和约束力。预算一经确定，在企业内部即具有“法律效力”，企业各部门在生产营销及相关的各项活动中，要严格执行，切实围绕预算开展经济活动。企业的执行机构按照预算的具体要求，按“以月保季，以季保年”的原则，编制季、月滚动预算，并建立每周资金调度会、每月预算执行情况分析会等例会制度。按照预算方案跟踪实施预算控制管理，重点围绕资金管理和成本管理两大主题，严格执行预算政策，及时反映和监督预算执行情况，适时实施必要的制约手段，把企业管理的方法策略全部融会贯通于执行预算的过程中，最终形成全员和全方位的预算管理局面。

### （四）要同企业经营者和职工的经济利益相结合

全面预算管理是一项全员参与、全面覆盖和全程跟踪、控制的系统工程，为了确保预算各项主要指标的全面完成，必须制定严格的预算考核办法，依据各责任部门对预算的执行结果，实施绩效考核。可实行月度预考核、季度兑现、年度清算的办法，并做到清算结果奖惩坚决到位。把预算执行情况与经营者、职工的经济利益挂钩，奖惩分明，从而使经营者、职工与企业形成责、权、利相统一的责任共同体，最大限度地调动经营者、职工的积极性和创造性。

# 第二章　管控工具

## 第一节 流程管控

### 一、财务预算管理流程

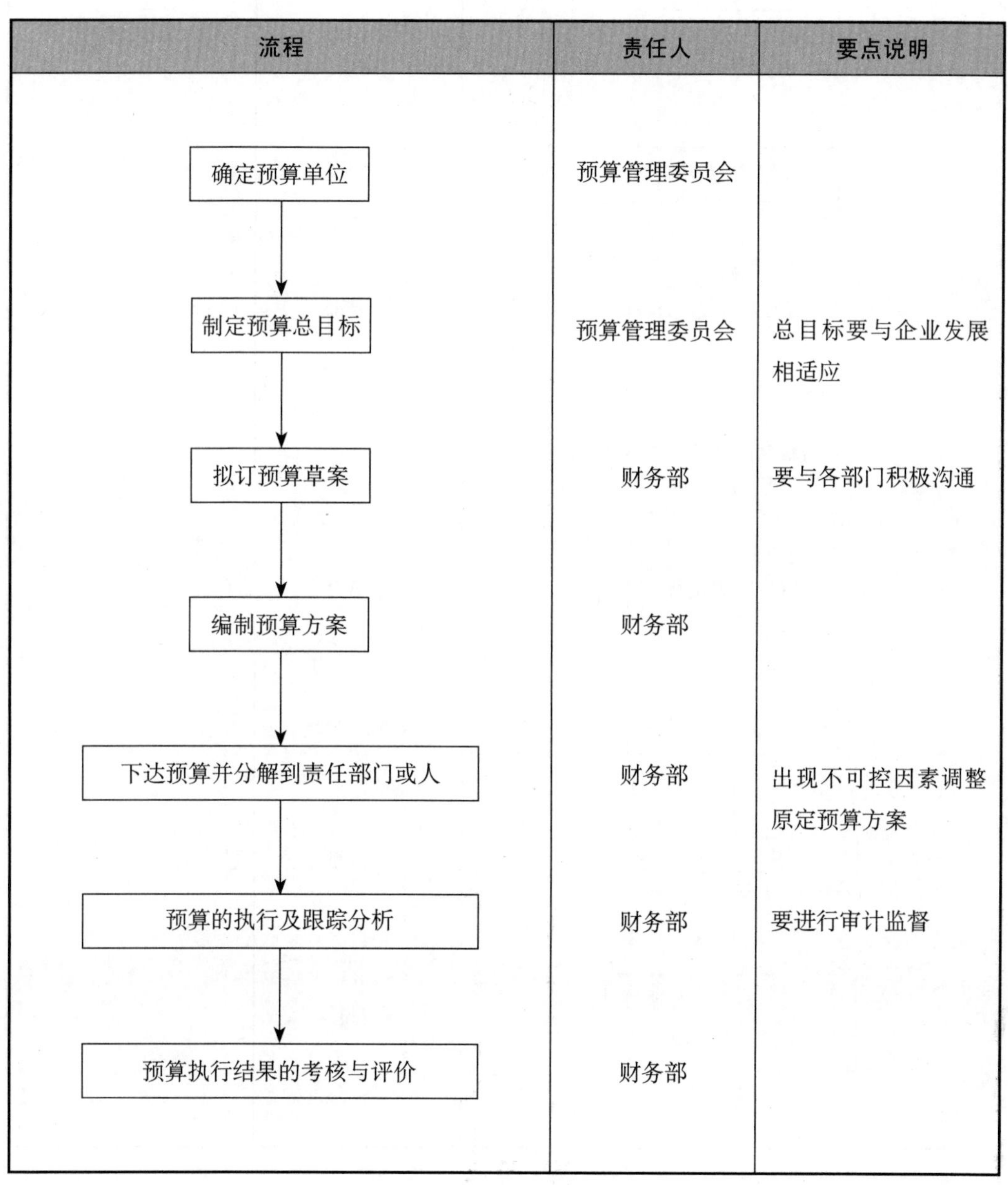

| 流程 | 责任人 | 要点说明 |
| --- | --- | --- |
| 确定预算单位 | 预算管理委员会 | |
| 制定预算总目标 | 预算管理委员会 | 总目标要与企业发展相适应 |
| 拟订预算草案 | 财务部 | 要与各部门积极沟通 |
| 编制预算方案 | 财务部 | |
| 下达预算并分解到责任部门或人 | 财务部 | 出现不可控因素调整原定预算方案 |
| 预算的执行及跟踪分析 | 财务部 | 要进行审计监督 |
| 预算执行结果的考核与评价 | 财务部 | |

## 二、预算编制控制流程

| 流程 | 责任人 | 要点说明 |
|---|---|---|
| 提供次年预算资料 | 各部门 | |
| ↓ 编制预算(草案) | 财务部 | 形成书面文件 |
| ↓ 报高级管理层审核 | 管理层 | 要及时 |
| ↓ 调整预算(草案) | 财务部 | |
| ↓ 编制全面财务预算 | 财务部 | |
| ↓ 审查财务预算 | 董事会 | |
| ↓ 董事会批准财务预算 | 董事会 | |
| ↓ 分解各部门财务预算 | 财务部 | 要及时 |
| ↓ 各部门按财务预算组织收入、安排支出 | 各部门 | |

## 三、预算考核流程

| 流程 | 责任人 | 要点说明 |
|---|---|---|
| 编制季度、半年度、年度的预算执行实际值 ↓ | 预算员 | 要及时 |
| 就预算执行实际值与各业务部门进行沟通 ↓ | 预算员 | 各部门要配合 |
| 编制季度、半年度、年度的预算考核指标完成值 ↓ | 预算员 | |
| 审核预算考核指标完成值 ↓ | 预算管理委员会 | |
| 确定预算考核奖惩结果 ↓ | 预算管理委员会 | |
| 审批考核奖惩结果 ↓ | 总经理办公会 | |
| 执行奖惩办法 ↓ | 人力资源部 | 要严格按制度执行 |
| 工资薪金发放 | 财务部 | |

## 四、预算差异分析流程

| 流程 | 责任人 | 要点说明 |
| --- | --- | --- |
| 确定预算分析对象及分解标准 | 预算员 | 查考全面预算管理制度 |
| ↓ 差异计算与分解 | 预算员 | 要仔细 |
| ↓ 判断差异重要程度 | 预算员 | |
| ↓ 查找重要差异产生的原因 | 预算员 | 原因一定要查清 |
| ↓ 针对差异采取相应措施 | 预算管理委员会 | 措施一定要有针对性 |

# 第二节 制度管控

## 一、公司全面预算管理办法

| 目　的 | 为了完善公司内部管理机制，建立严谨的财务管理体系，预见并避免经营中潜在的困难和风险，科学、合理地利用资源，及时、有效地调整和控制公司经营活动，确保公司经营目标和发展战略的实现，结合公司实际情况，特制定本办法。 |
|---|---|
| 适用范围 | 适用于公司及下属各业务单元。 |
| 内　容 | 1.定义<br>全面预算管理是指在对公司历史营运结果、市场预测、政府监管环境和公司经营战略的分析研究基础上，以目标利润为导向，对整个公司的所有经营活动实施全面的预算管理，通过提供全面预算的编制、预算追踪及预算分析，从而有效地配置资源，建立起有效的管理控制体系，建立起对预算单位的绩效考核体系，使整个公司的组织经营活动能够沿着预算管理轨道科学、合理地进行。<br>本办法所称全面预算包括经营预算、投资预算和财务预算。<br>（1）经营预算。<br>经营预算是指对预算期企业经营过程中可能形成的收入、支出、盈亏所作的预计和测算。经营预算结果反映了企业预算期间的经营业绩预计。<br>（2）投资预算。<br>投资预算是指对预算期企业资本性支出所作的预计和测算。它包括固定资产投资、权益性投资和债权投资。<br>（3）财务预算。<br>财务预算是指从财务的角度，对预算期间企业财务状况和经营成果所作的预计和测算。财务预算以经营预算和投资预算为基础，通过对财务状况和现金流量的预计，控制和约束预算期的经营预算和投资预算。 |

| | |
|---|---|
| 内　　容 | 2.预算期间<br>本办法所指的预算期为一年，期末指年末，公司及控股子公司除编制年度预算外，还应根据要求编制月度资金收支预算。<br>3.预算管理组织和部门职责分工<br>（1）预算管理组织。<br>全面预算管理是全方位、多层次的工作，必须责任到人。公司及控股子公司均应建立预算管理组织，各单位行政负责人为预算管理第一责任人。公司预算管理组织是有市场、财务、生产、综合管理部门的有关人员参加，由公司总经理负责，日常工作由总会计师负责牵头组织。<br>a.负责组织制定本年度本单位生产经营、项目投资总目标并细化，分解下达本单位预算总目标；在实施过程中组织监控、检测、修订；对实施结果组织评价、考核。<br>b.负责根据本单位的组织体制和管理层次，按照经营预算、投资预算、财务预算所涉及的内容和各部门的职责分工，形成预算编制与管理网络。<br>c.负责协调、平衡和解决预算管理中出现的重大问题。<br>d.负责预算管理日常基础工作的督促检查，以提高预算指标的准确性和预算管理的科学性，实现规范化和制度化管理。<br>e.参与企业管理部门制定预算指标完成的绩效评价和考核奖惩方案。<br>（2）预算管理日常办事机构。<br>公司财务部和子公司财务部为预算管理日常办事机构。其职责为：<br>a.在预算管理组织的领导下，负责预算数据的审核、汇总。<br>b.负责预算的编制、平衡、修订和上报。<br>c.负责经营预算和财务预算指标的下达，跟踪监督预算的执行。<br>d.分析研究预算与实际差异的成因和对策。<br>e.参与预算执行结果的评价和考核。<br>（3）各有关职能部门的预算职责。 |

| | |
|---|---|
| 内　容 | 预算管理涉及面广，业务交叉点多，在推行全面预算管理过程中各部门应做到职责明确、分工协作、主动沟通、密切配合。尤其是预算编制过程中基础资料的完整、准确直接影响到预算方案的质量。为保证预算管理在公司顺利推行，预算编制做到高效高质，本办法对各有关职能部门主要职责分工如下：<br>a.投资部及项目实施部门的管理目标：资源的优化和平衡，主要负责：<br>——投资部组织编制预算期企业的投资预算，包括项目投资概算，长期股权、债权、债券以及其他长期投资的安排，并将编制结果上报下达、分析、考核。<br>——项目管理部门提供预算期内项目投资中的基本建设，设备购置、安装工程进度以及其他零星购置计划，并填报月度资金使用预算。<br>b.市场部的管理目标：占领和开拓市场，满足市场需求，增加营业额和提高盈利水平，主要负责：<br>——提供各类产品的销售数量、价格预测和价格趋势分析。<br>——提供预算期企业销售收入和销售费用预算。<br>c.采购部的管理目标为全面降低单位采购成本，主要负责：<br>——采购部提供预算期公司大宗化工原料的用量、价格、采购成本，期初期末库存的数量、价格。<br>——采购部提供备品备件、一般消耗品采购的数量、单价、总金额预算数据及期初期末库存数量、价格（可按类别提供）。<br>——参与预算指标完成情况的评价考核。<br>d.生产管理部门的管理目标：面向市场降低生产经营成本，生产管理部门皆应参与各类预算实施过程中的检测、控制、分析、考评，主要负责：<br>——技术中心提供预算期公司各装置、各产品主要原料单耗、能耗的预算数据。<br>——生产制造部提供预算期公司公用工程预算数据和预算期公司固定资产维修费用预算数据。<br>——技术中心、信息中心提供预算期公司科技开发费用和电子信息开发费用预算。 |

| | |
|---|---|
| 内　　容 | ——生产制造部和安保部提供预算期公司对外支付排污费预算，污水处理费预算、预算期公司安保基金支付、劳动保护费用预算数据。<br>——安保部提供预算期公司消防费用总预算。<br>e.人力资源部的管理目标：以人为本，有效利用人力资源，调动人的积极性，降低人工成本，主要负责：<br>——提供预算期公司各部门管理人员、车间管理人员和直接生产工人人数预算数据。<br>——提供预算期公司应付工资、基本养老保险、补充养老保险、待业保险、医疗保险、工伤险、计划生育险的预算数据。<br>——提供预算期公司劳务用工人数和费用预算数据。<br>——组织预算指标在实施中的检查和考评。<br>f.财务部门的管理目标：降低各项成本和费用，实现利润最大化，主要负责：<br>——负责组织编制预算期公司财务预算，负责经营预算、投资预算、财务预算的汇总、审核和平衡。<br>——在经营预算、投资预算和财务预算编制的全过程中，负责财务数据的及时、准确反映，并进行财务分析。<br>——负责经营预算和财务预算的对口上报和下达，负责财务预算指标在实施过程中的控制、分析、考核。<br>——负责财务费用预算的编制。<br>——负责管理费用预算的编制。<br>——其他部门：按照本部门的职责，作出相关经营活动内容的预算。<br>g.在公司总会计师领导下，财务部门负责对逐级和各职能部门报送的预算数据进行审核、分析、汇总、编制并形成公司初步预算，经总经理核定后，报公司董事会审议、股东大会决定。<br>4.预算编制的依据<br>公司董事会下达的年度利润目标、成本目标，各类单项考核指标，本单位的经营战略、历史资料、装置能力、行业水平、市价状况和未来趋势。 |

| | |
|---|---|
| 内　容 | 5.预算编制的内容<br>（1）经营预算编制的内容。<br>经营预算的编制以销售预算为起点。经营预算包括销售预算、生产预算、采购预算、直接人工成本预算、制造费用预算、期末存货预算、产品成本预算、期间费用预算等。<br>a.销售预算，是指对预算期企业销售各产品和提供各种劳务形成收入的预计。销售预算以市场销售预测为基础，根据年度目标利润、预测的产品市场销量和劳务需求量以及价格预测来编制。<br>b.生产预算，是指对预算期企业生产规模所作的预安排。生产预算在销售预算的基础上依据企业各装置的现有生产能力和设备更新计划，产成品期初和预计期末库存的情况和有效生产时间编制。<br>c.采购预算，是指对预算期企业生产所需的直接原辅材料所作的采购计划安排。采购预算依据预算期生产所需材料消耗量和期初、期末原辅材料库存情况、采购单价来编制。<br>d.直接人工成本预算，是指对预算期企业生产所需的人工支出进行的预计。直接人工成本预算主要依据生产预算及单位工资水平或单位产品工时定额编制。<br>e.制造费用预算，是指对预算期企业生产所需的间接成本和费用作预计。制造费用预算应在生产预算的基础上，按费用项目、上年实际及预算期成本费用的降低指标要求来编制。<br>f.期末存货预算，是指对企业在预算期末原辅材料、在产品、产成品库存的预计。期末存货预算主要依据销售预算、生产预算、采购预算、期初存货来编制。<br>g.产品成本预算，是指预算期企业生产产品、提供劳务所需的生产成本、单位成本、劳务成本，并考虑期初、期末存货预算对产品成本的影响所作的预计。产品成本预算主要依据生产预算、直接材料预算、直接人工成本预算、制造费用预算等汇总编制。<br>h.期间费用预算，是指对预算期企业组织生产经营发生的营销费用、管理费用和财务费用所作的预计。具体包括： |

| | |
|---|---|
| 内　容 | ——营销费用预算，指对预算期企业销售产品过程中发生费用的预计。在编制时，应当区分变动费用与固定费用、可控费用与不可控费用的项目，根据上年实际费用水平和预算期内的变化因素，结合企业降低成本费用的要求编制。营销费用预算以销售预算为编制基础。<br>——管理费用预算，指对预算期企业组织和管理生产经营而发生管理费用的预计。在编制时，应当区分变动费用与固定费用、可控费用与不可控费用的项目，根据上年实际费用水平和预算期内的变化因素，结合上级下达的控制指标和企业降低成本费用的要求编制。<br>——财务费用预算，指对预算期企业为筹集生产经营所需资金所发生费用的预计。财务费用预算的依据是预算期企业的生产经营规模、资金的存量、借款变化和利率（汇率）调整等因素。<br>（2）投资预算编制的内容。<br>投资预算以当年投资计划为主要依据，考虑上一年度未完工投资项目的延续性，按项目、分投资性质分别编制。投资预算包括固定资产投资预算、长期投资预算。<br>a. 固定资产投资预算，指在预算期内购建、改建、扩建、更新固定资产进行资本投资的预算，应当根据企业固定资产投资决策、预算期企业的固定资产投资计划、有关投资分析资料，分项目、分投资用途编制。<br>b. 长期投资预算，指对预算期企业除固定资产投资以外的其他资本性支出及处置的预算，应当根据企业长期投资决策、预算期企业的长期投资计划分项目编制。包括股票投资预算、其他股权投资预算和债权投资预算。<br>（3）财务预算编制的内容。<br>财务预算的编制以经营预算和投资预算为基础，根据现有的资本、资金等状况，编制预算期企业的利润表、现金流量表和预算期末的资产负债表。<br>a. 现金预算，指预算期企业为抵御财务风险，对经营、投资、融资项目的现金流入和流出的全面预计。它主要包括现金收入、现金支出、现金剩余或赤字、融资四个部分。现金预算表的平衡关系为： |

| 内容 | (期初现金金额+现金收入−现金支出)+融资及偿还=期末现金金额<br>它以经营预算和投资预算为基础，是各项预算有关现金收支的汇总，反映预算期内经营和投资收支现金的平衡额是资金结余或资金短缺，进行筹资决策。<br>b.预计资产负债表，指按照资产负债表的内容和格式编制的，反映预算期末企业财务状况的报表，预计资产负债表应根据本期期初资产负债表以及销售、生产、投资等预算的有关数据编制。<br>c.预计利润表，指按利润表的内容和格式编制的，反映预算期企业经营业绩的报表。预计利润表应根据销售收入、产品成本、期间费用等预算的有关数据编制。<br>d.预计现金流量表，指按照现金流量表的内容和格式编制的，反映预算期企业现金流入、流出的报表。预计现金流量表应根据经营预算、投资预算、现金预算中的有关现金收支项目和数据编制。<br>6.预算的编制原则和编制程序<br>（1）预算编制原则。<br>a.编制预算必须遵守国家有关政策、法规和公司有关规定，应全面、完整、准确反映公司预算期全部生产经营、投资、财务活动，并以货币或其他计量形式加以表示。<br>b.预算以实现公司利润最大化为目标，必须以开拓市场为基础，以降低成本为手段。预算的指标应既先进又切实可行。<br>c.预算应以价值链分析为主线，应按照先经营预算和投资预算后财务预算的程序，采用自上而下、自下而上、上下结合、反复对接的方式科学合理地进行。<br>（2）预算编制程序。<br>a.根据公司经营发展战略和对公司内外环境的分析，结合公司的要求，由投资、财务等各预算部门共同研究提交各类预算，提出预算年度公司的经营总目标。<br>b.公司各有关职能部门和所属子公司，根据公司批准的年度预算总目标组织编制本单位部门年度预算。 |
|---|---|

<table>
<tr><td>内　容</td><td>7.预算编制时间<br>（1）预算期分类。<br>预算期为1年称为年度预算；预算期为1个季度称季度预算；预算期为1个月称月度预算。预算期与会计期间一致并与自然时间顺序吻合。<br>（2）编制时间。<br>每年10月初，公司组织有关部门拟订下1年度生产经营和项目投资总目标。11月上旬前，各部门将预算结果按程序对口逐级上报(含上下对接，专业对口，审核时间)。按预算编制程序经过综合平衡，于12月中旬形成下1年度预算。<br>8.预算的执行、控制、分析<br>（1）执行。<br>预算一经审定、分解下达即开始执行，预算单位负责人和预算组织就必须认真组织执行。<br>a.预算内一般事项由预算单位自主执行，预算单位建立规范的预算内开支审批流程，并对审批权限作出界定。<br>b.预算内重大事项由预算单位履行报告审批程序。<br>预算一经下达执行，原则上不再更改。预算单位如遇到市场环境、经营条件、政策法规等不可预见因素的客观重大原因，并对预算结果产生了直接重大影响，需书面报告预算编制的牵头部门，经批准后由公司财务部下达预算修订通知书。<br>（2）进度控制。<br>预算单位及时记录、严格监控预算执行进度，预算单位负责人和预算组织应对本单位预算执行情况进行经常性的检查、督促，强调事前、事中控制，及时发现和纠正执行中的偏差，并对最终执行结果负责。<br>（3）建立预算分析和报告制度。<br>各预算单位必须定期对预算执行情况进行分析，对预算执行中的突出问题应作专题分析，落实预算执行中存在的问题和责任归属，提出改进措施，纠正预算的执行偏差。</td></tr>
</table>

## 二、预算考核制度

<table>
<tr><td>目　　的</td><td>确保预算考核指标实际值的正确性；确保预算考核结果的公正性；确保考核的奖惩结果的积极作用。</td></tr>
<tr><td>适用范围</td><td>适用于本公司季度、半年度、年度的预算指标考核工作。</td></tr>
<tr><td>内　　容</td><td>1.主要涉及部门<br>（1）审计部。<br>（2）人力资源部。<br>（3）财务与产权管理部。<br>（4）预算管理委员会。<br>（5）总经理办公会。<br>2.主要前提和假设<br>（1）财务部会同各业务部门根据业务开展实际情况和外部因素，对预算考核指标完成情况进行分析调整。<br>（2）季度、半年度的预算考核主要考核预算执行进度，年度预算考核针对全面预算执行情况。<br>3.主要控制点<br>（1）财务部与各业务部门进行沟通，已确定预算执行的实际值及其差异原因。<br>（2）考核时关注预算支出的合理性、合法性。<br>（3）审计部对各项预算考核指标完成值进行季度、半年度和年度的预算审计。<br>（4）预算管理委员会结合预算审计结果，审核预算考核指标完成值。<br>（5）总经理办公会审批考核奖惩办法。<br>4.工作程序<br>工作程序如下表所示：<br><table><tr><td>步骤</td><td>说明</td><td>负责人</td><td>输出</td></tr><tr><td>预算审计</td><td>出具预算审计意见</td><td>审计部<br>财务部</td><td>预算审计意见</td></tr></table></td></tr>
</table>

| 内　容 | （续表） | | | |
|---|---|---|---|---|
| | **步骤** | **说明** | **负责人** | **输出** |
| | 在系统中运行出预算执行实际值 | 财务与产权管理部预算员在预算系统中运行出预算执行实际值 | 财务与产权管理部预算员 | |
| | 就预算执行实际值与各部门进行沟通讨论 | (1) 财务部预算员与各部门预算协调员就系统得出的执行值进行沟通讨论，确定实际值并进行差异分析<br>(2) 确认并编制预算指标完成值 | 财务与产权管理部预算员<br>各部门预算协调员 | |
| | 制定考核奖惩办法 | (1) 审核各单位预算指标完成情况和相应预算审计意见<br>(2) 制定预算考核奖惩办法 | 预算管理委员会 | 考核奖惩办法 |
| | 总经理办公会审批并下达 | (1) 总经理办公会审批预算考核奖惩办法<br>(2) 总经理办公会视情况作一定修正<br>(3) 预算管理委员会向各部门、单位下达经审批的预算考核奖惩办法<br>(4) 执行预算考核奖惩办法 | 总经理办公会<br>预算管理委员会<br>人力资源部 | |

# 第三节　表格控制

## 一、各部门预算申报表

各部门预算申报表

申报部门：　　　　　　　　　申报时间：

| 收支时间 | 收入项目内容及金额 | 支出项目内容及金额 |
|---|---|---|
| | | |
| | | |
| | | |
| | | |
| | | |
| | | |

申报人：

## 二、财务预算申请表

财务预算申请表

编号：　　　　　　　日期：　　　　　　单位：

| 预算项目 | 上年度实际支出 | 本年度预算申报金额 | 用途 | 说明 |
|---|---|---|---|---|
| | | | | |
| | | | | |
| | | | | |
| | | | | |
| | | | | |
| | | | | |
| 审核意见 | | | | |

## 三、预算变更申请表

预算变更申请表

部门：　　　　　　日期：　　　　　　单位：

| 变更类别 | □预算调整 □预算增加 □预算追减 | | | | |
|---|---|---|---|---|---|
| 预算科目 | 细项说明 | 原核定预算 | 拟变更内容 | 调整幅度 | 申请理由 |
| | | | | | |
| | | | | | |
| | | | | | |
| | | | | | |
| | | | | | |
| | | | | | |
| | | | | | |
| 批示 | | | | | |
| 其他 | | | | | |

## 四、现金收支预算表

现金收支预算表

日期：　　　　　　部门：

| 日期 | | 收支类别 | 摘要 | 收入 | 支出 |
|---|---|---|---|---|---|
| 月 | 日 | | | | |
| | | | | | |
| | | | | | |
| | | | | | |
| | | | | | |
| | | | | | |
| | | | | | |
| 总计 | | | | | |

经理：　　　　　　审核：　　　　　　填表：

## 五、员工薪金预算表

员工薪金预算表

| 部门 | 人数 | | 工资 | | 加班费用 | | 福利保险费用 | | 总费用 | |
|---|---|---|---|---|---|---|---|---|---|---|
| | 预计 | 实际 | 预计 | 实际 | 预计 | 实际 | 预计 | 实际 | 预计 | 实际 |
| | | | | | | | | | | |
| | | | | | | | | | | |
| | | | | | | | | | | |
| | | | | | | | | | | |
| | | | | | | | | | | |
| | | | | | | | | | | |
| | | | | | | | | | | |
| | | | | | | | | | | |
| | | | | | | | | | | |
| 总计 | | | | | | | | | | |

## 六、年度生产预算表

年度生产预算表

| 季度预算项目 | 第一季度 | 第二季度 | 第三季度 | 第四季度 | 全年 |
|---|---|---|---|---|---|
| 产品A | | | | | |
| 预计销售量 | | | | | |
| 加：预计期末库存 | | | | | |
| 预计需要量 | | | | | |
| 减：期初库存 | | | | | |
| 预计生产量 | | | | | |

## 七、年度销售预算表

年度销售预算表

| 编制部门 | | 年度 | | | | |
|---|---|---|---|---|---|---|
| 销售产品 | | 第一季度 | 第二季度 | 第三季度 | 第四季度 | 合计 |
| 产品A | 规格 | | | | | |
| | 预计销售数量 | | | | | |
| | 销售单价 | | | | | |
| | 预计销售额 | | | | | |
| 产品B | 规格 | | | | | |
| | 预计销售数量 | | | | | |
| | 销售单价 | | | | | |
| | 预计销售额 | | | | | |
| 预计销售合计 | | | | | | |

## 八、年度利润预算表

年度利润预算表

预算编制单位： 单位：元

| 月份项目 | 1月 | 2月 | 3月 | 4月 | 5月 | 6月 | 7月 | 8月 | 9月 | 10月 | 11月 | 12月 | 合计 |
|---|---|---|---|---|---|---|---|---|---|---|---|---|---|
| 一、主营业务收入 | | | | | | | | | | | | | |
| 减：主营业务成本 | | | | | | | | | | | | | |
| 减：主营业务税金及附加 | | | | | | | | | | | | | |
| 二、主营业务利润 | | | | | | | | | | | | | |
| 减：管理费用 | | | | | | | | | | | | | |
| 减：营业费用 | | | | | | | | | | | | | |
| 减：财务费用 | | | | | | | | | | | | | |
| 三、营业利润 | | | | | | | | | | | | | |
| 加：其他业务利润 | | | | | | | | | | | | | |
| 加：投资收益 | | | | | | | | | | | | | |
| 加：营业外收支净额 | | | | | | | | | | | | | |
| 减：营业外支出 | | | | | | | | | | | | | |
| 四、利润总额 | | | | | | | | | | | | | |
| 减：所得税 | | | | | | | | | | | | | |
| 五、净利润 | | | | | | | | | | | | | |

制表： 复核：

## 九、企业现金月预算表

企业现金月预算表

| 现金收支项目 | 上月实际数 | 本月计划数 |
|---|---|---|
| **一、现金流入量** | | |
| 1.经营活动现金流入量： | | |
| 产品销售的现金收入 | | |
| 收回前期应收账款的现金收入 | | |
| 提供劳务的现金收入 | | |
| 经营活动现金流入量合计 | | |
| 2.其他现金流入量 | | |
| 3.现金流入量合计 | | |
| **二、现金流出量** | | |
| 1.经营活动现金流出量： | | |
| 材料采购支出 | | |
| 其中：支付当月的材料购货款 | | |
| 支付前期的材料购货款 | | |
| 工资支出 | | |
| 管理费用支出 | | |
| 销售费用支出 | | |
| 财务费用支出 | | |
| 经营活动现金流出量合计 | | |
| 2.其他现金流出量 | | |
| 3.现金流出量合计 | | |
| **三、现金余缺** | | |
| 1.期初现金余额 | | |
| 2.净现金流量 | | |
| 3.期末现金余额(期初现金余额＋净现金流量) | | |
| 4.最佳现金余额 | | |
| 5.现金余缺(期末现金余额－最佳现金余额) | | |

（续表）

| 现金收支项目 | 上月实际数 | 本月计划数 |
|---|---|---|
| 四、现金余缺额的筹措与运用 | | |
| 1.银行借款 | | |
| 2.偿还利息 | | 480 |
| 3.短期投资 | | |
| 4.固定资产购置 | | |

## 十、年现金流量预算表

**年现金流量预算表**

| 项目 | 现金流入 | 现金支出 | 现金净额 |
|---|---|---|---|
| 期初<br>上期赊销本期现收额<br>本期现金收入<br>直接材料<br>直接动力<br>直接人工 | | | |
| 制造费用<br>销售费用<br>管理费用<br>上缴税金<br>上交总公司固定费用<br>上交总公司利润 | | | |
| 小计 | | | |
| 期末 | | | |

## 十一、年销售费用预算表

年销售费用预算表

| 项目 | 年预算金额（元） | 月预算金额（元） |
|---|---|---|
| 差旅费<br>办公费<br>培训费<br>年终奖<br>咨询费<br>微机<br>节日补助<br>会务费<br>免检费<br>车辆<br>认证费<br>技术革新奖励基金<br>其他 | | |
| 合计 | | |

## 十二、年管理费用预算表

年管理费用预算表

| 项目 | 年预算金额（元） | 月预算金额（元） |
|---|---|---|
| 销售折扣<br>差旅费<br>运杂费<br>通信费 | | |
| 合计 | | |

## 十三、单位产品成本预算表

单位产品成本预算表

| 产品项目 | A | B | C | D |
|---|---|---|---|---|
| 直接材料<br>直接人工<br>直接动力<br>制造费用 | | | | |
| 合计 | | | | |

## 十四、直接人工预算表

直接人工预算表

| 项目产品 | 预计生产量（件） | 单位产品工时定额（工时） | 直接人工工时总数（工时） | 预计直接人工成本总额 |
|---|---|---|---|---|
| | | | | |
| | | | | |
| | | | | |
| 合计 | | | | |

## 十五、制造费用预算表

制造费用预算表

| 项目 | 年预算金额（元） | 月预算金额（元） |
|---|---|---|
| 机物料<br>大修理<br>包装料<br>水暖<br>外修<br>计量器具鉴定<br>其他 | | |
| 合计 | | |

## 十六、月度用款追加计划申请表

月度用款追加计划申请表

申报部门：　　　　　　申报时间：

| 申请追加用款理由 | 追加用款金额 | 用款时间 | 申请人 | 总经理审批签字 |
|---|---|---|---|---|
| | | | | |
| | | | | |
| | | | | |
| | | | | |
| | | | | |
| | | | | |
| | | | | |
| | | | | |
| | | | | |

## 十七、资金使用差异分析表

| 部门 | 费用项目 | 本月完成 | 本月预算 | 完成 | | 本年累计完成 | 全年预算 | 完成全年预算 | |
|---|---|---|---|---|---|---|---|---|---|
| | | | | 差额 | 百分比 | | | 差额 | 百分比 |
| | | | | | | | | | |
| | | | | | | | | | |
| | | | | | | | | | |
| | | | | | | | | | |
| | | | | | | | | | |
| | | | | | | | | | |
| | | | | | | | | | |
| | | | | | | | | | |
| | | | | | | | | | |

# 第三章　问题解答

## 1.全面预算的项目有哪些?

全面预算的项目具体包括：

（1）销售预算。包括国内和国际贸易的销量预算、销售收入预算、滞销货品处理预算、回款预算、提成预算、促销和广告宣传预算、物流费用预算、报关费用预算、其他销售费用预算、产品库存预算和销售利润预算。

（2）研发预算。包括：新品数量预算、新品价格预算、新品成本预算、新品销售预算、新品利润预算、研发费用预算。

（3）材料采购预算。包括采购数量预算、外协品加工预算、采购成本预算、采购费用预算、采购附加值预算、付款预算、库存预算。

（4）生产预算。包括产量预算、材料消耗成本预算、人工预算、维修费用、管理费用、其他制造费用预算、在产品预算预算。

（5）销售成本预算。

（6）附加值预算。也可以是毛利预算。不同品种产品的毛利率或附加值率。

（7）期末库存预算。包括材料和成品等。建立定额管理制度。

（8）应收账款预算。包括赊销政策的制定，应收账款的回收及其处罚。

（9）应付账款预算。包括付款率、付款时间等。

（10）费用预算（管理费用和财务费用预算）费用预算具体包括制造费用、经营费用、管理费用和财务费用。

预算，它们应分别按固定费用和变动费用编制。其中固定费用和变动费用又分现金费用和非现金费用。不得设置其他费用。

（11）现金收入预算。包括资金的筹措。

（12）现金支出预算。包括资金的归还。

（13）资本预算。包括债务资本、债权资本、资本的投入等。

（14）现金（流量）收支总预算。

（15）预计损益表。

（16）预计资产负债表。

## 2.预算考核指标有哪些？

（1）销售部门的预算考核指标包括：销售收入、创利、费用、应收账款的回收、库存占用指标。

（2）生产部门考核的预算指标包括：产量、制造费用、材料消耗、质量、生产资金占用、交货期等指标。

（3）研发设计部门考核的预算指标包括：新品数量、新品销售、新品利润、新品库存、自身费用。

（4）采购部门考核的预算指标包括：考核付款率、采购物资的利用率、库存占用、采购价格、采购成本、采购质量、交货期。

（5）财务部门考核的预算指标包括：费用控制、资金、利润。

（6）人力资源考核的预算指标包括：人均效率，具体包括：人均销售、人均利润、人均人力资源成本。

（7）其他部门与集团（或公司）的总销售、利润挂钩，同时考核自身费用指标。

## 3.怎样建立预算控制台账？

财务部在账务设计和改造中，要以预算管理为核心设置账务，要服从于预算管理，每月要提供各部门预算执行完成情况的数据，作为考核和分析的依据，要形成规范的台账；同时各预算责任中心要建立预算台账，进行自我控制，月末要和财务对账。

## 4.怎样确定预算分析对象？

适合进行差异分析的预算项目一般都具备以下特点：

（1）该项目对预算目标的实现影响重大。

（2）该成本动因数据可以准确获得。

（3）该费用与其动因之间有较为确定的对应关系。

## 5.怎样确定预算差异分解标准？

应从企业具体业务出发，制订主要收入、成本、费用项目的差异分解标准，包括：

（1）差异分解的程度。

（2）差异分解后各细分项目对应的责任部门。

（3）各项目差异分解所参照的数据来源及收集方式。

## 6.如何进行差异计算与分解?

月度预算执行结束后，由财务部根据收集的信息计算出各项目的预算差异，并依据差异分解标准对差异进行分解，确定差异的责任部门。根据不同的差异原因，预算管理委员会可以要求相应的责任部门做出差异原因解释。

## 7.怎样判断差异重要程度?

预算管理委员会根据实际经验，制定差异重要性标准，并按此标准衡量实际发生的预算差异，确定其中重要的、需由相关责任部门做出解释的差异。差异重要性标准可采取以下形式确定：

（1）定量标准：设定差异率，即超过某一特定百分比的差异即为重要差异；设定差异金额，即超过某一设定金额的差异视为重要差异。

（2）定性标准：差异变动趋势，即连续若干月持续增长的差异视为重要差异；特殊性质，即产生未预期差异、重大错误数据或涉及企业重大管理缺陷的差异视为重要差异。

## 8.怎样查找重要差异产生的原因?

对于重要差异，由预算管理委员会要求各责任部门对差异产生的原因进行解释。预算差异产生的原因很多，通过差异分解只揭示并排除了其中一部分原因，对预算差异的全面解释，需要各责任部门在差异分解的基础上，对其经营活动进行深入的、定量的分析，并对其可控性及在后续月度可能产生的影响做出判断。

## 9.针对差异应采取哪些相应措施?

针对差异分析的结果采取以下措施：

（1）调整经营活动，采取相应的预算控制方式。也就是说，由内部可控因素引起的不利预算差异，应由对应的责任部门调整其经营活动，采取措施消除差异产生的原因，并尽可能在后续月度消化已形成的预算差异。相应的预算控制部门对上述责任部门经营活动要加强预算控制力度。

（2）调整后续月度的经营预算。结合公司为消除不利差异所作的调整，由预算管理委员会对初始编定的后续各期预算进行调整，以保证在完成年度预算的目标下，月度预算能够及时反映经营活动的变化，以便于实施控制与考核。

# 第三部分

# 投资筹资管理

引言：

筹资活动和投资活动是现代企业财务活动的两项重头戏，特别是在发展中公司和资金密集型公司中尤显重要。加强这两项业务的管理，保障公司持续发展，规避风险，增进效益，是公司决策层和每个财务管理者的基本出发点和操守标准。

# 第一章 基础知识

## 第一节 筹资管理

企业筹资，是指企业为了满足其经营活动、投资活动、资本结构调整等需要，运用一定的筹资方式，筹措和获取所需资金的一种行为。

### 一、筹资的作用

筹资活动是企业一项重要的财务活动。如果说企业的财务活动是以现金收支为主的资金流转活动，那么筹资活动则是资金运转的起点。筹资的作用主要有两个：

（1）满足经营运转的资金需要。

（2）满足投资发展的资金需要。

### 二、筹资管理的原则

筹资原则是指企业筹资的基本要求。以最低的资本成本，适量、适时、适度地筹集企业生产经营所需的资本，是企业筹资的总体要求。

#### （一）效益性原则

通过投资收益与筹资成本的比较，使企业权衡筹资与投资的效益。需要考虑的是：

（1）分析投资机会，讲求投资效益，避免不顾投资效益的盲目筹资。

（2）选择筹资方式，寻求最优的筹资组合，努力降低筹资成本，提高筹资效率。

#### （二）合理性原则

应注意两个方面：

（1）确定合理的筹资数量，使所需筹资的数量与投资所需数量达到平衡。

（2）确定合理的资本结构：股权资本和债权资本结构，长期资本与短期资本结构。

#### （三）及时性原则

企业及时地取得资本来源，使筹资与投资在时间上相协调，减少资本闲置或筹资滞后而贻误投资的风险。

### （四）合法性原则

要求筹资必须遵守国家有关法律、法规等的规定。

## 三、筹资的内部控制要领

（1）筹资业务通常经过立项申请、可行性分析、董事会决议、借入款项、会计记录、借款使用监督、归还借款等环节。

（2）筹资业务由单位财务部门统一管理。各业务部门应该根据本单位的经营管理需要，向财务部门提出立项申请。

（3）财务部门收到立项申请后，应依据其管理权限及时组织相关业务部门调查论证，提出可行性研究报告，并报董事会审批。未经董事会批准，财务部门及其他各部门均不得擅自向外筹资（银行借款）。

（4）董事会应及时对筹资项目可行性研究报告进行论证。董事会形成的决议应当以书面文件的形式予以记录，并对这些书面文件进行编号控制，以便日后备查。

（5）筹资项目获董事会批准后，财务部门应该依据董事会决议，与银行签订借款合同，编制借款计划书，办理银行借款手续，并进行相应的会计处理。

（6）财务部门在进行会计处理时，应进行以下检查：

a.与银行借款有关的文件（如董事会决议、借款合同、银行进账单等）是否齐全、是否合法。

b.相关文件、账单（如借款申请、银行借款合同）的内容是否一致；如不一致，应查明原因，并进行相关处理。

c.其他有关部门和人员在单证上的签字是否齐全。

（7）财务部门应该加强对借款费用资本化的核算与管理。

（8）银行借款必须按期及时归还。不能如期归还的，资金使用部门必须提前向财务部门提出延期还款申请。财务部应及时向银行提出延期申请，办理延期手续。

（9）单位财务部门、内审部门应该定期对各公司筹资项目的资金投向、投资效益等情况进行检查，并向董事会提出书面报告。

## 第二节 投资管理

### 一、何谓投资

企业对外投资是相对于对内投资而言。所谓企业对外投资就是企业在其本身经营的主要业务以外，以现金、实物、无形资产方式，或者以购买股票、债券等有价证券方式向境内外的其他单位进行投资，以期在未来获得投资收益的经济行为。

### 二、投资活动业务流程

企业投资活动的内部控制，应该根据不同投资类型的业务流程，以及流程中各个环节体现出来的风险，采用不同的具体措施进行投资活动的内部控制。

投资活动的业务流程一般包括：

#### （一）拟订投资方案

应根据企业发展战略、宏观经济环境、市场状况等，提出本企业的投资项目规划。在对规划进行筛选的基础上，确定投资项目。

#### （二）投资方案可行性论证

对投资项目应进行严格的可行性研究与分析。可行性研究需要从投资战略是否符合企业的发展战略、是否有可靠的资金来源、能否取得稳定的投资收益、投资风险是否处于可控或可承担范围内、投资活动的技术可行性、市场容量与前景等几个方面进行论证。

#### （三）投资方案决策

按照规定的权限和程序对投资项目进行决策审批，要通过分级审批、集体决策来进行，决策者应与方案制定者适当分离。

1.审查

重点审查投资方案是否可行、投资项目是否符合投资战略目标和规划、是否具有相应的资金能力、投入资金能否按时收回、预计收益能否实现，以及投资和并购风险是否可控等。

2.批准

重大投资项目，应当报经董事会或股东（大）会批准。投资方案需要经过有关管理部门审批的，应当履行相应的报批程序。

### （四）投资计划编制与审批

根据审批通过的投资方案，与被投资方签订投资合同或协议，编制详细的投资计划，落实不同阶段的资金投资数量、投资具体内容、项目进度、完成时间、质量标准与要求等，并按程序报经有关部门批准后签订投资合同。

### （五）投资计划实施

投资项目往往周期较长，企业需要指定专门机构或人员对投资项目进行跟踪管理，进行有效管控。

在投资项目执行过程中，必须加强对投资项目的管理，密切关注投资项目的市场条件和政策变化，准确做好投资项目的会计记录和处理。企业应及时收集被投资方经审计的财务报告等相关资料，定期组织投资效益分析，关注被投资方的财务状况、经营成果、现金流量以及投资合同履行情况，发现异常情况的，应当及时报告并妥善处理。同时，在项目实施中，还必须根据各种条件，准确对投资的价值进行评估，根据投资项目的公允价值进行会计记录。如果发生投资减值，应及时提取减值准备。

### （六）投资项目的到期处置

对已到期投资项目的处置同样要经过相关审批流程，妥善处置并实现企业最大的经济收益。

企业应加强投资收回和处置环节的控制，对投资收回、转让、核销等决策和审批程序作出明确规定：

（1）重视投资到期本金的回收。

（2）转让投资应当由相关机构或人员合理确定转让价格，报授权批准部门批准，必要时可委托具有相应资质的专门机构进行评估。

（3）核销投资应当取得不能收回投资的法律文书和相关证明文件。

## 三、投资活动的主要风险点及其控制措施

### （一）投资活动与企业战略不符带来的风险

企业发展战略是企业投资活动、生产经营活动的指南和方向。企业投资活动应该以企业发展战略为导向，正确选择投资项目，合理确定投资规模，恰当权衡收益与风险。要突出主业，妥善选择并购目标，控制并购风险；要避免盲目投资，或者贪大贪快，乱铺摊子，以及投资无所不及、无所不能的现象。

### （二）投资与筹资在资金数量、期限、成本与收益上不匹配的风险

投资活动的资金需求，需要通过筹资予以满足。不同的筹资方式，可筹集资金的数量、偿还期限、筹资成本不一样，这就要求投资应量力而为，不可贪大求全，超过企业资金实力和筹资能力进行投资；投资的现金流量在数量和时间上要与筹资现金流量保持一致，以避免财务危机发生；投资收益要与筹资成本相匹配，保证筹资成本的足额补偿和投资盈利性。

### （三）投资活动忽略资产结构与流动性的风险

企业的投资活动会形成特定资产，并由此影响企业的资产结构与资产流动性。对企业而言，资产流动性和盈利性是一对矛盾，这就要求企业投资中要恰当处理资产流动性和盈利性的关系，通过投资保持合理的资产结构，在保证企业资产适度流动性的前提下追求最大盈利性，这也就是投资风险与收益均衡问题。

### （四）缺乏严密的授权审批制度和不相容职务分离制度的风险

授权审批制度是保证投资活动合法性和有效性的重要手段，不相容职务分离制度则通过相互监督与牵制，保证投资活动在严格控制下进行，这是堵塞漏洞、防止舞弊的重要手段。没有严格的授权审批制度和不相容职务分离制度，企业投资就会呈现出随意、无序、无效的状况，导致投资失误和企业生产经营失败。因此，授权审批制度和不相容职务分离制度是投资内部控制、防范风险的重要手段。同时，与投资责任制度相适应，还应建立严密的责任追究制度，使责、权、利得到统一。

### （五）缺乏严密的投资资产保管与会计记录的风险

投资是直接使用资金的行为，也是形成企业资产的过程，容易发生各种舞弊行为。在严密的授权审批制度和不相容职务分离制度以外，是否有严密的投资资产保管制度和会计控制制度，也是避免投资风险、影响投资成败的重要因素。企业应建立严密的资产保管制度，明确保管责任，建立健全账簿体系，严格账簿记录，通过账簿记录对投资资产进行详细、动态反映和控制。

投资业务的风险控制点、控制目标和对应的控制措施见下表所示：

投资业务的风险控制点、控制目标和对应的控制措施

| 风险控制点 | 控制目标 | 控制措施 |
| --- | --- | --- |
| 提出投资方案 | 进行投资方案可行性论证 | 1.进行投资方案的战略性评估，包括是否与企业发展战略相符合，投资规模、方向和时机是否适当<br>2.对投资方案进行技术、市场、财务可行性研究，深入分析项目的技术可行性与行进性、市场容量与前景，以及项目预计现金流量、风险与报酬，比较或评价不同项目的可行性 |
| 投资方案审批 | 选择批准最优投资方案 | 1.明确审批人对投资业务的授权批准方式、权限、程序和责任，不得越权<br>2.审批中应实行集体决策审议或者联签制度<br>3.与有关被投资方签署投资协议 |
| 编制投资计划 | 制订切实可行的具体投资计划，作为项目投资的控制依据 | 1.核查企业当前资金额及正常生产经营预算对资金的需求量，积极筹措投资项目所需资金<br>2.制订详细的投资计划，并根据授权审批制度报有关部门审批 |
| 实施投资方案 | 保证投资活动按计划合法、有序、有效进行 | 1.根据投资计划进度，严格分期、按进度适时投放资金，严格控制资金流量和时间<br>2.以投资计划为依据，按照职务分离制度和授权审批制度，各环节和各责任人正确履行审批监督责任，对项目实施过程进行监督和控制，防止各种舞弊行为，保证项目建设的质量和进度要求<br>3.做好严密的会计记录，发挥会计控制的作用<br>4.做好跟踪分析工作，及时评价投资的进展，将分析和评价的结果反馈给决策层，以便及时调整投资策略或制定投资退出策略 |
| 投资资产处置控制 | 保证投资资产的处理符合企业的利益 | 1.投资资产的外置应该通过专业中介机构，选择相应的资产评估方法，客观评估投资价值，同时确定处置策略<br>2.投资资产的处置必须经过董事会的授权批准 |

## 四、投资业务的会计控制

企业应当按照会计准则的规定，准确地进行投资的会计处理。具体包括：

（1）企业必须按照会计准则的要求，对投资项目进行准确的会计核算、记录与报告，确定合理的会计政策，准确反映企业投资的真实状况。

（2）企业应当妥善保管投资合同、协议、备忘录、出资证明等重要的法律文书。

（3）企业应当建立投资管理台账，详细记录投资对象、金额、期限等情况，作为企业重要的档案资料以备查用。

（4）企业应当密切关注投资项目的营运情况，一旦出现财务状况恶化、市价大幅下跌等情形，必须按会计准则的要求，合理计提减值准备。企业必须准确合理地对减值情况进行估计，而不应滥用会计估计，把减值准备作为调节利润的手段。

# 第二章 管控工具

## 第一节 流程管控

### 一、筹资业务流程

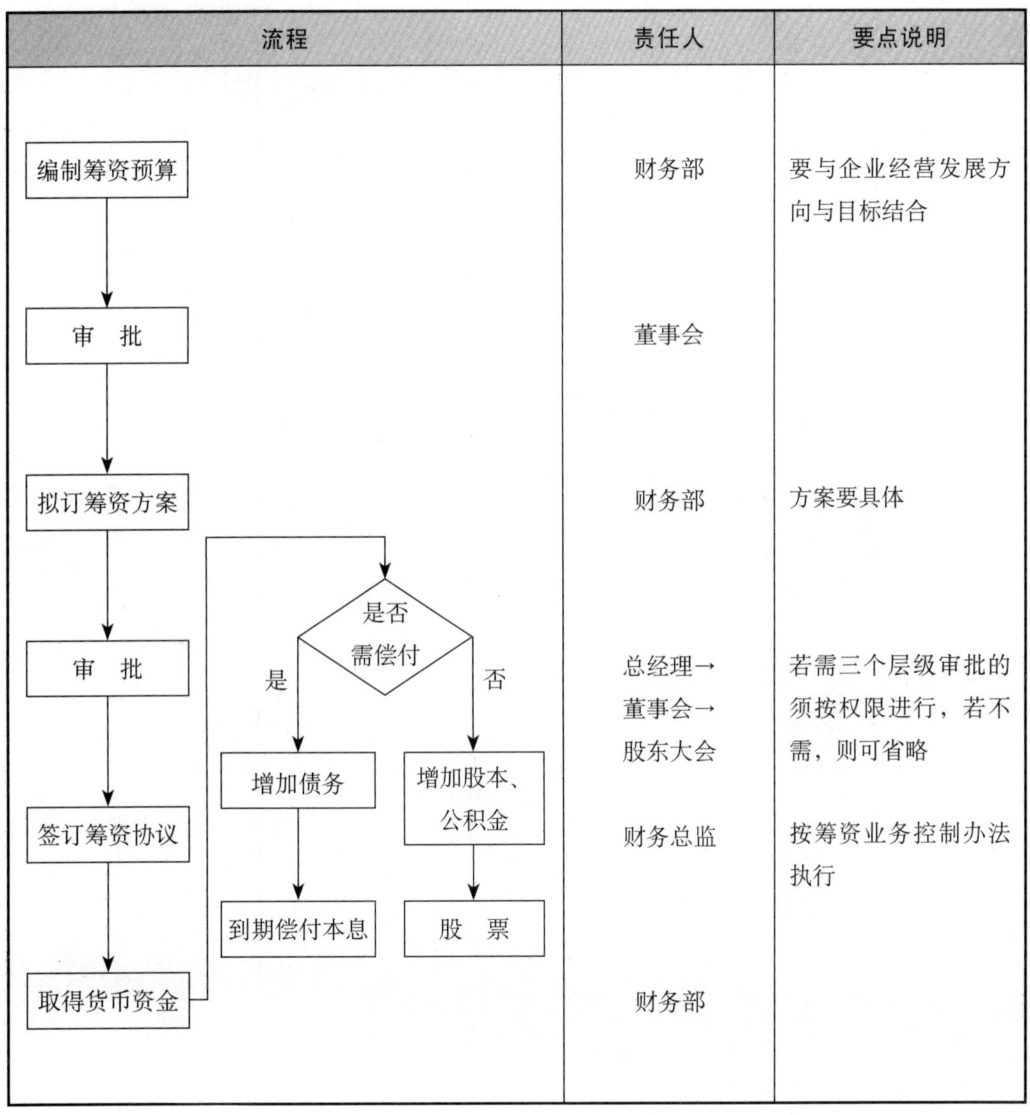

| 流程 | 责任人 | 要点说明 |
| --- | --- | --- |
| 编制筹资预算 | 财务部 | 要与企业经营发展方向与目标结合 |
| 审　批 | 董事会 | |
| 拟订筹资方案 | 财务部 | 方案要具体 |
| 审　批 | 总经理→董事会→股东大会 | 若需三个层级审批的须按权限进行，若不需，则可省略 |
| 签订筹资协议 | 财务总监 | 按筹资业务控制办法执行 |
| 取得货币资金 | 财务部 | |

## 二、短期投资控制流程

| 流程 | 责任人 | 要点说明 |
| --- | --- | --- |
| 投资计划书 | 财务总监 | 具体明确 |
| 审查审批（否→投资计划书；是↓） | 总经理→董事会→股东大会 | 按授权层级来进行 |
| 投资计划实施 | 财务部 | |
| 证券购入计划书 | 财务部 | |
| 审批或授权审批（否→投资计划实施；是↓） | 财务总监 | |
| 购入（→记账） | 财务部 | 按内部控制要求来进行 |
| 证券出售申请书 | | |
| 审批或授权审批是否同意（否→证券出售申请书；是↓） | 财务总监 | |
| 出售（→记账） | 财务部 | |
| 记账 | | |

## 三、投资控制流程

| 流程 | 责任人 | 要点说明 |
| --- | --- | --- |
| 项目建议书 | 投资部 | 形成书面方案 |
| 立项是否批准（否→项目建议书；是→下一步） | 投资委员会 | |
| 评估、论证 | 投资委员会 | 这一环节不可少 |
| 预审是否通过（否→项目建议书；是→下一步） | 总经理 | 按审核批准权限进行 |
| 审定是否批准（否→项目建议书；是→下一步） | 董事会 | |
| 审　批（否→项目建议书；是→下一步） | 股东大会 | |
| 投资计划实施 | 财务部 | 及时跟进 |
| 购　买（→记　账） | 财务部 | |
| 到期处置（→记　账） | 财务部 | 要及时，不要过期 |

# 第二节 制度管控

## 一、公司筹（融）资内部控制制度

| 目　的 | 为加强公司筹（融）资业务的内部控制，规范筹（融）资活动管理，根据《中华人民共和国会计法》、《中华人民共和国公司法》、《企业会计准则》和《企业内部控制基本规范》、等法律法规，制定本制度。 |
|---|---|
| 适用范围 | 适用于本公司的股权筹（融）资和债权筹（融）资。 |
| 内　容 | 1.筹（融）资业务内部控制目标<br>（1）保证筹（融）资业务得到相应的授权批准。<br>（2）保证筹（融）资业务的各个环节符合法律法规规定。<br>（3）保证各种筹（融）资来源的恰当分类、准确记录。<br>（4）保证筹（融）资费用、利息和股息适当的计提和支付。<br>（5）保证对筹（融）资形成的各种债务进行及时偿付。<br>2.公司筹（融）资业务涉及的主要环节<br>（1）筹（融）资计划的编制与审批。<br>（2）筹（融）资方案的编制与审批。<br>（3）筹（融）资方案的执行与资产的取得。<br>（4）股息或利息的计提与支付。<br>（5）筹（融）资业务的记录与核算。<br>3.筹（融）资业务的岗位职责与职务分离<br>公司筹（融）资业务实行岗位责任制，明确相关部门和岗位的职责、权限。公司根据相应授权批准办理筹（融）资业务时，由财务总监和公司总经理指定专人办理。办理筹（融）资业务的人员应当熟悉国家有关法律法规及资本市场情况，具备良好的职业道德和业务素质。财务部负责筹（融）资业务的会计记录和审核。对不相容的岗位，实行职务分离。 |

| 内容 | 筹（融）资业务所需的职务分离：<br>（1）负责筹（融）资方案拟订的人员不能负责执行筹（融）资方案。<br>（2）负责筹（融）资合同或协议的订立人员不能进行合同审核。<br>（3）负责与筹（融）资有关的各种款项支（偿）付的审核人员不能执行款项的支（偿）付。<br>（4）筹（融）资业务的执行人员不能进行相关会计记录。<br>4.筹（融）资业务的授权审批与决策控制<br>（1）筹（融）资业务的审批权限。<br>公司对筹（融）资业务进行授权审批，筹（融）资业务发生前，公司应履行严格的审批制度，筹（融）资业务的审批权限如下：<br>a.单笔筹（融）资金额在1亿元以上的，由董事长审批后执行。<br>b.单笔筹（融）资金额在2000万元～1亿元（含1亿元）的，由总经理办公会讨论通过后执行。<br>c.单笔筹（融）资金额在2000万元（含）以下的，由财务总监审核、总经理审批后执行。<br>（2）审批人或审批机构应当根据筹（融）资业务授权批准权限的规定，在授权范围内进行审批，不得超越审批权限审批。<br>（3）筹（融）资经办人应当按照审批人或审批机构的批准意见办理筹（融）资业务，对于审批人或审批机构超越授权范围审批的筹（融）资业务，经办人有权拒绝办理。<br>（4）公司财务总监负责筹（融）资业务的管理。财务总监应组织财务部有关人员定期进行企业经营情况的分析，根据企业的资金预测编制筹（融）资计划。筹（融）资计划应包括以下内容：筹（融）资的原因、筹（融）资的规模、筹（融）资的时机选择、筹（融）资方式的比较分析（包括财务状况影响程序、筹（融）资成本、预期收益的影响情况）和筹（融）资方式的建议等，对潜在筹（融）资风险和具体应对措施等做出安排和说明。 |
| --- | --- |

| | |
|---|---|
| 内　　容 | （5）公司财务部根据总经理办公会通过的筹（融）资计划编制筹（融）资预算，筹（融）资预算应当符合公司发展战略要求，公司筹（融）资应严格按预算执行，对筹（融）资预算的调整和变更应执行相应审批程序。筹（融）资预算由公司预算委员会提交总经理办公会讨论。<br>（6）筹（融）资预算经总经理办公会讨论通过后，由财务总监负责组织相关部门、相关人员进行具体筹（融）资方案的拟订与实施，包括：拟订债券或股票的发行合同条款，确定债券的面值、利率以及利息发放方式和时间、股票的面值、债券或股票的代理发行机构、确定借款的金额、利率、期限以及借款的金融机构等。具体筹（融）资事项拟订后，按照筹（融）资审批权限，执行相应的审批程序，审批结果应以书面形式反映。<br>鉴于筹（融）资业务的重要性与专业性，对于超过5000万元的筹（融）资业务，公司还应聘请专业的法律顾问和财务顾问审核具体筹（融）资方案的合法性、合理性和可行性，审核结果应以书面形式反映。<br>（7）公司按照公开、公平、公正的原则，由财务部负责选择筹（融）资对象，并由财务总监与公司总经理协商决定。筹（融）资业务涉及中介机构的，应对其资信状况和资质条件进行充分调查和了解，并提供书面调查报告。<br>5.股权筹（融）资<br>（1）公司根据授权批准的筹（融）资方案，按照规定程序与筹（融）资对象、中介机构订立筹（融）资合同或协议。筹（融）资合同或协议的订立应符合《中华人民共和国合同法》及其他相关法律法规的规定，严格按照公司合同审批流程进行审批，相关部门和领导应签署明确的意见。筹（融）资金额超过5000万元的筹（融）资合同或协议的订立应当征询法律顾问或专家的意见，并取得书面资料。变更筹（融）资合同或协议的，应按照原审批流程进行。<br>（2）公司应当按照筹（融）资合同或协议的约定及时取得相关资产，财务部负责检查和监督，并准确及时入账。 |

<table>
<tr><td>内 容</td><td>公司筹集资金取得的资产是货币资金的，应按货币资金的实有数额及时入账。<br>公司筹集资金取得的资产为非货币资金，且需要对该资产进行评估的，应按规定在验资、评估后合理确定其价值，进行会计记录，并办理有关产权转移、工商变更等手续。<br>对于筹（融）资对象未能按时足额提供合同或协议资金的，财务部应及时向公司主管领导报告，以便公司及时采取措施规避风险。<br>（3）公司对已核准但尚未对外发行的股票应妥善保管，或委托专门机构代为保管，建立相应的保管制度，明确保管责任，定期或不定期进行检查。<br>（4）按照公司筹集资金使用及管理流程，筹（融）资费用由筹（融）资经办人员计算并提出付款申请、由财务部经理签字后，交财务部审核岗位人员进行审核，审核人员根据合同或协议以及预算进行审核，确保筹（融）资费用符合筹（融）资合同或协议的规定，并且在公司预算范围内。对于超过5万元的筹（融）资费用，在财务部审核通过后，交财务总监审批。出纳人员根据审批后的凭证支付筹（融）资费用。<br>（5）公司严格按照筹（融）资方案所规定的用途使用募集资金，由企业发展部负责监督。由于市场环境变化等特殊情况导致确需改变资金用途的，公司内部要按照资金审批权限审批，和筹（融）资对象有合同约定的应更改有关条款或通报备案。根据股票上市规则的有关规定，需要履行董事会或股东会决策程序并由证券监管机构或其他相关部门（单位）审批的，由筹（融）资经办人员报相关部门履行审批程序，并对审批过程进行完整的书面记录。<br>（6）公司筹（融）资经办人员会同相关部门定期向证券交易机构索取流通股东名单，其他股东有变动的，应及时更新有关信息，并进行公告和变更登记。筹（融）资经办人员应定期将股东名单及持股情况提交财务部，与财务相关账簿定期进行核对。</td></tr>
</table>

| | |
|---|---|
| 内　　容 | （7）筹（融）资经办人员根据经中介机构审计后的经营成果，结合公司的资金状况和股利政策，提出股利分配方案，经财务总监审定后，提交总经理办公会讨论，总经理办公会通过后，提交董事会审议，董事会审议通过后，提交公司股东大会审议批准。<br>（8）股利发放。<br>公司按照股东大会通过的股利分配方案发放股利。发放股利由筹（融）资经办人提出付款申请，公司主管领导审批后，交财务总监审批，财务总监审批通过后，交总经理审批，总经理审批同意方可进行股利的发放。<br>公司委托代理机构支付股利，由筹（融）资经办人员和财务部共同清点、核对代理机构的股利支付清单，财务部把支付清单作为入账依据。<br>6.债权筹（融）资<br>（1）公司根据经批准的筹（融）资方案，按照规定程序与筹（融）资对象、中介机构订立筹（融）资合同或协议。筹（融）资合同或协议的订立应符合《中华人民共和国合同法》及其他相关法律法规的规定，严格按照公司合同审批流程进行审批，相关部门和领导应签署明确的意见。筹（融）资金额超过5000万元的筹（融）资合同或协议的订立应当征询法律顾问或专家的意见，并取得书面资料。<br>变更筹（融）资合同或协议的，应按照原审批流程进行。<br>（2）公司应当按照筹（融）资合同或协议的约定及时取得相关资产，财务部负责检查和监督，并准确及时入账。<br>a.公司筹集资金取得的资产是货币资金的，应按货币资金的实有数额及时入账。<br>b.公司筹集资金取得的资产为非货币资金，且需要对该资产进行评估的，应按规定在验资、评估后合理确定其价值，进行会计记录。<br>c.对于筹（融）资对象未能按时足额提供合同或协议资金的，财务部应及时向公司主管领导报告，以便公司及时采取措施规避风险。 |

| 内容 | (3) 公司对已核准但尚未对外发行的债券和已签订的借款合同应妥善保管，或委托专门机构代为保管，建立相应的保管制度，明确保管责任，定期或不定期进行检查。<br>(4) 对于公司发行债券、对外借款等发生的筹（融）资费用，由筹（融）资经办人员计算并提出付款申请、主管领导签字后，交财务部审核岗位人员根据合同或协议以及预算进行审核，确保筹（融）资费用符合筹（融）资合同或协议的规定，并且在公司预算范围内。对于超过5万元的筹（融）资费用，在财务部审核通过后，交财务总监审批。出纳人员根据审批后的凭证支付筹（融）资费用。<br>(5) 公司严格按照筹（融）资方案所规定的用途使用对外筹集的资金，由企业发展部负责监督。由于市场环境变化等特殊情况导致确需改变资金用途的，公司内部要按照资金审批权限审批，和筹（融）资对象有合同约定的应更改有关条款或通报备案。<br>(6) 公司筹（融）资经办人员，严格按照合同或协议规定的本金、利率计算债券、借款的利息，本金、利息经由财务部审核、确认后，与相关债权人进行定期核对。<br>(7) 支付债券、借款利息，由筹（融）资经办人提出付款申请、财务部经理签字后，交财务部门审核岗位人员根据合同或协议进行审核，确保债券、借款利息的支付符合筹（融）资合同或协议的规定。财务部审核无误后交财务总监审批，审批通过后，出纳人员方可根据审批后的单据支付债券、借款的利息。<br>公司委托代理机构发放债券利息的，由筹（融）资经办人员和财务部共同清点、核对代理机构的债券利息支付清单，财务部把支付清单作为入账依据。<br>(8) 对由于筹（融）资形成的债务，财务部应编制还款计划，财务总监负责安排财务部提前准备还款资金。筹（融）资经办人员应提前提出还款申请，经财务部经理审核通过后，交财务总监审批。审批通过后，出纳人员按照审批后的单据，根据合同规定的债务到期日，偿还债务，财务审核岗对债务的到期偿付负有监督责任。严禁出现不能偿还到期债务，造成公司违约，影响公司信用现象的出现。 |
|---|---|

| | |
|---|---|
| 内　　容 | （9）公司财务部在审核筹（融）资业务款项偿付过程中，发现已审批拟偿付的各种款项的支付方式、金额或币种等与有关合同或协议不符的，应当及时向公司主管领导报告，并提出补救措施。<br>7.筹（融）资相关资料、凭证的档案管理<br>公司筹（融）资决策、审批过程的书面记录以及有关合同或协议、收款凭证、验收证明、入库凭证、支付凭证等，由公司财务部及时存档、专人妥善保管。 |

## 二、投资内部控制制度

| | |
|---|---|
| 目　　的 | 为了加强对公司投资内部控制和管理，规范公司投资活动实施程序，根据《中华人民共和国会计法》、《中华人民共和国公司法》、《企业会计准则》和《企业内部控制基本规范》、等法律法规，制定本制度。 |
| 适用范围 | 适用于公司的对外投资管理。 |
| 内　　容 | 1.投资项目<br>本制度所称投资项目包括理财型投资、股权型投资、固定资产投资（不包括日常办公用固定资产购置）三类。<br>（1）理财型投资是指公司将货币资金投资于各种金融资产，以期获得收益的投资。其主要方式包括：流通股票投资、债券投资、基金投资等。<br>（2）股权型投资是指按照公司的战略发展规划，以资金、土地、设备、技术、商标、管理、信息等形式对目标企业进行投资，以获得被投资企业全部或部分经营控制权和收益分配权的投资行为。其主要方式包括：投资设立企业、投资重组或收并购其他企业等。 |

内 容

（3）固定资产投资是指公司为生产、经营需要，投资形成机器设备、建筑物等固定资产的投资。主要包括：技术改造投资、基本建设投资等。

2.投资业务内部控制目标

（1）保证投资活动经过规定的审批程序。

（2）保证投资活动符合政府的投资法规。

（3）保护投资资产的实际存在。

（4）保证投资资产在账面和报表上合理反映。

（5）保证投资收益得到合理揭示。

3.投资业务环节及职务分离

投资业务环节及职务分离如下表所示：

**投资业务环节及职务分离要求**

| 投资业务 | 投资业务环节 | 职责分离 |
| --- | --- | --- |
| 理财型投资 | （1）按照生产经营状况确定未来所需营运资金和当前持有的多余资金<br>（2）编制财务分析报告和投资计划<br>（3）审批投资计划<br>（4）委托证券交易商或经纪人购入证券<br>（5）保管各种有价证券<br>（6）定期盘点有价证券<br>（7）委托交易商或经纪人出售有价证券<br>（8）进行会计记录和报表披露 | （1）投资计划的编制人不能同时掌握该计划的审批权<br>（2）负责证券购入与出售业务的人员不能同时担任会计记录工作<br>（3）证券的保管人员不能同时担任投资交易账务处理工作<br>（4）参与投资交易活动的人员不能同时承担有价证券的盘点工作 |

内　　容

（续表）

| 投资业务 | 投资业务环节 | 职责分离 |
| --- | --- | --- |
| 股权型投资 | （1）投资项目的选择及初审<br>（2）投资项目中期审查<br>（3）投资项目审批<br>（4）项目实施及监督<br>（5）投资完成或收回<br>（6）投资效果评价 | （1）投资项目的调研评估人员不能同时掌握该项目的审批权<br>（2）项目实施人员不能同时担任项目监管或评价工作<br>（3）项目监管人员不能同时担任项目评价工作<br>（4）资产的使用或保管人不能同时担任资产的记账工作<br>（5）资产的盘点人应由保管人员、记账人员以及与资产无关的人员组成<br>（6）资产处置的审批人不得从事具体的资产处置业务 |
| 固定资产投资 | （1）投资项目申请<br>（2）投资项目立项与审批<br>（3）投资项目实施<br>（4）投资项目完成，竣工验收<br>（5）投资项目的收益及损失考核评审 | （1）投资计划的编制人不能同时掌握该计划的审批权<br>（2）投资的验收人、评估人员不能从事采购、承建、支付款项等具体实施工作<br>（3）项目验收人员不能同时担任项目评价工作<br>（4）资产的使用或保管人不能同时担任资产的记账工作<br>（5）资产的盘点人应由保管人员、记账人员以及与资产无关的人员组成<br>（6）资产处置的审批人不得从事具体的资产处置业务 |

| | |
|---|---|
| 内　　容 | 4.理财型投资业务控制<br>（1）理财型投资的选择和审批。<br>公司的每一项理财型投资计划，由公司财务部组织相关人员在充分调研、了解和分析证券市场各种证券情况和其他投资对象的盈利能力以及未来潜在的经营政策和财务状况的基础上拟订。原则上，公司对外投资项目预期投资收益率不得低于同期银行存款利率。<br>投资额度的确定：每年初由财务部根据公司未来一年内的资金筹措、使用情况、确定年度理财型投资额度计划，经总经理办公会审议后，报董事会审批。<br>财务部在编制有关投资项目的具体投资计划后，按公司投资管理规定和资金审批权限上报审批。授权批准文件应以书面形式反映。<br>（2）投资资产取得控制。<br>投资计划经授权批准后，财务部应建立项目组，明确项目负责人，负责投出资产的保值工作与资产运作全过程的跟踪管理。项目小组应审查资质选择合适的证券交易商或经纪人，按照公司合同审批管理流程签订合同或其他契约文件明确双方责、权、利关系，委托其购置证券，记录投资交易的内容，审查经纪人交来的证券实物并入库。<br>（3）投资资产保管控制。<br>购置的有价证券应存放于银行等金融机构，或存放于公司财务部的保险箱中。只有经过适当授权的人员才能接触证券，存取证券时应有两位财务人员同时在场。<br>证券保管人需设置证券登记簿，详细记录证券的名称、数量、面值、存放与取出日期、经手人等内容，并与项目负责人等其他财务人员定期盘点，核对账务。<br>（4）投资资产处置控制。<br>财务部根据市场行情，提出处置资产计划和申请，经财务经理批准后上报财务总监，由财务总监和总经理审批后执行。<br>财务部委托银行等金融机构处置投资资产的清单应予以检查归档，各种文件应予以书面记录保存。 |

内　容

财务部应对理财型投资项目的收益及损失进行总结，评价投资效果。

（5）投资记录控制。

除无记名证券外，购置的有价证券需以公司名义登记或记载，负责投资账务记录人员必须独立于投资交易业务和证券保管业务。财务部对每种证券应开设投资明细分类账，并定期与总分类账相核对。购入证券入账价值的确定需遵循《企业会计准则》的规定。

（6）投资收益和投资资产期末计价控制。

根据公司会计政策和《企业会计准则》，投资的有价证券在确定计价方法后，应在各会计期间得到一贯应用，若改变计价方法，应在财务报表附注中予以说明。

公司财务部应根据债券票面规定的利息发放日期和股利发放公告，核对当期收到的利息和股息，同出纳人员核对后，及时记入当期有关账户。

若证券出售时市价和账面价值有差异，项目负责人应审核经纪人的成交通知书，确定其反映的出售价是否同当时的市价一致。

5.股权型投资业务控制内容

（1）投资项目的选择及审查。

**投资项目的选择及审查要求**

| 项目类别 | 要求 |
| --- | --- |
| 对公司下属服务单位进行投资以外的项目 | （1）项目选择及初审<br>企业发展部根据公司产业规划，结合市场调研信息，选择投资项目及目标公司，负责对投资项目进行初步评估，出具《调研报告》，提出投资建议，报主管领导审核，审核通过后，由主管领导决定是否需要提交总经理办公会审议 |

| 内容 | |
|---|---|

（续表）

| 项目类别 | 要求 |
|---|---|
| | （2）项目中期审查<br>项目初审通过后，由企业发展部牵头成立投资项目小组，相关业务部门和财务部、审计法律部派人参加项目小组。投资项目小组对项目进行调研、论证，编制可行性研究报告及有关合作意向书，报主管领导审核，之后报总经理办公会进行中期审查。<br>对于重大投资项目可聘请外部专家或中介机构进行可行性分析论证。由主管领导和总经理办公会决定是否聘请外部专家或中介机构参加投资项目小组 |
| 对公司下属服务单位的投资 | 服务单位管理事业部负责在每年初提出年度投资计划，报总经理办公会进行审查 |
| 总经理办公会对项目进行审查的内容 | 审查内容包括：查询项目基本情况，比较选择不同的投资方案；对项目的疑点、隐患提出质询；提出项目审查意见等 |

（2）项目审批。

项目审查通过后，上报董事会战略决策委员会，董事会战略决策委员会负责对投资项目进行审核。董事会战略决策委员会审核通过后，正式提交董事会审议。董事会根据相关权限履行审批程序，超出董事会权限的，提交股东大会审议。

（3）项目实施与监督。

项目经审批后，董事会授权相关部门负责具体实施已批准的投资项目。

内　容

**项目实施与监督**

| 序号 | 责任部门 | 责任事项 |
| --- | --- | --- |
| 1 | 企业发展部和服务单位管理事业部 | 根据分工范围，分别负责编制已批准的投资项目的投资计划，对投资项目实施进行指导、监督与控制，参与投资项目审计、终（中）止清算与交接工作，并进行投资评价与总结 |
| | | 根据分工范围，分别负责对投资项目实施运作情况实行全过程的监督、检查和评价。就投资项目的进度、投资预算的执行和使用、合作各方情况、经营状况、存在问题和建议等及时向领导报告。项目在投资执行过程中，可根据实施情况的变化合理调整投资预算，投资预算的调整需经原投资决策机构批准 |
| 2 | 审计法律部、财务部 | 依据其职责对投资项目进行监督，对违规行为及时提出纠正意见，对重大问题提出专项报告，提交原投资决策机构讨论处理 |

（4）投资完成或收回。

企业发展部和服务单位管理事业部根据分工范围，对于投资效果不佳的投资项目，以报告形式上报项目审批机构，决定继续或中止投资项目。批准处置投资项目的程序与权限与批准实施投资项目的程序与权限相同。企业发展部负责对预退出目标企业进行初步调研，出具《调研报告》，提出投资退出建议，报主管领导审核；审核通过后，提交总经理办公会审议；总经理办公会审议通过后，提交董事会战略决策委员会，董事会战略决策委员会负责对投资退出项目进行审核；董事会战略决策委员会审核通过后，正式提交董事会审议。董事会根据相关权限履行审批程序，超出董事会权限的，提交股东大会审议。

a.股权型投资完成后应及时出具投资总结报告。

| 内　容 | b.当公司做出终止投资的决策时，应按照国家有关规定制定清算方案，及时组织相关部门做好投资资金和物资的回收工作，规避投资风险和损失。<br>（5）投资效果评价。<br>为了严格投资管理，提高投资质量，企业发展部和服务单位管理事业部根据分工范围组织对投资项目的效果进行评价。<br>a.投资效果的评价依据为国家有关法规标准、投资项目可行性研究报告、投资的概算书、预算书、投资委托合同等。<br>b.投资效果评价的主要内容为投资是否符合国家的政策、法规和专业标准；是否按照预期计划进行；投资收益是否达到期初预计指标；投资能否继续实施等。<br>c.投资效果评价组应出具评价报告报总经理办公会审批。<br>6.固定资产投资业务控制<br>（1）投资项目申请。<br>a.公司各部门（中心）、事业部从生产和经营的角度出发，按照需求提出年度技术改造或基本建设申请计划。<br>b.公司企业发展部根据各单位计划经过平衡，编制公司年度固定资产投资计划，报公司董事会审批。<br>（2）投资立项与审批。<br>a.经董事会批准后的项目，由提出项目的单位负责提出项目立项申请报告，报公司总经理办公会批准。立项报告审批过程中，如果需要内部评审，由企业发展部组织相关部门或专家进行评审。<br>b.项目被批准立项后，企业发展部根据公司总经理办公会有关精神，下达有关专题计划，明确项目责任单位、项目负责人及计划节点考核要求。<br>（3）投资实施。<br>投资项目实施过程中应严格按照《公司固定资产投资实施管理办法》有关规定执行。办公室为公司基建类固定资产投资项目的归口管理部门，负责按《公司建设工程管理规范》有关规定组织项目实施。企业发展部为技术改造类固定资产投资项目的归口管理部门，负责技术改造项目立项、验收等组织工作和项目实施过程协调工作。企业发展部负责国家可行性研究报告批复项目的竣工验收组织工作。 |
|---|---|

<table>
<tr><td rowspan="2">内　容</td><td>原则上项目使用单位为项目责任单位。重大项目责任单位由总经理办公会确定，根据需要可以成立专门工作机构（项目组）。经总经理指定，项目责任单位公司主管领导为项目负责人。项目责任单位负责编制项目立项申请报告；负责项目实施的技术调研，编制项目实施可行性报告；负责按照可行性报告评审结果编制协议书或招标文件；负责承担相应的具体实施工作。</td></tr>
<tr><td>

**不同项目的投资实施控制**

| 序号 | 项目 | 实施控制 |
| --- | --- | --- |
| 1 | 技术改造项目（设备采购，包括招标项目和自行采购项目） | （1）原则上用汇额度10万美元以上的进口设备，或额度在30万元以上的国产设备，属于招标项目；用汇额度10万美元以下或金额在30万元以下，以及不适宜公开招标的项目，属于自行采购项目<br>（2）项目责任单位按照国家有关规定及公司要求确定自行招标或委托招标。对自行招标项目，由项目责任单位按有关规定组织招标。对须委托招标项目，由项目责任单位按国家规定选择相应资质的招标机构，报公司领导批准后办理委托招标手续。项目责任单位配合招标机构组织招标<br>（3）项目招标或技术、商务洽谈结束后，项目责任单位起草合同，并按公司合同审批流程办理签订合同手续<br>（4）项目责任单位负责履行合同，并负责办理进口减免税等相关手续 |

</td></tr>
</table>

<table>
<tr><td rowspan="2">内　　容</td><td>

| 序号 | 项目 | 实施控制 |
|---|---|---|
| 2 | 建设工程项目 | (1) 对项目主管部门在批复可行性研究报告中明确须做初步设计的项目，初步设计由项目责任单位委托或通过招标方式选定具有相应资质的设计单位，根据批复的可行性研究报告编制。有关设计基础材料由项目责任单位负责组织提供。初步设计由公司总经理办公会审查批准。对于重大项目，按照公司投资管理有关规定报公司董事会审议<br>(2) 施工图设计适用于工程项目，由项目责任单位委托或通过招标方式选定设计单位按照初步设计批准的内容进行，若有规模、标准和总图布置等方面的更改，必须履行批准手续<br>(3) 项目责任单位负责办理开工手续，代表公司督促检查施工单位、监理单位，实施现场管理。由项目责任单位组织签订合同 |

</td></tr>
<tr><td>

(4) 投资完成和验收。

a.对于技术改造项目，由项目责任单位负责按照招标文件、合同、试车情况等组织验收，并向公司提交验收报告。验收报告审定后，办理相关结算手续和固定资产转移手续。验收相关资料复印件须于企业发展部备案（原件在项目竣工前由项目责任单位保存）。

若设备采购项目属于国家批复项目的子项项目，项目全部建成后，企业发展部会同财务部、审计法律部等有关部门，汇总有关材料，完成内部审查，组织编写竣工验收汇报材料（包括图片、文字、声像），向上级部门提出验收申请。

b.对于工程建设项目，验收具体参见《公司建设工程管理规范》中“建设工程竣工验收管理办法”。若建设工程项目属

</td></tr>
</table>

<table>
<tr><td>内　　容</td><td>于国家批复项目的子项项目，项目全部建成后，企业发展部会同财务部、审计法律部等有关部门，汇总有关材料，完成内部审查，组织编写竣工验收汇报材料（包括图片、文字、声像），向上级部门提出验收申请。<br>（5）投资效果评价。<br>a.为了严格投资管理，提高投资质量，公司企业发展部或相关部门应组织对投资项目的效果进行评价。<br>b.投资效果的评价依据为国家有关法规标准、投资项目可行性研究报告、投资的概预算书、投资委托合同等。<br>c.投资效果评价的主要内容为投资是否符合国家的政策、法规和专业标准；是否按照预期计划进行；投资收益是否达到期初预计指标；投资能否继续实施等。<br>d.投资效果评价组应出具评价报告报送公司主管领导审核后，报总经理办公会审批。</td></tr>
</table>

# 第三节　表格管控

## 一、企业借款申请书

企业借款申请书

<table>
<tr><td>企业名称</td><td colspan="2"></td><td>开户银行和账号</td><td></td></tr>
<tr><td>年、季度借款计划</td><td colspan="2"></td><td>已借金额</td><td></td></tr>
<tr><td>申请借款金额</td><td colspan="2"></td><td>借款用途</td><td></td></tr>
<tr><td>借款种类</td><td colspan="2"></td><td>借款期限</td><td></td></tr>
<tr><td>借款原因</td><td colspan="4"></td></tr>
<tr><td>还款计划</td><td colspan="4"></td></tr>
<tr><td>主管部门意见</td><td colspan="3">（盖章）</td><td>借款单位公司章<br>法人代表章</td></tr>
<tr><td rowspan="2">银行审查意见</td><td>批准金额（大写）</td><td></td><td>批准期限</td><td></td></tr>
<tr><td colspan="4">法人代表章　　　　　　　经办人章<br>日期：　　年　　月　　日</td></tr>
</table>

## 二、长期借款明细表

长期借款明细表

<table>
<tr><td rowspan="3">借款单位</td><td colspan="4">金 额</td><td rowspan="3">利率（%）</td><td rowspan="3">借入时间</td><td rowspan="3">期限</td><td rowspan="3">还本付息方式</td><td rowspan="3">下年需还</td></tr>
<tr><td colspan="2">年初数</td><td colspan="2">年末数</td></tr>
<tr><td>本金</td><td>利息</td><td>本金</td><td>利息</td></tr>
<tr><td></td><td></td><td></td><td></td><td></td><td></td><td></td><td></td><td></td><td></td></tr>
<tr><td></td><td></td><td></td><td></td><td></td><td></td><td></td><td></td><td></td><td></td></tr>
<tr><td></td><td></td><td></td><td></td><td></td><td></td><td></td><td></td><td></td><td></td></tr>
<tr><td></td><td></td><td></td><td></td><td></td><td></td><td></td><td></td><td></td><td></td></tr>
<tr><td></td><td></td><td></td><td></td><td></td><td></td><td></td><td></td><td></td><td></td></tr>
<tr><td></td><td></td><td></td><td></td><td></td><td></td><td></td><td></td><td></td><td></td></tr>
<tr><td>合计</td><td></td><td></td><td></td><td></td><td></td><td></td><td></td><td></td><td></td></tr>
</table>

## 三、短期借款明细表

短期借款明细表

年 月 日　　　　单位：万元

<table>
<tr><td rowspan="3">贷款银行</td><td rowspan="3">贷款种类</td><td rowspan="3">借入时间</td><td colspan="4">金 额</td><td rowspan="3">利率（%）</td><td rowspan="3">已用额度</td><td rowspan="3">可用额度</td><td rowspan="3">期限</td><td rowspan="3">还款方式</td><td rowspan="3">备注</td></tr>
<tr><td colspan="2">年初数</td><td colspan="2">年末数</td></tr>
<tr><td>本金</td><td>利息</td><td>本金</td><td>利息</td></tr>
<tr><td></td><td></td><td></td><td></td><td></td><td></td><td></td><td></td><td></td><td></td><td></td><td></td><td></td></tr>
<tr><td></td><td></td><td></td><td></td><td></td><td></td><td></td><td></td><td></td><td></td><td></td><td></td><td></td></tr>
<tr><td></td><td></td><td></td><td></td><td></td><td></td><td></td><td></td><td></td><td></td><td></td><td></td><td></td></tr>
<tr><td></td><td></td><td></td><td></td><td></td><td></td><td></td><td></td><td></td><td></td><td></td><td></td><td></td></tr>
<tr><td></td><td></td><td></td><td></td><td></td><td></td><td></td><td></td><td></td><td></td><td></td><td></td><td></td></tr>
<tr><td></td><td></td><td></td><td></td><td></td><td></td><td></td><td></td><td></td><td></td><td></td><td></td><td></td></tr>
<tr><td></td><td></td><td></td><td></td><td></td><td></td><td></td><td></td><td></td><td></td><td></td><td></td><td></td></tr>
</table>

## 四、借款明细分类表

借款明细分类表

银行名称：

| 日期 | | | 凭证号码 | 摘要 | 借款种类 | 抵押品内容 | 约定偿还日期 | 记号 | | 利率（%） | 借款金额 | 偿还金额 | 结余金额 | 备注 |
|---|---|---|---|---|---|---|---|---|---|---|---|---|---|---|
| 年 | 月 | 日 | | | | | | 借 | 贷 | | | | | |
| | | | | | | | | | | | | | | |
| | | | | | | | | | | | | | | |
| | | | | | | | | | | | | | | |
| | | | | | | | | | | | | | | |
| | | | | | | | | | | | | | | |

## 五、企业融资成本分析表

企业融资成本分析表

单位：元

| 对比分析期项目 | 年 | 年 | 差值 |
|---|---|---|---|
| 主权融资（所有者权益）<br>负债融资<br>融资总额<br>息税前利润<br>减：利息等负债融资成本<br>税前利润<br>减：所得税税后利润<br>减：应交特种基金<br>提取盈余公积金<br>本年实际可分配利润 | | | |
| 本年资本（股本）利润率 | | | |
| 本年负债融资成本率 | | | |

## 六、实收资本（股本）明细表

实收资本（股本）明细表

| 股东名称 | 期初余额 | | 本期增加 | | 本期减少 | | 期末余额 | |
|---|---|---|---|---|---|---|---|---|
| | 外币 | 人民币 | 外币 | 人民币 | 外币 | 人民币 | 外币 | 人民币 |
| | | | | | | | | |
| | | | | | | | | |
| | | | | | | | | |
| | | | | | | | | |
| | | | | | | | | |
| | | | | | | | | |
| | | | | | | | | |
| | | | | | | | | |
| | | | | | | | | |
| 合计 | | | | | | | | |

## 七、企业年度投资计划表

企业年度投资计划表

编号： 日期： 年 月 日

| 投资项目名称 | 投资原因 | 投资金额 | 预计收益 | 备 注 | |
|---|---|---|---|---|---|
| 项目一 | | | | | |
| 项目二 | | | | | |
| 项目三 | | | | | |
| 项目四 | | | | | |
| 项目五 | | | | | |
| …… | | | | | |
| 合计 | | | | | |
| 填表人 | | 审核人 | | 审核日期 | |

## 八、投资绩效预测表

投资绩效预测表

| 投资项目名称 | 投资种类 | | | | 预计投资金额 | 已支付金额 | 估计收益情况 | | | |
|---|---|---|---|---|---|---|---|---|---|---|
| | 产品 | 产量 | 财务 | 其他 | | | 金额 | 收益期间 | 回收期 | 收益率(%) |
| | | | | | | | | | | |
| | | | | | | | | | | |
| | | | | | | | | | | |
| | | | | | | | | | | |
| | | | | | | | | | | |

## 九、长期股权投资明细表

长期股权投资明细表

| 被投资单位名称 | 持股比例 | 投资时间 | 投资方式 | 初始投资成本 | 期初余额 | 本期增加 | 本期减少 | 期末余额 | 核算方法 | 投资文件索引号 | 备注 |
|---|---|---|---|---|---|---|---|---|---|---|---|
| | | | | | | | | | | | |
| | | | | | | | | | | | |
| | | | | | | | | | | | |
| | | | | | | | | | | | |
| | | | | | | | | | | | |
| | | | | | | | | | | | |
| | | | | | | | | | | | |
| 合计 | | | | | | | | | | | |

编制说明：

(1) 投资方式指现金出资、发行权益性证券、投资者投入、非货币性资产交换、债务重组、企业合并等。

(2) 投资文件指产权登记表、投资协议、出资证明、验资报告等。

(3) 备注栏可填写本年新增加、处置投资是否有授权批准或其他说明事项。

## 十、持有至到期投资测算表

持有至到期投资测算表

| 项目名称 | 面值① | 到期日 | 票面利率② | 实际利率③ | 年初摊余成本④ | 测算数 | | | 账面数 | | 差异 | | 差异原因 |
|---|---|---|---|---|---|---|---|---|---|---|---|---|---|
| | | | | | | 投资收益⑤=④×③ | 应收(计)利息⑥=①×② | 年末摊余成本⑦=④+⑤-⑥ | 应收(计)利息⑧ | 投资收益⑨ | 应收(计)利息⑩=⑧-⑥ | 投资收益11=⑨-⑤ | |
| | | | | | | | | | | | | | |
| | | | | | | | | | | | | | |
| | | | | | | | | | | | | | |
| | | | | | | | | | | | | | |
| | | | | | | | | | | | | | |
| | | | | | | | | | | | | | |

## 十一、交易性金融资产监盘表

交易性金融资产监盘表

| 盘点日实存交易性金融资产 | | | | | | 资产负债日至盘点日增加(减少) | | 资产负债日实存交易性金融资产 | | | | | 账面结存交易性金融资产 | | | 差异 | 备注 |
|---|---|---|---|---|---|---|---|---|---|---|---|---|---|---|---|---|---|
| 项目名称 | 数量 | 面值 | 总计 | 票面利率 | 到期日 | 数量 | 面值 | 数量 | 面值 | 总计 | 票面利率 | 到期日 | 数量 | 面值 | 总计 | | |
| | | | | | | | | | | | | | | | | | |
| | | | | | | | | | | | | | | | | | |
| | | | | | | | | | | | | | | | | | |
| | | | | | | | | | | | | | | | | | |
| | | | | | | | | | | | | | | | | | |

出纳人员：　　会计主管：　　监盘地点：　　监盘时间：　　监盘人员：

## 十二、投资收益分析表

投资收益分析表

编号： 日期： 年 月 日

| 投资编号 | 投资名称 | 回收期间 | 投资金额 | | 收回金额 | | 回收率 | | 收益率 | | 备注 |
|---|---|---|---|---|---|---|---|---|---|---|---|
| | | | 计划 | 实际 | 预计 | 实际 | 预计 | 实际 | 预计 | 实际 | |
| | | | | | | | | | | | |
| | | | | | | | | | | | |
| | | | | | | | | | | | |
| | | | | | | | | | | | |
| | | | | | | | | | | | |
| | | | | | | | | | | | |
| | | | | | | | | | | | |

## 十三、长期投资月报表

长期投资月报表

编号： 日期： 年 月 日

| 项目 | | 期初余额 | 本期增加 | 本期减少 | 期末余额 | 备注 |
|---|---|---|---|---|---|---|
| 长期股权投资 | | | | | | |
| | | | | | | |
| | 小计 | | | | | |
| 长期债券投资 | | | | | | |
| | | | | | | |
| | 小计 | | | | | |
| 其他投资 | | | | | | |
| | | | | | | |
| | 小计 | | | | | |
| 合计 | | | | | | |

## 十四、短期投资月报表

短期投资月报表

编号： 日期： 年 月 日

<table>
<tr><th colspan="2">项 目</th><th>期初余额</th><th>本期增加</th><th>本期减少</th><th>期末余额</th><th>备 注</th></tr>
<tr><td rowspan="8">股权投资</td><td></td><td></td><td></td><td></td><td></td><td></td></tr>
<tr><td></td><td></td><td></td><td></td><td></td><td></td></tr>
<tr><td></td><td></td><td></td><td></td><td></td><td></td></tr>
<tr><td></td><td></td><td></td><td></td><td></td><td></td></tr>
<tr><td></td><td></td><td></td><td></td><td></td><td></td></tr>
<tr><td></td><td></td><td></td><td></td><td></td><td></td></tr>
<tr><td></td><td></td><td></td><td></td><td></td><td></td></tr>
<tr><td>小计</td><td></td><td></td><td></td><td></td><td></td></tr>
<tr><td rowspan="8">债券投资</td><td></td><td></td><td></td><td></td><td></td><td></td></tr>
<tr><td></td><td></td><td></td><td></td><td></td><td></td></tr>
<tr><td></td><td></td><td></td><td></td><td></td><td></td></tr>
<tr><td></td><td></td><td></td><td></td><td></td><td></td></tr>
<tr><td></td><td></td><td></td><td></td><td></td><td></td></tr>
<tr><td></td><td></td><td></td><td></td><td></td><td></td></tr>
<tr><td></td><td></td><td></td><td></td><td></td><td></td></tr>
<tr><td>小计</td><td></td><td></td><td></td><td></td><td></td></tr>
<tr><td rowspan="8">其他投资</td><td></td><td></td><td></td><td></td><td></td><td></td></tr>
<tr><td></td><td></td><td></td><td></td><td></td><td></td></tr>
<tr><td></td><td></td><td></td><td></td><td></td><td></td></tr>
<tr><td></td><td></td><td></td><td></td><td></td><td></td></tr>
<tr><td></td><td></td><td></td><td></td><td></td><td></td></tr>
<tr><td></td><td></td><td></td><td></td><td></td><td></td></tr>
<tr><td></td><td></td><td></td><td></td><td></td><td></td></tr>
<tr><td>小计</td><td></td><td></td><td></td><td></td><td></td></tr>
<tr><td colspan="2">合计</td><td></td><td></td><td></td><td></td><td></td></tr>
</table>

# 第三章 问题解答

## 1.企业筹资的渠道有哪些?

企业筹资的渠道是指企业筹集资本来源的方向与通道，体现着资本的源泉和流量。筹资的渠道有：

（1）政府财政资本——国有企业的来源。

（2）银行信贷资本——各种企业的来源。

（3）非银行金融机构资本——保险公司、信托投资公司、财务公司等。

（4）其他法人资本——企业、事业、团体法人。

（5）民间资本。

（6）企业内部资本——企业的盈余公积和未分配利润。

（7）国外和我国港澳台资本——外商投资。

## 2.企业筹资方式有哪些?

企业筹资方式，是指企业筹集资本所采取的具体形式和工具，体现着资本的属性和期限。目前我国企业筹资方式主要有：

（1）投入资本筹资。

（2）发行股票筹资。

（3）发行债券筹资。

（4）发行商业本票筹资。

（5）银行借款筹资。

（6）商业信用筹资。

（7）租赁筹资。

## 3.筹资渠道和筹资方式如何配合比较好?

筹资渠道解决的是资金来源问题，而筹资方式则解决通过何种方式取得资金的问题。它们之间存在一定的对应关系，一定的筹资方式可能只适用于某一特定的筹资渠道，但同一筹资渠道的资本往往可以采用不同的筹资方式取得，而同一筹资方式又往往可以适用于不同的筹资渠道。所以，企业在筹资时，应当实现二者之间的合理配合。

具体的对应关系可用下表描述：

**企业筹资渠道和筹资方式的配合**

| 筹资渠道 \ 筹资方式 | 投入资本筹资 | 发行股票筹资 | 发行债券筹资 | 商业本票筹资 | 银行借款筹资 | 商业信用筹资 | 租赁筹资 |
|---|---|---|---|---|---|---|---|
| 政府财政资本 | √ | √ | | | | | |
| 银行信贷资本 | | | | | √ | | |
| 非银行金融机构资本 | √ | √ | √ | √ | √ | √ | √ |
| 其他法人资本 | √ | √ | √ | √ | | √ | √ |
| 民间 | √ | √ | √ | √ | | | |
| 企业内部资本 | √ | √ | | | | | |
| 国外和我国港澳台资本 | √ | √ | √ | √ | √ | √ | √ |

### 4.如何进行筹资风险的事前控制？

（1）应做好企业的财务预测与计划，做好各种预算工作。

在对外部资金的选择上，应从具体的投资项目出发，运用销售增长百分比法确定外部筹资需求。可以从以往的经验出发，确定外部资金需求规模；也可以进行财务报表分析，使各项数据直观、准确，量化资金数额。由于财务报表分析法比较复杂，需要较高的分析技术，因而，应在筹资决策存在许多不确定因素的情况下运用。

另外，要进行准确的财务预算。企业根据短期的生产经营活动和中长期的企业发展规划，预测出自己对资金的需求，提前做好财务预算工作，安排企业的融资计划，估计可能筹集的资金量。同时，可以根据预测的筹资情况来确定资金是否能够满足企业资金的需求，并以此安排企业的生产经营活动，从而把企业的生产经营和资金筹集有机地联系在一起，避免由于两者脱节，造成企业的资金周转困难，以防范企业的筹资风险。

（2）因地制宜地确定资本结构，合理安排主权资本与借入资本的比例，降低资本成本，也就是选择合适的筹资组合。

企业在经营过程中，要根据所处的行业特点和企业自身情况，确定合理的资产负债结构。在企业的资产负债结构上，保持适当的短期变现能力（如流动比率和速动比率）和长期偿债能力（如资产负债率和产权比率），可以提高企业的市场竞争力，提高企业抵抗筹资风险的能力。改善企业的资产负债结构，主要应该动态地监控资产负债率、流动比率、速动比率等反映企业偿债能力的财务指标，确定最佳负债结构。

（3）企业在选择负债筹资的方式中，如果选择银行借款的筹资方式，应做好分析工作，对银行作出选择。应选择那些愿意承担风险，勇于开拓，肯为企业分析潜在的财务问题，有着良好的服务，乐于为具有发展潜力的企业发放贷款，在企业有困难时帮助其渡过难关的银行。同时，要关注银行的专业化程度，选择那些拥有丰富专业化贷款经验的银行进行合作；保证所选银行的稳定性，使企业的借款不至于中途发生变故。

### 5.如何进行筹资风险的事中控制？

（1）保持合理的现金储备，确保企业的正常支付和意外所需。

现金是企业资产中流动性最强的资产，现金持有量过少而无法保证企业的正常支出，企业就会因资金短缺发生筹资风险；反之，企业持有的现金越多，企业的支付能力就越强。但是如果持有过多的现金，必然失去了用这部分现金投资的机会，造成资金的机会成本过大，从而降低企业资产的盈利能力和资产利润率。因此，必须合理预测企业经营过程中的现金需求和支付情况，确定合理的现金储备。

（2）加强存货管理，提高存货周转率。

存货是企业流动资产中变现能力较弱的资产，如果存货在流动资产中比重过大，就会使速动比率很低，从而影响企业的短期变现能力，因此要通过完善企业的内部控制和生产经营流程，使企业存货保持在一个合理的水平上。

（3）加强应收账款的管理，加快货币资金回笼。

应收账款是被债务人无偿占用的企业资产。不能及时收回应收账款，不仅影响企业的资金周转和使用效率，还可能造成企业资产无法收回而形成坏账损失。因此，企业应加强对应收账款的管理，通过建立稳定的信用政策、确定客户的资信等级、评估企业的偿债能力、确定合理的应收账款比例、建立销售责任制等措施，积极组织催收，减少在应收账款方面的资金占用，加快货币资金回笼。

另外，在还款期限和额度的把握上，应尽可能地将还款期限推迟到最后，同时必须保持企业良好的信誉，有时候无形的声誉往往更加重要。这样虽然没有现实的现金流入，但却获得了货币的时间价值，节省了一定的使用成本。保持适当的还款额度，可以减少企业资金使用风险，使企业不至于因还款额度过大而承担较大的财务风险。

### 6.如何进行筹资风险的事后控制？

事后控制主要在于对本次筹资过程的分析上，企业筹集资金的目的是为了投资的需要，而投资又是为了获得利润。在一个整体的过程结束后，企业必然要对本次筹资运作的全过程进行系统、全面的分析。主要是分析企业各种资金的使用效率和各种财务比率，重点应放在对财务报表的分析上。

### 7.什么是短期投资和长期投资？

预期在短期（通常是一年内）能收回的各种投资项目，属于短期投资。长期投资是指投资期在一年以上的各类投资项目。

一定程度下，短期投资和长期投资之间是可以转化的，如购买股票是一种长期投资，无偿还期限；但股票持有者可以在二级市场进行短线操作，卖出股票，这又是短期投资。选择短期投资还是长期投资，主要由投资者的投资偏好所决定。

### 8.什么是直接投资和间接投资？

按投资人能否直接控制其投资资金，可将投资分为直接投资和间接投资。

（1）直接投资。

直接投资是指投资人直接将资本用于开办企业、购置设备、收购和兼并其他企业等，通过一定的经营组织形式进行生产、管理、销售活动以实现预期收益。

（2）间接投资。

间接投资主要是指投资人以购买外国或本国股票、债券等金融资产的方式所进行的投资。投资人按规定获取红利或股息，但一般不能直接干预和有效控制其投放资金的运用状况。

### 9.什么是金融投资和实物投资？

按投资对象存在形式的不同，可将投资分为金融投资和实物投资。

（1）金融投资。

金融投资是投资者为获取预期收益，预先垫付货币以形成金融资产，并以此获取投资或投机收益的经济行为。在现实经济生活中，金融投资不仅有资本市场的股票、债券、基金、期货、信托、保险等投资形式，还有货币市场的存款、票据、外汇等投资形式，还可以包括风险投资、彩票投资等。

（2）实物投资。

实物投资是投资者为获取预期收益或经营某项事业，预先垫付货币或其他资源（有形资产或无形资产），以形成实物资产的经济行为。实物投资大致可分为固定资产投资、流动资产投资、稀有资产投资等。

### 10.什么是生产性投资和非生产性投资？

按投资的经济用途，可将投资分为生产性投资和非生产性投资。

（1）生产性投资。

生产性投资是指投入到生产、建筑等物质生产领域，形成各种类型的生产性企业资产的投资。它一般又分为固定资产投资和流动资产投资。生产性投资通过循环和周转，不仅能收回投资，而且能实现投资的增值和积累。

（2）非生产性投资。

非生产性投资是指投入到非物质生产领域，形成各种类型的非生产性资产的投资。其中，对学校、办公楼、国防工程、社会福利设施等的投资不能收回，是纯消费投资，其再投资依靠社会积累。对电视台、影剧院、信息中心等的投资可转化为无形资产的经营，可以收回投资，甚至实现投资的增值和积累。

### 11.投资活动中如何进行授权批准控制?

授权批准要求投资决策的做出、投资合同的签订、投资资产的处置等必须履行严格的审批手续。单位任何人无权独立做出重大投资决策。任何未经授权批准的投资行为，无论该种行为是否造成经济损失，都应当受到调查和追究。经过授权的人员，必须在授权的范围内开展和执行业务，任何越权行为都必须受到追究。

### 12.如何进行投资风险控制?

企业应树立风险意识，针对风险的各个控制点，建立有效的风险管理系统，通过风险预警、风险识别、风险分析、风险报告等措施，对财务风险和经营风险进行全面防范和控制。主要是：

（1）在可行性研究论证阶段，应掌握以下内容：被投资单位内部的政治、经济、法律、文化环境，防止各种大环境因素对投资项目造成不利影响。例如，跨国投资时除了必须了解当地经济秩序状况、税收及法律状况等情况外，还必须了解当地的宗教、习俗等，尊重当地的宗教信仰；被投资单位内部的资信状况、财务状况、经营成果和现金流量，尽量投资那些科技含量高、经济业绩好、财务信用佳的企业；投资企业自身因该投资项目可能发生的财务风险及财务承受能力。换言之，既要防止因被投资企业经营失败而影响自己，更要防止因投资方式、规模不当造成的风险。

（2）在投资决策执行过程中，当投资项目的盈利预计将发生重大的不利变化，或连续长时间亏损且大大超过可行性报告中的预计，以及总投资额大幅度增加且难以得到利益补偿时，投资企业应当充分估计这种不利影响的程度并提取足够的投资减值准备。

（3）企业为了规避投资风险，可以规定本企业只能投资有限责任公司，禁止或尽可能不投资无限责任公司。

# 第四部分

# 会计核算管理

引言：

会计核算就是要以货币为计量单位，去记账、算账和报账，以便真实、完整、准确、及时地反映企业的经济活动情况。其基本方法主要有设置账户的账簿、复式记录、填制和审核凭证、登记账簿、成本计算、财产清查和编制会计报表等。

# 第一章 基础知识

## 第一节 会计核算的内容与要求

### 一、会计核算的基本内容

#### （一）款项和有价证券的收付

（1）款项是作为支付手段的货币资金，主要包括现金、银行存款以及其他视同现金和银行存款的外埠存款、银行汇票存款、银行本票存款、信用卡存款、信用证存款（其他货币资金）等。

（2）有价证券是指表示绝对财产拥有权或支配权的证券，如国库券、股票、公司债券等。

款项和有价证券是流动性最强的资产。

#### （二）财物的收发、增减和使用（存货、固定资产等）

财物是财产物资的简称，是公司进行生产经营活动且具有实物形态的经济资源，一般包括原材料、燃料、包装物、低值易耗品、在制品、库存商品等流动资产，以及房屋、建筑物、机器、设备、设施、运输工具等固定资产。

#### （三）债权债务的发生和结算

债权是公司收取款项的权利，一般包括各种应收和预付款项等。

债务是指因为过去的交易、事项形成的，公司需要以资产或劳务偿付的现时义务，一般包括各项借款、应付和预收款项以及应交款项等。

#### （四）资本的增减（所有者权益）

资本是投资者为开展生产经营活动而投入的资金。会计上的资本专指所有者权益中的投入资本。

#### （五）收入、支出、费用、成本的计算（收入、费用）

（1）收入是指公司在日常活动中形成的、会导致所有者权益增加的、与所有者投入资本无关的经济利益的总流入。

（2）支出指的是公司所实际发生的各项开支以及在正常生产经营活动以外的支出和损失。

（3）费用是指公司在日常活动中发生的、会导致所有者权益减少的、与向所有者分配利润无关的经济利益的总流出。

（4）成本是指公司为生产产品、提供劳务而发生的各种耗费，是按绝对的产品或劳务对象所归集的费用，是对象化的费用。

### （六）财务成果的计算和处理（利润）

财务成果主要是指公司在绝对时期内通过从事生产经营活动而在财务上所取得的成果，具体表现为盈利或亏损。财务成果的计算和处理一般包括利润的计算、所得税的计算、利润分配或亏损弥补等。

### （七）其他

需要办理会计手续、进行会计核算的其他事项。

## 二、会计核算的原则

会计核算要求做到真实、准确、完整、及时和比较。

### （一）真实

真实性是对会计信息质量要求的第一原则。是指会计核算应当以实际发生的经济业务为依据，如实反映企业财务状况和经营成果，做到内容真实，数字准确，资料可靠。只有会计核算记录的数字和情况是真实的，才能保证记账、算账、报账是真实的，会计资料才是有用的。真实是会计的生命。会计核算的过程应当如实再现经济活动的全貌。

### （二）准确

要求对会计事项的处理是合理、合法的，有关数字的计算是正确的。

### （三）完整

要求对企业、事业等单位的生产经营活动和其他活动的各方面或全过程都得到全面的记录、计算和报告，不得有所遗漏。只有会计核算完整，才能为领导、有关单位和群众提供全面、正确的资料，才能为领导做出经营决策，有关单位制定政策、计划，群众参与和监督经营活动，提供有效的依据。

### （四）及时

是要随着经济业务的发生，按时得到会计处理和记录、计算，并根据有关规定按时向有关对象报告。及时为单位领导提供会计信息，有利于领导在激烈的市场竞争中做出正确的决策；及时为企业各部门提供会计信息，有利于对生产过程的耗费进行控制，提高经济效益。

### （五）比较

是对发生的经济业务从多方面进行比较，作出恰当的估计和判断，做到投入少而产出多。如企业采购材料，销售产品。比较包含在会计核算的过程中，才能发挥会计的应尽之责，会计之于管理的作用才能更好地发挥。人们习惯对一事项所说的合算不合算，就是看是不是经济、节约。可见，比较是会计核算的内核属性之一。

## 三、会计核算的一般要求

（1）各单位必须按照国家统一的会计制度的要求，设置会计科目和账户、复式记账、填制会计凭证、登记会计账簿、进行成本计算、财产清查和编制财务会计报告。

（2）各单位必须根据实际发生的经济业务事项进行会计核算，编制财务会计报告。

（3）各单位发生的各项经济业务事项应当在依法设置的会计账簿上统一登记、核算，不得违反《会计法》和国家统一的会计制度的规定私设会计账簿登记、核算。

（4）各单位对会计凭证、会计账簿、财务会计报告和其他会计资料应当建立档案、妥善保管。

（5）使用电子计算机进行会计核算的，其软件及其生成的会计凭证、会计账簿、财务会计报告其他会计资料，也必须符合国家统一的会计制度的规定。

（6）会计记录的文字应当使用中文。在民族自治地方，会计记录可以同时使用当地通用的一种民族文字。在中华人民共和国境内的外商投资企业、外国企业和其他外国组织的会计记录可以同时使用一种外国文字。

# 第二节　会计核算的基本环节

会计确认、计量、记录和报告是会计核算的四个基本环节，组成了会计核算的基本程序，它们相互独立，又相互联系，并有相应的会计核算办法支撑。

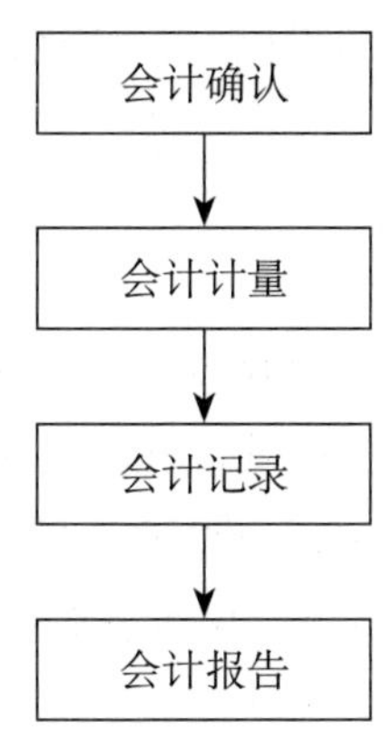


会计核算的四大环节

## 一、会计确认

会计确认是会计核算的基础，是会计核算诸多环节中最重要的一个环节。因为，单位发生的经济事项如果定性错了，其后续会计核算环节得出的都是错误的结论和信息。

会计确认，又称“会计核算对象的确认”或“会计要素的确认”，是会计对象即单位会计经济业务事项的确认，是指对单位发生的经济业务事项按一定的标准进行分析和判断，确定其对企业财务状况、经营成果和现金流量的影响，并确认其归属于哪类会计要素的过程。

广义的会计确认包括初始确认和再确认两个步骤。

### （一）初始确认

初始确认也称为初次确认，也是狭义的会计确认，它决定了哪些数据应当进入会计核算系统进行核算与反映。具体而言，即对企业生产经营活动中产生的大量原始数据，按照一定的标准进行辨认，确定它是否属于交易或会计事项，并通过填制和审核会计凭证的方法，登记到相关的账簿中。

### （二）再确认

再确认又称第二次确认，是对账户所反映的企业生产经营活动情况的数据资料，按照一定的标准进行辨认，以确认它是否属于反映企业财务状况、经营成果和现金流量的信息，并编制到财务会计报表中。所以严格讲，再确认应属于会计报告的内容，在后面会计报告部分还将讨论。

## 二、会计计量

会计计量是会计处理的第二步，它用货币量来表示每笔经济业务事项，以确定了有关经济业务的影响程度，如资产、负债、所有者权益、收入、费用、利润各自增加了多少，减少了多少。

在会计核算过程中，会计计量的范围涉及了企业生产经营的各个阶段和每一个环节，资产、负债、权益、收入、费用、利润等会计要素是会计计量的基本内容。

在会计六要素的计量中，资产的计量是最为首要的、最为基本的，这就决定了资产计量在会计计量中居于核心地位。因此，科学、合理地解决好资产的计量问题，有助于对其他的五要素的合理、有效地计量。资产计量所取得的结果及其特性，是计量其他五要素的基础，并对其他五要素的计量结果产生重大影响。

一般企业的各项资产在取得时应按照实际成本计量。其后，各项资产如果发生减值，应当按照国家统一会计制度的规定计提相应的减值准备。除法律、行政法规和国家统一的会计制度另有规定者外，企业一律不得自行调整其账面价值。

## 三、会计记录

会计记录是会计核算的第三步，这一步是会计确认和计量的具体体现，它反映每笔经济业务事项是如何入账的。

会计记录，又称“会计核算对象的记录”或“会计要素的记录”，是根据确认和计量的结果，按照复式记账的要求，在账簿中全面、系统地加以登记。

会计记录的目的是按照国家统一的会计制度的规定，将经济业务事项具体记录在凭证、账簿等会计资料中。

## 四、会计报告

会计报告是会计核算的最后一步，具体来讲，它是指对已记录的每笔经济业务事项进行归纳汇总，形成书面报告，即会计报告是在会计确认、会计计量、会计记录的基础上，对凭证、账簿等会计资料进行进一步的归纳整理，通过会计报表、会计报表附注和财务情况说明书等方式将财务会计信息提供给会计信息使用者。

# 第二章　管控工具

## 第一节　流程管控

### 一、办公用品入库核算流程

| 流程 | 责任人 | 要点说明 |
|---|---|---|
| 审核支票存根与发票对应 | 会计 | 不对应的退回 |
| ↓ 审核发票金额、数量是否与入库单一致 | 会计 | 不符的要查清 |
| ↓ 编制记账凭证 | 会计 | |
| ↓ 涉及现金的凭证传出纳岗，不涉及现金的凭证传主管岗复核 | | 及进传递 |

### 二、办公用品领用核算流程

| 流程 | 责任人 | 要点说明 |
|---|---|---|
| 月末审核办公用品明细账 | 会计 | 在月末进行 |
| ↓ 审核办公用品库传来的领用汇总表 | 会计 | 账表要相符 |
| ↓ 编制办公用品领用凭证 | 会计 | |
| ↓ 传主管岗复核 | 会计 | 要及时 |

## 三、固定资产购进核算流程

| 流程 | 责任人 | 要点说明 |
| --- | --- | --- |
| 审核付款 | 会计 | 款项付出严格遵循《资金控制办法》 |
| ↓ 督促报账 | 会计 | 根据合同及付款情况及时督促 |
| ↓ 审核发票和固定资产调拨单 | 会计 | 须凭发票、验收单办理调拨手续 |
| ↓ 查询已付款情况 | 会计 | |
| ↓ 编制凭证 | 会计 | 摘要栏须注明固定资产名称、型号及使用部门 |
| ↓ 传主管岗核算 | 会计 | |

## 四、固定资产提取折旧核算工作流程

| 流程 | 责任人 | 要点说明 |
| --- | --- | --- |
| 查询上月新增或减少固定资产 | 会计 | 根据固定资产明细账来查询 |
| ↓ 对应固定资产原值及公司使用的折旧政策计算增减变动的累计折旧 | | 增减变动要及时调整 |
| ↓ 编制折旧计算表 | | 按个别资产进行计算，分部门、分类别汇总提取 |
| ↓ 编制记账凭证 | | |
| ↓ 传主管岗复核 | | 摘要栏写明固定资产名称、型号及使用部门 |

## 五、固定资产清理报废核算工作流程

| 流程 | 责任人 | 要点说明 |
|---|---|---|
| 组织行政事务部及生产部对固定资产进行核查 | 会计 | 定期进行 |
| ↓ 督促处置已报废及长期闲置的固定资产 | 会计 | |
| ↓ 核实报废或长期闲置的固定资产原值、已使用年限及折旧提取情况 | 会计 | 按公司使用折旧政策来计算 |
| ↓ 审核固定资产清理转出报告 | | 形成书面文件 |
| ↓ 编制记账凭证 | | 摘要栏要写明固定资产名称、型号、使用部门 |
| ↓ 传主管岗复核 | | |

## 六、工程款项付出及报账流程

| 流程 | 责任人 | 要点说明 |
|---|---|---|
| 根据月度资金计划核查付款项目 | 会计 | 收据与发票须与合同规定相符 |
| ↓ 审核工程合同、进度款收据或发票等 | 会计 | 手续不齐不付款 |
| ↓ 审核“付款审批单”审批手续是否完备 | 会计 | |
| ↓ 登记资金计划 | 会计 | |
| ↓ 付款 | 出纳 | 付款时须凭收据或发票 |
| ↓ 编制记账凭证 | 会计 | 摘要栏须详细注明工程名称、合同号等 |

## 七、材料采购报账核算流程

| 流程 | 责任人 | 要点说明 |
|---|---|---|
| 根据应付账款余额及收料单督促采购员报账 ↓ | 会计 | |
| 审核签收采购员传来的采购发票、运费发票及收料单 ↓ | 会计 | 传来的单据要齐全 |
| 编制记账凭证 ↓ | 会计 | 摘要栏须注明材料名称及数量 |
| 将可以抵扣的发票抵扣联注明凭证号后抽出 ↓ | 会计 | 不要遗漏 |
| 传主管岗复核 | 会计 | |

## 八、审核采购付款流程

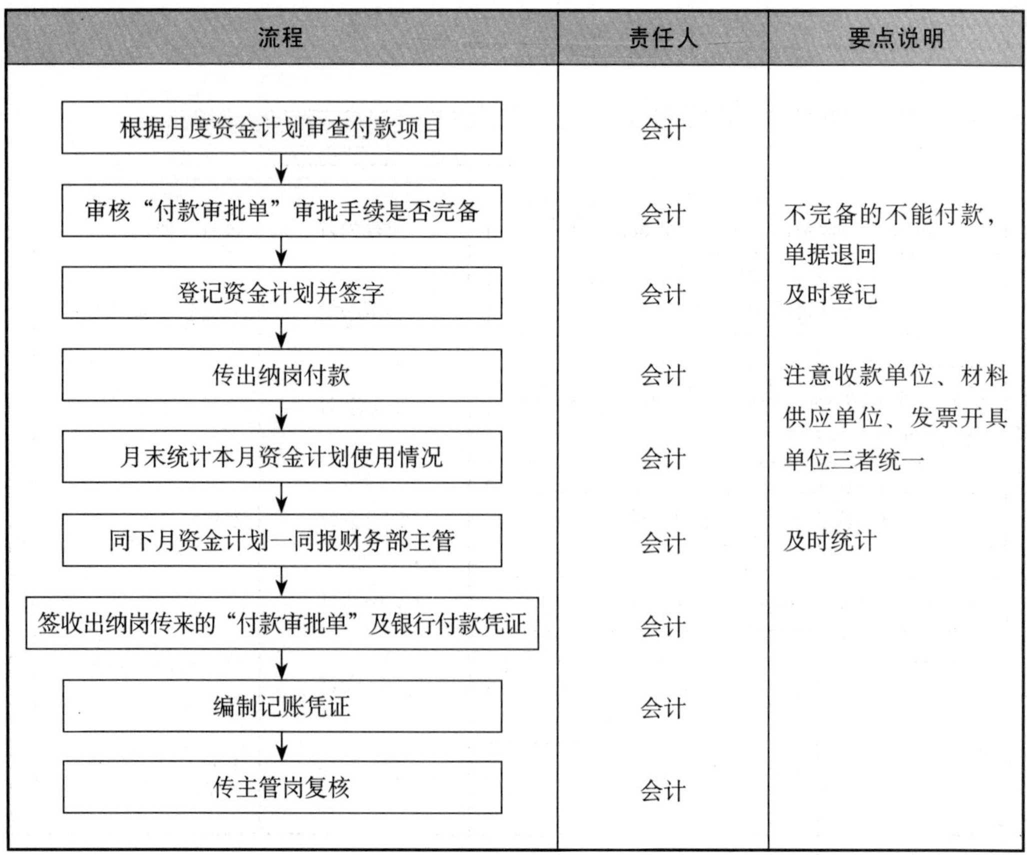

| 流程 | 责任人 | 要点说明 |
|---|---|---|
| 根据月度资金计划审查付款项目 ↓ | 会计 | |
| 审核“付款审批单”审批手续是否完备 ↓ | 会计 | 不完备的不能付款，单据退回 |
| 登记资金计划并签字 ↓ | 会计 | 及时登记 |
| 传出纳岗付款 ↓ | 会计 | 注意收款单位、材料供应单位、发票开具单位三者统一 |
| 月末统计本月资金计划使用情况 ↓ | 会计 | |
| 同下月资金计划一同报财务部主管 ↓ | 会计 | 及时统计 |
| 签收出纳岗传来的“付款审批单”及银行付款凭证 ↓ | 会计 | |
| 编制记账凭证 ↓ | 会计 | |
| 传主管岗复核 | 会计 | |

## 九、库存商品核算流程

| 流程 | 责任人 | 要点说明 |
|---|---|---|
| 每月底审核“送货单汇总表”的数量及成本 | 会计 | 要仔细核对 |
| ↓ 分出调库品种的数量及成本，登记库存商品账借方 | 会计 | |
| ↓ 计算库存商品账加权平均单价 | 会计 | 要准确 |
| ↓ 凭据从业务系统调出的B类销售单汇总表，登记库存商品账贷方 | 会计 | |
| ↓ 结库存商品账 | 会计 | |
| ↓ 月末与销售会计核对库存商品账 | 会计 | 及时，不符要查清 |

## 十、发出商品的核算工作流程

| 流程 | 责任人 | 要点说明 |
|---|---|---|
| 审核“送货单汇总表”的数量及成本 | 销售会计 | 每月底要及时 |
| ↓ 分出销售品种的数量及成本 | 销售会计 | 一定要按品种分类 |
| ↓ 依据从业务系统调出的A类销售单汇总表，登记发出商品账借方 | 销售会计 | |
| ↓ 计算发出商品账加权平均单价 | 销售会计 | 要仔细 |
| ↓ 凭“主营业务收入明细表”登记发出商品账贷方 | 销售会计 | |
| ↓ 结发出商品账 | 销售会计 | |
| ↓ 月末与销售会计核对发出商品账 | 销售会计 | 若有不符要查清 |

## 十一、退货的核算工作流程

| 流程 | 责任人 | 要点说明 |
| --- | --- | --- |
| 每月月底审核成本岗传来的退货销售单 | 销售会计 | |
| ↓根据销售单备注及单号，分出退货数量 | 销售会计 | 不要混淆单号 |
| ↓根据库存商品账和发出商品账上月结存单价，算出退货成本，形成退货一览表 | 销售会计 | 一览表各栏目要清楚 |
| ↓根据退货一览表分品种冲转库存商品账和发出商品账 | 销售会计 | |
| ↓将退货一览表交于成本岗记账 | 销售会计 | 及时传递 |

## 十二、正常销售收入核算工作流程

| 流程 | 责任人 | 要点说明 |
| --- | --- | --- |
| 接收销售核算岗传来销售发票记账联 | 收入会计 | 一定要由销售核算岗传来 |
| ↓将发票分品种、分办事处进行数量、金额汇总 | 收入会计 | 汇总要细心 |
| ↓与销售会计销售结算岗核对 | 收入会计 | 不符的要查清 |
| ↓编制“主营业务收入明细表” | 收入会计 | |
| ↓编制记账凭证 | 收入会计 | 按记账凭证要求编号 |

# 第二节　制度管控

## 一、会计核算业务一般处理程序

| 目　的 | 为了加强和规范公司的会计工作，根据国家财政部颁发的《股份有限公司会计制度》，结合公司实际经营情况，特制定本程序。 |
|---|---|
| 适用范围 | 适用于公司及其非独立核算的二级单位的会计核算。 |
| 内　容 | 1.会计业务的范围<br>会计业务包括下列各项：<br>(1)原始凭证的审核。<br>(2)记账凭证的编制。<br>(3)电脑数据的输入。<br>(4)会计报告的编制、分析与解释。<br>(5)会计用于企业管理各种事项的办理。<br>(6)内部的审核。<br>(7)会计档案的整理保管。<br>(8)其他依照法令及习惯应行办理的会计事项。<br>各项会计业务应包括预算、决算、成本、出纳及其他各种会计业务。<br>2.会计业务的处理程序<br>应依本公司的规定，根据合法的原始凭证，编制记账凭证；根据合法的记账凭证输入电脑。<br>各种特殊会计事项，依本公司规定处理有滞碍难行时，可参酌一般会计的原理原则方法或习惯，在不违背政府法令范围内处理。<br>3.基本要求<br>（1）原始凭证关系现金、票据、证券业务的，非经财务经理签字，不得为出纳执行。 |

内容

(2) 会计人员在核对账目时，对于现金、票据、证券及其他各项财物应随时派员盘点。关于财物的核对与盘点事项，每季度最少应办理一次。

(3) 会计业务的处理发生错误时，应于发现错误时，随时加以更正。

(4) 会计人员执行其职务时，须使用本名，不得用别名或别号。

(5) 凡是用于证明会计事项发生及其经过的文书单据均为原始凭证。原始凭证法令规定须具备某种条件者，应依其规定。

4.原始凭证的审核

(1) 原始凭证应先详细审核，如有下列情况者，当视为不合法：

a.法律规定为不当的支出者。

b.票据数字计算错误者。

c.收支数字与规定及事实经过不符者。

d.与本公司有关规定不合者。

(2) 各类凭证的审核要求。

各类凭证的审核要求如下表所示：

**各类凭证的审核要求**

| 凭证类别 | 审核要求 |
|---|---|
| 支出凭证 | (1) 支付款项应取得合法的统一发票，不接受收款收据。<br>(2) 对于企业经营购进物品或支付费用的原始凭证，应盖有该单位的印章，并记明下列各项：<br>a.该公司或商号名称、地址。<br>b.货品名称、规格及数量或费用性质。<br>c.单价及总价。<br>d.交易日期。<br>e.本公司的抬头及地址。<br>前项原始凭证，若为收据，必须填明该单位的统一编号。 |

(续表)

| | 凭证类别 | 审核要求 |
|---|---|---|
| 内　　容 | 支出凭证 | (3) 对于向个人支付费用的原始凭证，应记明下列各项：<br>a.该受款人的姓名、住址、身份证统一编号，必要时应检送身份证复印件。<br>b.支付款项事由。<br>c.实收金额。<br>d.收到日期。<br>e.本公司的抬头和地址。<br>(4) 对于向其他机构支出的原始凭证，应记明下列各项：<br>a.受款机构名称、地址。<br>b.支付款项事由。<br>c.实收金额。<br>d.收到日期。<br>e.本公司的抬头和地址。<br>(5) 对于本公司内部支出的原始凭证，应依本公司有关规定办理。<br>(6) 购进材料的原始凭证，应附材料验收单（收料单及请购单）。<br>(7) 购进物料及其他消耗品的原始凭证，应附物料验收单（收料单及请购单）。<br>(8) 购进固定资产的原始凭证，应附“固定资产验收单”及请购单。<br>(9) 刊登广告费及印刷费发票均应具样本或样张。<br>(10) 员工差旅费应按照本公司“费用报销制度”支给，并填“差旅费报告表”并附有关单据报销。<br>(11) 支出凭证单据上的实付金额应用大写数字书写，不得涂改或挖补。 |

内容

（续表）

| 凭证类别 | 审核要求 |
|---|---|
| 支出凭证 | （12）非中文的凭证单据应由经办人将内容摘要译成中文，一并附送。<br>（13）各部门的费用开支应受部门费用预算的限制者，依该预算的规定办理。<br>（14）各项支出凭证应由经办部门主管或经办人签章，会计人员审核及会计主管核准始为有效。 |
| 收入凭证 | （1）各项收入无论属于营业收入或营业外收入，均应取得足以证明收入的凭证。<br>（2）主营业务的销售应以本公司有关规定价格为其审核的依据。<br>（3）凡属出售资产的收入，应以合同或其他有关数据为其审核的依据。<br>（4）各项成品销售及其他资产出售，所开的统一发票，应记明下列事项：<br>a.销售（或出售）日期。<br>b.客户名称或地址。<br>c.销售成品或其他资产名称、数量<br>d.单据或总价。<br>e.本公司名称、地址及印章。<br>f.其他事项。<br>（5）收入凭证有下列情况之一者，当视为不合者。<br>a.收入计算及条件与规定不符者。<br>b.收入与事实经过不符者。<br>c.票据数字计算错误者。<br>d.形式未具或手续不全者。<br>e.其他与法令规章不符者。 |

| 内 容 | 5.记账凭证<br>（1）不生效力或不合法的原始凭证不得为造具记账凭证的根据。<br>（2）记账凭证的编制，除整理结算、结账等事项，确无原始凭证者外，应根据原始凭证处理。<br>（3）应具备原始凭证而事实上无原始凭证无法取得的会计事项，应由经办人员签报，经其各级主管的核准及主办会计的会签，呈部门经理的批准，使得据此编制记账凭证，事后取得原始凭证时并应检附。<br>（4）记账凭证内所记载的会计事项及金额，应与原始凭证内所表示者相符。原始凭证的金额，其不以分位为止者，应将分位以下的小数四舍五入记入记账凭证。<br>（5）记账凭证有下列情况者，视为不合法的凭证，应予更正：<br>a.记账凭证根据不合法的原始凭证造具者。<br>b.未依规定程序编制者。<br>c.记载内容与原始凭证不符者。<br>d.《会计法》规定应记载的事项未经记明者。<br>e.依照规定，应经各级人员签章，而未经其签名盖章者；但各单位主管，已在原始凭证上签章者，记账凭证上可不签章。<br>f.有记载编写、计算错误，而未经遵照规定更正者。<br>g.其他与法规、公司规章不合者。<br>（6）凡由一科目转入另一科目时，其借贷双方会计科目虽属相同，而会计事项的内容并不相同，或总分类账科目虽属相同，而明细分类账科目并不相同者，均应造具记账凭证转正。但属成本计算科目另有规定处理方法者，不在此限。<br>（7）现金、证券、票据及财物的增减、保管、转移，应随时根据合法的原始凭证，造具记账凭证，但有关生产成本已随时根据合法原始凭证，直接记入明细分类账者，得按期分类汇总造具记账凭证。<br>6.结账<br>（1）会计簿记除另有规定者外，均应根据记账凭证登记。 |
|---|---|

| | |
|---|---|
| 内 容 | （2）本公司有下列情况之一，应办理结账：<br>a.会计年度终了时。<br>b.公司改组合并时。<br>c.公司解散时。<br>（3）结账前应为下列各项的整理分录：<br>a.所有预收、预付、应收、应付各科目及其他权责已发生而尚未入账各事项的整理分录。<br>b.折旧坏账及其他应属于本结账期内的费用整理记录。<br>c.材料、成品等实际存量与账面存量不符的整理记录。<br>d.其他应列为本结账期内的损益及截至本结账期止已发生的债权债务而未入账各事的整理分录。<br>（4）年终结账时，各账目经整理后，其借贷方余额应依下列规定处理：<br>a.收入、支出各科目的余额应结转“本期损益”科目，为损益的计算。<br>b.资产负债及净值各科目余额，应转入下年度该科目。<br>c.收支各科目的结转应作为分录，资产负债及净值各科目的结转直接在账簿上处理。<br>7.会计报告的编制<br>（1）会计报告的编制，除决算报告应将属于期间内的会计事项全部列入外，日报、月报等须就该期间末日办理完毕时，已入账的会计事项编列。<br>（2）会计报告内所表现的事实，应与账簿所记载者相符，但预算及其他比较分析数字可不由会计簿记，而直接编制会计报告。<br>（3）会计报告有下列情况之一者，应予更正：<br>a.其内容与会计簿记不符者。<br>b.编制不依程序或内容有错误者。<br>c.未经应予签署人员签署者。<br>d.其他与法规、公司规定不符者。<br>（4）会计报告应按期编送。<br>（5）各种会计报告，均应留存底稿。 |

| | |
|---|---|
| 内　　容 | （6）会计报告未经总经理核准，不得随意给任何机关团体或个人。<br>（7）会计报告表达方式应尽量使非会计人员易于了解，会计报告规格应使大小一致，以便装订。<br>8.会计档案的管理<br>（1）原始凭证应按会计科目类别，依记账凭证顺序，分类装订成册，另加封面，详记起讫日期、会计科目种类、起讫号码等。记账凭证应按月编号，并按日装订成册，另加封面、详记日期、起讫号码、记账凭证张数。<br>（2）下列原始凭证得分别装订保管，只是应于记账凭证注明其保管处所及档案编号，或其他便于查封事项：<br>a.各种合同及重要资产凭证应编号独立专卷。<br>b.应留待将来使用的现金、票据、证券等凭证。<br>c.将来应转送其他机构或应退还的文件书据。<br>d.其他事实不能依会计科目装订成册者。<br>（3）本公司及所属机构的会计报告及已记载完毕的会计簿记等档案，均应分年编号，妥为保管。 |

## 二、固定资产核算制度

| | |
|---|---|
| 目　　的 | 为加强固定资产的核算工作，及时掌握企业固定资产的构成与使用状况，保证企业财产核算的准确，特制定本制度。 |
| 适用范围 | 适用于符合固定资产条件的公司各所属部门的固定资产。 |
| 内　　容 | 1.固定资产确定的标准<br>（1）一般设备单位价值在______元以上，使用年限在一年以上的，属于固定资产核算的起点。<br>（2）单价虽不满______元，但使用年限在一年以上的价值______元以上的大批同类物资，也作为固定资产进行核算管理。 |

| | |
|---|---|
| 内 容 | 2.固定资产增加的核算<br>（1）按固定资产增加的来源不同分为购入、自行建造、改建扩建、投资转让、融资租入、盘盈、接受捐赠和国家拨款建造的固定资产。<br>（2）固定资产价值的计算。<br>a.购入新的固定资产，按照买价加上支付的运输费、保险费、包装费、安装成本和交纳的税金等计价。<br>b.自行建造的，按照建造过程中实际发生的全部支出计价。<br>c.投资者投入的，按照评估确认或者合同、协议约定的价值计价。<br>d.融资租入的，按照租赁协议或确定的价款加运输费、保险费、安装调试费等支出作为原价。<br>e.接受捐赠的按照同类资产的市场价值估计作为原值，或根据捐赠者提供的该项固定资产有关凭据中所标明的价值作为原值，并将发生的运输、保险、安装等费用一同计入固定资产的原值。<br>f.在原有固定资产基础上进行改建、扩建的，按照固定资产原价，加上改、扩建发生的支出，减去改、扩建过程中发生的固定资产变价收入后的余额计价。<br>g.盘盈的固定资产，按照同类固定资产的重置完全价值计价。<br>h.基建工程竣工交付使用的固定资产，按照建设单位交付使用财产清册中所确定的价值计价。<br>i.已投入使用尚未办理移交手续的固定资产，可先按估计价值记账，待确定实际价值后，再行调整。<br>j.有偿调入的固定资产，按现行调拨价或双方协议价加上包装费、运杂费、安装费后的价值计价。<br>3.固定资产的折旧计提<br>（1）固定资产计提折旧的范围。<br>a.房屋和建筑物。<br>b.在用的机器设备、仪器仪表、运输工具。<br>c.季节性停用、大修理停用的设备。<br>d.融资租入和以经营租赁方式租出的固定资产。 |

| | |
|---|---|
| 内　　容 | （2）根据计提折旧的有关规定编制折旧计划，按月（季）计提固定资产折旧，不得多提、少提、漏提或重提，同时做好固定资产折旧的费用分配。<br>（3）固定资产计提折旧的方法采用平均年限法，扣除______%净残值计算。<br>（4）当月增加的固定资产，当月不计提折旧。当月减少的固定资产，当月照提折旧。<br>4.固定资产的期末清查<br>（1）每年在编制决算报表之前，对固定资产进行一次全面清查，以保证报表指标的真实可靠，在清查时发现固定资产损毁和盘盈、盘亏，要查明原因，报经董事会或经理会议批准后，在期末结账前处理。<br>（2）对固定资产期末清查的核算根据固定资产减少的方式进行，通过固定资产清理科目进行最后核算，主要包括以下六种情况。<br>a.固定资产的正常报废。财务部依据报废固定资产的原始凭证复印件、鉴定资料和有关证明进行记账。若出现维护或改扩建等支出，应在发生的当时一次性计入当期费用。<br>b.固定资产的损毁。若属自然灾害造成的固定资产损毁，事前已向保险公司投保，要核算来自保险公司的赔款；若属人为造成固定资产损毁，要追究责任人的经济责任，责令其赔偿部分损失，财务部根据赔偿款如实记账。<br>c.无偿调出和对外捐赠的固定资产。财务部根据固定资产原有价值进行记账处理。<br>d.出售固定资产。财务部根据评估后的拍卖交易价记账。<br>e.向其他单位投资的固定资产。财务部根据评估价或合同、协议价、账面价记账。<br>f.盘亏的固定资产。财务部根据接收到的“固定资产盘盈、盘亏情况表”进行记账。 |

## 三、成本核算制度

| | |
|---|---|
| 目　　的 | 为规范公司成本核算工作，提高成本核算的准确性和及时性，制定本制度。 |
| 适用范围 | 适用于公司产品成本的核算。 |
| 内　　容 | 1.成本范围<br>成本是指生产产品所需提供的原辅材料、劳务及其他开支，即在产品生产过程所发生的一切费用支出。本公司产品成本包括下列各项：<br>（1）直接材料。<br>（2）直接人工。<br>（3）制造费用。<br>2.总要求<br>（1）本公司采用月末汇总结转的成本计算制度计算产品的成本。<br>（2）本公司成本计算以每一单一产品为中心。<br>（3）成本结算期间以每月计算一次为原则。<br>（4）计算成本金额以____元为准，但单位成本以小数四位为准。<br>（5）本公司产品的计算均以PC（个）为单位。<br>（6）生产部门月末应提出原物料领用报表、生产报表供财务部门计算成本的依据；另人事部门应于次月2日前提出部门薪资资料供财务部门作为计算直接人工及间接人工的依据。<br>（7）成本会计的计算应按产品类别提出单位成本的分析，以供各单位作为生产管理或决策的参考，有超量耗用原物料、人工或费用发生重大差异的时候，应查明原因，提出报告。<br>3.材料成本的核算<br>（1）计入成本的材料（略）。<br>（2）材料成本的计算，采用加权平均法，其新购进材料价格除其增值税款外，其他附加费用（如运费、保险费、关税等）均应计入进料成本。<br>a.材料的领用及退回均应填具领、退料单办理进退手续。 |

| | |
|---|---|
| 内　　容 | b.领料、退料的凭证应依规定填写并经权限主管核准。<br>c.发料人员应将领料、退料或发货单据进行编号，于次日送交会计人员登入存货计数账。<br>(3)仓库部门每月3日前应将本月的原辅材料收发存月报表送财务部门核对。<br>4.人工成本的核算<br>（1）人工成本为付给员工的本薪、加班费、奖金及各项津贴补助、劳保等。<br>（2）人工成本依照人事部门每月编制的工资明细表区分为直接人工或间接人工。<br>a.直接人工：是指生产部门直接从事的生产、维护人员的劳动报酬，其人工成本依人工生产工时比例分摊入该产品内。<br>b.间接人工：是指服务部门员工的报酬及主管级人员的薪资，分别计入产品以作为制造费用的一部分，如生产部管理人员等。<br>(3)会计部门依据工资明细表编制转账凭证登账。<br>5.制造费用的核算<br>（1）制造费用发生时应按其性质根据有关的原始凭证编制记账凭证，并记入制造费用明细分类账，而各项费用于每月月底汇总后编制制造费用汇总表。<br>（2）每月服务部门的费用除计入制造费用汇总表外，并依人工费用比例分摊表分摊计算。<br>6.各产品成本项目的分配方法<br>（1）直接材料按单位产品标准成本比例分配。<br>（2）直接人工按标准生产工时比例分摊。<br>（3）制造费用按标准生产工时比例分摊。<br>7.核算作业程序<br>（1）会计人员每月根据实际直接人工与制造费用的资料编制工资制造费用汇总表，汇总统计当月发生的制造工资费用成本，并以生产工时比例分摊计算各月的各产品直接人工和制造费用；并依据仓库管理人员编制送来的物料收发存月报表的资料，核对会计库存账，并统计其当月各类材料耗用金额，编制材料汇总表，分摊计算各月的各产品材料成本。 |

| | |
|---|---|
| 内　　容 | （2）会计人员最后以产品生产成本计算表将该月计算得出的各产品材料、直接人工与制造费用成本记入本表，并以此计算材料、直接人工暨制造费用的单位成本，且合计为实际制造单位成本。<br>8.成本账户<br>（1）公司成本账户与普通账户采用合一总账制，在总账中设统制科目，控制成本明细分类账。<br>（2）各总账上的科目，其月底余额应与各有关成本明细账余额的总和相符合。<br>9. 成本会计报告<br>成本会计报告的内容须与普通会计报告的内容相互联系者，应互相换算，其编制应以会计簿的记录为依据。 |

## 四、会计报告制度

| | |
|---|---|
| 目　　的 | 为了规范公司的管理会计报告，保证各公司提供的管理会计报表的真实、完整、及时，便于公司领导及时了解和掌握财务情况，特制定本制度。 |
| 适用范围 | 适用于本公司的会计报告的管理。 |
| 内　　容 | 1.财务报告的范围<br>财务报告是反映企业财务状况和经营成果的总结性书面文件，是监督反映的重要环节。必须按照国家统一会计制度规定和公司的要求定期编制财务报告，按月、季、年及时向公司报送。<br>财务报告包括会计报表及其说明。会计报表包括会计报表主表，会计报表附表、会计报表附注。<br>2.要求<br>（1）会计报表应当根据登记完整、核对无误的会计账簿记录和其他有关资料编制，做到数字真实、计算准确、内容完整、说明清楚。 |

<table>
<tr><td>内　　容</td><td>任何人不得篡改或者授意、指使、强令他人篡改会计报表的有关数字。<br>（2）会计报表的填报以人民币元为金额单位，元以下填至分。<br>（3）会计报表中应填列的计划数字，凡经有关机构核定的，应填列最后核定的数字，未经核定的，应填列最后上报的数字。<br>（4）会计报表之间、会计报表各项之间，凡有对应关系的数字，应当相互一致。本期会计报表与上期会计报表之间有关的数字应当相互衔接。如果不同会计年度会计报表中各项目的内容和核算方法有变更的，应当在年度会计报表中加以说明。<br>（5）企业对外投资如占被投资企业资本总额半数以上，或者实际上拥有被投资企业控制权时，应当编制合并会计报表。按照会计制度规定特殊情况的企业不宜合并的，可以不予合并，但应当将其会计报表一并报送。<br>（6）汇总所属企业会计报表，对汇总单位内部往来、内部交易的应进行相互抵消。<br>（7）报表内的各项目包括会计报表附注及其说明，应当按照国家统一会计制度的规定认真编写，填列齐全，不得遗漏。<br>（8）对外报送的财务报告，应当依次编定页码，加具封面，装订成册，加盖公章。封面上应当注明：单位名称，单位地址，财务报告所属年度、季度、月度，送出日期，并由单位领导人、财务经理、会计主管人员签名或盖章。<br>（9）根据法律和国家有关规定对财务报告，应当委托注册会计师进行审计，并将注册会计师出具的审计报告按照规定报送有关部门。<br>（10）如果发现对外报送的财务报告有错误，应当及时办理更正手续。除更正本单位留存的财务报告外，并应同时通知接受财务报告的单位更正。错误较多的，应当重新编报。<br>（11）各单位应当建立定期财产清查制度，保证账簿记录与实物、款项相符。<br>编制年度会计报表前，各单位应对全部资产进行清查；清查中发现账簿记录与实物、款项不符的，应及时查明原因，并按有关规定处理。<br>（12）各种会计报表，均应留存副本备查。</td></tr>
</table>

## 五、会计电算化管理制度

| | |
|---|---|
| 目　的 | 为建立科学、完善的经济核算信息支持系统，以保证资金的安全、核算数据的准确统一和会计信息的真实、完整，确保会计电算化工作的实施，特制定本制度。 |
| 适用范围 | 适用于本公司会计电算化系统的管理。 |
| 内　容 | 1.会计电算化操作管理<br>操作人员岗位设置必须遵循不相容职务相分离、相互制衡的原则，严格设置操作权限和操作口令。操作人员不得随意泄露各自的操作口令，注意财务数据安全保密。<br>（1）电算化主管人员。<br>由财务负责人担任，负责财务软件、账表的设置，负责系统的各有关资源调用、修改和更新的审批，对计算机输出的账表、凭证数据的准确性和及时性进行检查和审核。年度终了做好财务数据备份归档工作。<br>（2）数据录入人员。<br>由出纳会计负责会计凭证原始数据的录入，在进行自检核对后，打印记账凭证，并定期打印现金日记账、银行存款日记账。出纳会计可以进行数据查询工作，但不得进行数据复核工作。<br>由主办会计负责会计凭证、输出数据的审核工作，包括各类要素的合法性、规范性、正确性。定期进行有关账表打印工作，及时做好数据备份存档工作。<br>（3）系统维护人员。<br>由计算机专业技术人员担任，负责系统的安装和调试，定期检查软、硬件设备的运行情况，做好故障清除工作；定期进行计算机病毒的预防、检查工作，实施软件的完善性、适应性和正确性的维护。<br>系统维护人员实施数据维护时，一般情况不允许打开数据库进行操作，更不准修改数据库结构，改动数据来源走向。 |

<table>
<tr><td>内　　容</td><td>2.会计电算化软件维护管理<br>财务管理工作要求，应选用运行可靠、功能全面、通过财政部评审的财务软件进行会计电算化操作。<br>（1）软件安装后，上机操作人员不许改变软件系统环境配置，不得改变财务软件批命令；不准进行系统软件删除、拷贝、修改系统文件名；不许擅自升级改变系统软件版本或更换系统软件。<br>（2）会计数据的修正和恢复操作必须由系统维护人员或软件公司专业人员负责，其他操作人员不得进行维护操作。<br>（3）由于凭证填制或录入错误而导致账簿数据的错误，只能通过凭证更正方法进行数据的修正，不得通过维护操作给予修正。<br>（4）应根据软件提供的功能和工作需要设置操作人员权限和密码，操作人员必须对自己的操作密码严格保密，不得泄露，以加强会计软件、会计数据的安全和保护工作。<br>3.会计电算化系统硬件维护管理<br>会计电算化系统硬件设备是指专门和主要用于财务处理的计算机及配套设备，包括网络服务器、工作站、网络管理、打印输出、电源保护等设备。<br>（1）系统设备是专门用于财务处理工作的，任何人员不得擅自使用、拆换，不得用于玩游戏、个人事务处理和对外服务。<br>（2）系统设备由财务部门统一管理和使用，其他部门一般情况不得使用。<br>（3）为保护系统不受计算机病毒破坏，工作人员一律不许上机使用任何未经电算化主管人员和系统维护人员许可的软件。<br>（4）工作中突然停电时，必须马上存储数据，及时退出系统，关闭工作中使用的各种设备的电源。<br>（5）操作人员离开机房时应关闭自己使用设备的电源。<br>（6）为了保障计算机安全正常地运行，杜绝一切火源，严防意外事故的发生。</td></tr>
</table>

| | |
|---|---|
| 内　　容 | 4.会计电算化档案管理<br>会计电算化档案管理内容包括：存储在硬盘和软盘上的会计数据和会计电算化软件；通过微机打印输出的书面会计凭证、会计账簿和会计报表，以及有关查询打印的日报表、余额表和辅助账簿等。<br>（1）对所有存储在计算机硬盘中的会计数据，每月备份不得少于一次，年终需要将全部内容刻录光盘，明确标明备份内容、日期、贴上标签，保存归档。<br>（2）任何人不得对备份盘直接进行数据修改和删除。<br>（3）根据需要定期清理硬盘数据，如不发生硬盘超容量，不准在一年度内清理有关硬盘内容。清理硬盘数据必须在确认备份后，由电算化主管人员实施，其他操作人员一律不得进行。<br>（4）各种有会计电算化内容的备份盘，不得外借，做好会计档案的保密工作。<br>（5）会计数据输入后，及时打印记账凭证，定期打印有关账表。<br>（6）备份盘形式以及打印的书面会计凭证、会计账簿和会计报表形成的会计档案，保管期限和管理办法按会计档案管理制度执行。 |

## 六、会计档案管理制度

| | |
|---|---|
| 目　　的 | 为了加强公司会计档案管理，保证会计档案的安全、完整、及时，特制定本制度。 |
| 适用范围 | 适用于本公司会计档案的管理。 |
| 内　　容 | 1.会计档案的范围<br>会计档案的范围一般指会计凭证、会计账簿、会计报表以及其他会计核算资料等四个部分。 |

| | |
|---|---|
| 内　　容 | （1）会计凭证。<br>会计凭证是记录经济业务，明确经济责任的书面证明。它包括自制原始凭证、外来原始凭证、原始凭证汇总表、记账凭证、记账凭证汇总表、银行存款（借款）对账单、银行存款余额调节表等。<br>（2）会计账簿。<br>会计账簿是一定格式、相互联结的账页组成，以会计凭证为依据，全面、连续、系统地记各项经济业务的簿籍。它包括按科目设置的总分类账、各类明细分类账、现金日记账、银行存款日记账以及辅助簿等。<br>（3）会计报表。<br>会计报表是反映企业会计财务状况和经营成果的总结性书面文件，主要有主要财务月、季度会计报表、年度会计报表，包括资产负债表、损益表、资金流量表、财务情况说明书等。<br>（4）其他会计核算资料。<br>其他会计核算资料属于经济业务范畴，与会计核算、会计监督紧密相关的，由会计部门负责办理的有关数据资料。如：经济合同、财务数据统计资料、财务清查汇总资料、核定资金定额的数据资料、会计档案移交清册、会计档案保管清册、会计档案销毁册、存储在磁性介质上的会计数据、程序文件及其他会计核算资料均应视同会计档案一并管理。<br>2.会计档案的整理<br>会计年度终了后，对会计资料进行整理立卷。会计档案的整理一般采用“三统一”的办法，即：分类标准统一、档案形成统一、管理要求统一，并分门别类按各卷顺序编号。<br>（1）分类标准统一。一般将财务会计资料分成一类账簿，二类凭证，三类报表，四类文字资料及其他。<br>（2）档案形成统一。案册封面、档案卡夹、存放柜和存放序列统一。<br>（3）管理要求统一。建立财务会计资料档案簿、会计资料档案目录。 |

<table>
<tr><td rowspan="1">内 容</td><td>

3.会计档案的装订

会计凭证装订成册，报表和文字资料分类立卷，其他零星档案排序汇编装订成册。会计档案的装订主要包括会计凭证、会计账簿、会计报表及其他文字的装订。装订的具体要求如下表所示：

**会计档案装订要求**

<table>
<tr><th>类别</th><th>装订要求</th></tr>
<tr><td>会计凭证</td><td>（1）一般每月装订一次，装订好的凭证按年分月妥善保管归档。<br>（2）会计凭证装订前的准备工作。<br>①分类整理，按顺序排列，检查日数、编号是否齐全。<br>②按凭证汇总日期归集（如按上、中、下旬汇总归集）确定装订成册的本数。<br>③摘除凭证内的金属物（如订书钉、大头针、回形针），对大的张页或附件要折叠成同记账凭证大小，且要避开装订线，保持数字完整，以便翻阅。<br>④整理检查凭证顺序号，如有颠倒要重新排列，发现缺号要查明原因再检查附件有否漏缺，领料单、入库单、工资、资金发放单是否随附齐全。<br>⑤记账凭证上有关人员（如财务主管、复核、记账、制单等）印章是否齐全。<br>（3）会计凭证装订的注意事项。<br>①每本封面上填写好凭证种类、起止号码、凭证张数，并有会计主管人员和装订人员签章。<br>②在封面上编好卷号，按编号顺序入柜，并要在显露处标明凭证种类编号，以便于调阅。</td></tr>
<tr><td>会计账簿</td><td>（1）各种会计账簿年度结账后，除跨年使用的账簿外，其他账簿应按时整理立卷。<br>（2）基本要求是：账簿装订前，首先按账簿启用表的使用页数核对各个账户是否相符，账面数是否齐全，序号排列是否连续；然后按会计账簿封面、账簿启用表账、账户目录、该账簿按页数顺序排列的页账、会计账簿封底的顺序装订。</td></tr>
</table>

</td></tr>
</table>

内　容

（续表）

| 类别 | 装订要求 |
| --- | --- |
| 会计报表 | （1）会计报表编制完成及时报送后，留存的报表按月装订成册谨防丢失。<br>（2）会计报表装订前要按编报目录核对是否齐全，整理报表页数，上边和左边对齐压平，防止折角，如有损坏部位修补后，完整无缺地装订。<br>（3）各种会计报表装订顺序为：会计报表封面、会计报表编制说明、各种会计报表正文。<br>（4）按保管期限编制卷号。 |

4.会计档案的移交

财务会计部门在将会计档案移交本单位档案部门时，应按下列程序进行：

（1）开列清册，填写交接清单。

（2）在账簿使用日期栏填写移交日期。

（3）交接人员按移交清册和交接清单项目核查无误后签章。

5.会计档案的保管

（1）会计档案室应选择在干燥防水的地方，并远离易燃品堆放地，周围应备有适当的防火器材。

（2）采用透明塑料膜作为防尘罩、防尘布，遮盖所有档案架和堵塞鼠洞。

（3）会计档案室内应经常用消毒药剂喷洒，经常保持清洁卫生，以防虫蛀。

（4）会计档案室应保持通风透光，并有适当的空间、通道和查阅处，以利查阅，并防止潮湿。

（5）设置归档登记簿、档案目录登记簿、档案借阅登记簿，严防毁坏损失、散失和泄密。

（6）会计电算化档案保管要注意防盗、防磁等安全措施。

6.会计档案的借阅

（1）会计档案为本单位提供利用，原则上不得借出，有特殊需要须经上级主管单位或单位领导、会计主管人员批准。

| | |
|---|---|
| 内　　容 | （2）外部借阅会计档案时，应持有单位正式介绍信，经会计主管人员或单位领导人批准后，方可办理借阅手续；单位内部人员借阅会计档案时，应经会计主管人员或单位领导人批准后，办理借阅手续。借阅人应认真填写档案代阅登记簿，将借阅人姓名、单位、日期、数量、内容、归期等情况登记清楚。<br>（3）借出的会计档案，会计档案管理人员要按期如数收回，并办理注销借阅手续。<br>（4）会计档案的保管期限。各种会计档案的保管期限，按其特点可分为永久性和定期性两类。凡是在立档单位会计核算中形成的，记述和反映会计核算的，对工作总结、查考和研究经济活动具有长远利用价值的会计档案，应永久保存。定期保管期限分别为3年、5年、10年、15年、20年、25年6种。会计档案的保管期限，从会计年度终了后的第一天算起，如：2010年度终了日为12月31日，保管期限从2011年1月1日开始计算。<br>（5）为了全面反映会计档案情况，立档部门应设置“会计档案备查表”，及时记载会计档案的保存数，借阅数和归档数，做到心中有数、不出差错。<br>7.会计档案的销毁<br>（1）会计档案保管期满，需要销毁时，由本单位档案部门提出销毁意见，会同其他部门共同鉴定、严格审查，编造会计档案销毁清册。<br>（2）会计档案保管期满，但其中未了结的债权债务的原始凭证，应单独抽出，另行立卷，由档案部门保管到结清债权债务时为止；建设单位在建设期间的会计档案，不得销毁。<br>（3）销毁档案前，应按会计档案销毁清册所列的项目逐一清查核对；各单位销毁会计档案时应由档案部门和财会部门共同派员监销；会计档案销毁后经办人在“销毁清册”上签章，注明“已销毁”字样和销毁日期，以示负责，同时将监销情况写出面报告一式两份，一份报本单位领导，一份入档案备查。 |

## 七、会计工作交接制度

| | |
|---|---|
| 目　　的 | 为确保会计工作交接的顺利，保障会计工作的连续性，明确交接职责，特制定本制度。 |
| 适用范围 | 适用于本公司会计人员的交接工作。 |
| 内　　容 | 1.交接前的准备工作<br>会计人员工作调动或者因故离职，必须将本人所经管的会计工作全部移交接替人员。没有办清交接手续的不得调动或离职。会计人员办理移交时必须做好以下准备工作：<br>（1）已经受理的经济业务但尚未填制会计凭证的，应当填制完毕。<br>（2）整理应该移交的各项资料，对未了事项和遗留问题要做出书面说明材料。<br>（3）编制移交清册，列明移交凭证、账簿、会计报表、公章、现金、有价证券、支票、文件、其他会计资料和物品等内容。从事该项工作的移交人员应在移交清册上列明软件及密码、会计软件数据盘、磁带等内容。<br>（4）会计机构负责人、会计主管人员移交时，应将财务会计工作、重大财务收支问题和会计人员的情况等向接替人员介绍清楚。<br>2.交接的基本程序<br>（1）移交点收。<br>移交人员离职前必须将本人经管的会计工作，在规定的期限内，全部向接管人员移交清楚。接替人员应认真按照移交清册逐项点收。具体要求是：<br>a.现金要根据会计账簿记录的余额进行当面点交，不得短缺，接替人员发现不一致或“白条顶库”现象时，移交人员在规定期限内负责查清处理。<br>b.有价证券的数量要与会计账簿记录一致，有价证券面额与发行价不一致时，按照会计账簿余额交接。<br>c.会计凭证、账簿、报表和其他会计资料必须完整无缺，不得遗漏。如有短缺，必须查明原因，并在移交清册上注明，由移交人负责。 |

| 内　　容 | d.银行存款账户要与银行对账单核对一致，如有未达账项，应编制银行存款余额调节相符；各种账户物资和债权债务的明细账户余额要与总账有关账户余额核对相符；对重要实物要实地盘点，对余额较大的往来账户要与往来单位、个人核对。<br>e.公章、收据、空白支票、发票、科目印章以及其他物品等必须交接清楚。<br>f.交接双方应在电脑上对有关数据进行实际操作，确定有关数字正确无误后，方可交接。<br>（2）专人监督。<br>会计人员在办理交接手续时，必须有人监交，以起督促、公证作用。对监交的具体要求是：<br>a.一般会计人员办理交接手续，由单位的会计机构负责人、会计主管人员办理交接手续，由单位领导人负责监交。<br>b.会计机构负责人、会计主管人员办理交接手续，由单位领导人负责监交。当出现下列情况时，由上级主管部门派人会同监交。<br>——所属单位领导人不能监交，需要由上级主管单位派人代表主管单位监交，如因单位撤并而办理交接手续等。<br>——所属单位领导人不能尽快监交，需要由上级主管单位派人督促监交。如由上级主管单位责成单位撤换不合格的会计机构负责人、会计主管人员，所属单位领导人以种种借口拖延不办理交接手续时。<br>——不宜由所属单位领导人单独监交，而要上级主管单位会同监交，如所属单位领导人与办理交接手续的会计机构负责人、会计主管人员有矛盾，交接时需要上级主管单位派人会同监交。<br>——上级主管单位认为存在某些问题需派人会同监交的，也可派人共同监交。<br>（3）交接后的有关事宜。<br>a.会计工作交接完毕后，交接双方和监交人要在移交清册上签名盖章，并在移交清册上注明：单位名称，交接日期，交接双方和监交人的职务、姓名，移交清册页数及需要说明的问题和意见等。 |
|---|---|

| | |
|---|---|
| 内　容 | b.接管人员应继续使用移交前的账簿，不得擅自另立账簿，保证会计记录前后衔接，内容完整。<br>c.移交清册填制一式三份，交接双方各持一份，存档一份。<br>3.会计工作临时交接<br>会计人员临时离职或者因其他原因暂时不能工作的，都要办理临时交接手续。<br>（1）临时离职或因病不能工作需要接替或代理的，会计机构负责人、会计主管人员或单位领导人必须指定专人接替或者代理，并办理会计工作交接手续。<br>（2）临时离职或因病不能工作的会计人员恢复工作时，应当与接替或代理人员办理交接手续。<br>（3）移交人员因病或其他特殊原因不能亲自办理移交手续的，经单位领导人批准，可由移交人代办交接，但委托人应当对所移交的会计凭证、会计账簿、会计报表和其他有关资料的合法性、真实性承担法律责任。<br>4.移交后的责任<br>“移交人员对移交的会计凭证、会计账簿、会计报表和其他会计资料的合法性、真实性承担法律责任。”这是对会计工作交接后，交接双方责任的具体确定。移交人员所移交的会计资料是在其经办会计工作期间内所发生的，应当对这些会计资料的合法性、真实性负责，即便接替人员在交接时因疏忽没能发现所按会计资料的合法性、真实性方面问题，如事后发现，仍应由原移交人员负责，原移交人员不应以会计资料已移交为由推脱责任。 |

# 第三节 表格管控

## 一、账簿启用和经管人员一览表

账簿启用和经管人员一览表

账簿名称： 单位名称：
账簿编号： 账簿册数：
账簿页码： 启用日期：
会计主管(签章)： 记账员(签章)：

| 移交日期 | | | 移交人 | | 接管日期 | | | 接管人 | | 会计主管 | |
|---|---|---|---|---|---|---|---|---|---|---|---|
| 年 | 月 | 日 | 姓名 | 签章 | 年 | 月 | 日 | 姓名 | 签章 | 姓名 | 签章 |
| | | | | | | | | | | | |
| | | | | | | | | | | | |
| | | | | | | | | | | | |
| | | | | | | | | | | | |
| | | | | | | | | | | | |
| | | | | | | | | | | | |
| | | | | | | | | | | | |
| | | | | | | | | | | | |

## 二、会计账册登记表

会计账册登记表

| 账册名称 | | 使用年度 | | 年度 | 起用日期 | 编号 | 保管人 | 备注 |
|---|---|---|---|---|---|---|---|---|
| | | 单一 | 跨年 | | | | | |
| 1 | | | | | | | | |
| 2 | | | | | | | | |
| 3 | | | | | | | | |
| … | | | | | | | | |

## 三、进账日报表

进账日报表

<table>
<tr><th rowspan="2">地区</th><th rowspan="2">进账人</th><th colspan="5">进　账　明　细</th><th rowspan="2">款项回收额</th><th rowspan="2">进账不足金额</th></tr>
<tr><th>现金</th><th>费用</th><th>银行汇入</th><th>转账</th><th>进账总额</th></tr>
<tr><td></td><td></td><td></td><td></td><td></td><td></td><td></td><td></td><td></td></tr>
<tr><td></td><td></td><td></td><td></td><td></td><td></td><td></td><td></td><td></td></tr>
<tr><td></td><td></td><td></td><td></td><td></td><td></td><td></td><td></td><td></td></tr>
<tr><td></td><td></td><td></td><td></td><td></td><td></td><td></td><td></td><td></td></tr>
<tr><td></td><td></td><td></td><td></td><td></td><td></td><td></td><td></td><td></td></tr>
</table>

## 四、财务日报表

财务日报表

年　月　日

<table>
<tr><td rowspan="11">现金、存款</td><td colspan="2">类　别</td><td>前日结存</td><td>收入</td><td>支出</td><td>本日结存</td><td>摘要</td></tr>
<tr><td colspan="2">现金</td><td></td><td></td><td></td><td></td><td></td></tr>
<tr><td colspan="2">活期存款</td><td></td><td></td><td></td><td></td><td></td></tr>
<tr><td rowspan="6">甲种存款</td><td>银行</td><td></td><td></td><td></td><td></td><td></td></tr>
<tr><td>银行</td><td></td><td></td><td></td><td></td><td></td></tr>
<tr><td>银行</td><td></td><td></td><td></td><td></td><td></td></tr>
<tr><td>银行</td><td></td><td></td><td></td><td></td><td></td></tr>
<tr><td>银行</td><td></td><td></td><td></td><td></td><td></td></tr>
<tr><td>银行</td><td></td><td></td><td></td><td></td><td></td></tr>
<tr><td colspan="2">小计</td><td></td><td></td><td></td><td></td><td></td></tr>
<tr><td colspan="2">借款处</td><td>前日余额</td><td>借入</td><td>偿还</td><td>余额</td><td>摘要</td></tr>
<tr><td rowspan="4">借款</td><td colspan="2"></td><td></td><td></td><td></td><td></td><td></td></tr>
<tr><td colspan="2"></td><td></td><td></td><td></td><td></td><td></td></tr>
<tr><td colspan="2"></td><td></td><td></td><td></td><td></td><td></td></tr>
<tr><td colspan="2">小计</td><td></td><td></td><td></td><td></td><td></td></tr>
</table>

（续表）

| 应收票据 | 银行名称 | 原持有票据 | 应收票据 | 兑现 | 余额 | 摘要 |
|---|---|---|---|---|---|---|
| | | | | | | |
| | | | | | | |
| | 小计 | | | | | |
| 应付票据 | 银行名称 | 未偿还 | 开出票据 | 偿还 | 余额 | 摘要 |
| | | | | | | |
| | | | | | | |
| | 小计 | | | | | |
| 赊购 | 区　分 | 部 | 部 | 部 | 部 | 摘要 |
| | 前日余额 | | | | | |
| | 采购金额 | | | | | |
| | 偿付款 | | | | | |
| | 本日余额 | | | | | |
| 赊销 | 前日余额 | | | | | |
| | 销售金额 | | | | | |
| | 收款 | | | | | |
| | 本日余额 | | | | | |

财务经理：　　　　　　　　会计：　　　　　　　　填表：

## 五、多栏式现金（银行存款）日记账

多栏式现金（银行存款）日记账

| ××年 | | 凭证号 | 摘要 | 收入 | | | | | 付出 | | | | | 余额 |
|---|---|---|---|---|---|---|---|---|---|---|---|---|---|---|
| | | | | 对应账户贷方 | | | | 借方合计 | 对应账户借方 | | | | 贷方合计 | |
| 月 | 日 | | | 预收账款 | 短期借款 | 产品销售收入 | 其它 | | 原材料 | 管理费用 | 应付账款 | 其它 | | |
| | | | | | | | | | | | | | | |

## 六、日记账

### 日记账

| 年 | | 凭证 | | 摘要 | 发生额 | 现金 | | 银行存款 | | 应收账款 | | …… |
|---|---|---|---|---|---|---|---|---|---|---|---|---|
| 月 | 日 | 字 | 号 | | | 借方 | 贷方 | 借方 | 贷方 | 借方 | 贷方 | …… |
| | | | | 月初余额 | | | | | | | | |
| | | | | 购入材料 | | | | | | | | |
| | | | | 材料入库 | | | | | | | | |
| | | | | 购买机器 | | | | | | | | |
| | | | | 生领用材料 | | | | | | | | …… |
| | | | | 收回货款 | | | | | | | | |
| | | | | 购买公用品 | | | | | | | | |
| | | | | 预支差旅费 | | | | | | | | |
| | | | | 偿还前欠货款 | | | | | | | | |
| | | | | …… | …… | …… | …… | …… | …… | …… | …… | |

## 七、收款凭证

### 收款凭证

借方科目： 币种： 年 月 日 编号： 字 号

| 摘要 | 贷方科目 | 原币 | | | | | | | | | | 记账汇率 | 记账本位币 | | | | | | | | | | 过账 |
|---|---|---|---|---|---|---|---|---|---|---|---|---|---|---|---|---|---|---|---|---|---|---|---|
| | | 千 | 百 | 十 | 万 | 千 | 百 | 十 | 元 | 角 | 分 | | 千 | 百 | 十 | 万 | 千 | 百 | 十 | 元 | 角 | 分 | ✓ |
| | | | | | | | | | | | | | | | | | | | | | | | |
| | | | | | | | | | | | | | | | | | | | | | | | |
| | | | | | | | | | | | | | | | | | | | | | | | |
| | | | | | | | | | | | | | | | | | | | | | | | |
| | | | | | | | | | | | | | | | | | | | | | | | |
| | | | | | | | | | | | | | | | | | | | | | | | |
| 合计 | | | | | | | | | | | | | | | | | | | | | | | |
| 备注 | 大写： | | | | | | | | | | | | | | | | | | | | | | |

会计主管： 记账： 出纳： 复核： 制单： 交款人：

## 八、付款凭证

付款凭证

贷方科目：　　　　币种：　　　　年　月　日　　　　编号：　字　号

| 摘要 | 借方科目 | 原币 | | | | | | | | | | 记账汇率 | 记账本位币 | | | | | | | | | | 过账 |
|---|---|---|---|---|---|---|---|---|---|---|---|---|---|---|---|---|---|---|---|---|---|---|---|
| | | 千 | 百 | 十 | 万 | 千 | 百 | 十 | 元 | 角 | 分 | | 千 | 百 | 十 | 万 | 千 | 百 | 十 | 元 | 角 | 分 | ✓ |
| | | | | | | | | | | | | | | | | | | | | | | | |
| | | | | | | | | | | | | | | | | | | | | | | | |
| | | | | | | | | | | | | | | | | | | | | | | | |
| | | | | | | | | | | | | | | | | | | | | | | | |
| | | | | | | | | | | | | | | | | | | | | | | | |
| | | | | | | | | | | | | | | | | | | | | | | | |
| 合计 | | | | | | | | | | | | | | | | | | | | | | | |
| 备注 | 大写：　千　百　十　万　千　百　十　元　角　分 | | | | | | | | | | | | | | | | | | | | | | |

会计主管：　　记账：　　出纳：　　复核：　　制单：　　交款人：

## 九、转账凭证

年　月　日　　　　编号：　字　号

| 摘要 | 借方科目 | 贷方科目 | 记账汇率 | 记账本位币 | | | | | | | | | | 过账 |
|---|---|---|---|---|---|---|---|---|---|---|---|---|---|---|
| | | | | 千 | 百 | 十 | 万 | 千 | 百 | 十 | 元 | 角 | 分 | ✓ |
| | | | | | | | | | | | | | | |
| | | | | | | | | | | | | | | |
| | | | | | | | | | | | | | | |
| | | | | | | | | | | | | | | |
| | | | | | | | | | | | | | | |
| | | | | | | | | | | | | | | |
| | | | | | | | | | | | | | | |
| 备注 | | 合计 | | | | | | | | | | | | |

会计主管：　　记账：　　复核：　　制单：

## 十、差旅费报销单

差旅费报销单

| 月 | 日 | 编号 | 借： |
|---|---|---|---|
| | | | 贷： |

报销部门：

| 出差人姓名 | | 职别 | 出差事由 | | | | 出差起止日期 | | |
|---|---|---|---|---|---|---|---|---|---|
| | | | | | | | 由　月　日至　月　日 | | |
| 起止月/日 | 天数 | 起止地点 | 交通工具 | 票价 | 补助费 | 住宿费 | 其他 | | 合计金额 |
| | | | | | | | 项目 | 金额 | |
| | | | | | | | 公交车票 | | |
| | | | | | | | 邮电费 | | |
| | | | | | | | | | |
| | | | | | | | | | |
| 借支 | | | | 合计大写： | | | | | |

备注：　　　　　　　　　核实大写：

会计主管：　　记账：　　出纳：　　复核：　　部门主管：　　出差人：

## 十一、费用报销单

费用报销单

贷方科目　　　　　　　　　　年　月　日　　　　编号：　字　号

| 摘要 | 借方科目 | 记账汇率 | 记账本位币 | | | | | | | | | | 过账 |
|---|---|---|---|---|---|---|---|---|---|---|---|---|---|
| | | | 千 | 百 | 十 | 万 | 千 | 百 | 十 | 元 | 角 | 分 | ✓ |
| | | | | | | | | | | | | | |
| | | | | | | | | | | | | | |
| | | | | | | | | | | | | | |
| | | | | | | | | | | | | | |
| | | | | | | | | | | | | | |
| 备注： | 合计 | | | | | | | | | | | | |

会计主管：　　记账：　　出纳：　　复核：　　经办：　　领款人：

## 十二、会计人员交接书

### 会计人员交接书

移交人______因工作调动，经______财务部门决定，将其担任的______岗位工作移交给______接替。现按《会计人员工作规则》的规定，办理如下交接手续：

（一）移交前已受理的全部核算业务会计凭证，已由移交人填制完毕。

（二）截至交接之日，凡应登记的账簿，已登记完毕，并在明细账最后一笔余额之处加盖了移交人印章，以示负责。

（三）对尚未处理的业务，已开列出明细表，并写出相关的情况说明（附后）。

（四）对______合同登记簿中______合同与______合同，均按顺序逐笔交代清楚。

（五）本月末各种明细账记载数据经与总账、项目账核对，均完全相符。

（六）印鉴章枚，经点交无误。

（七）移交的账簿凭证等有：

1.__________账本

2.__________账本

3.__________账本

4.__________账本

5.装订好的凭证本（附详细说明）

（八）其他相关备注事项。

（九）移交人对会计核算程序、工作中应注意的问题等，在移交过程中已向交替人作了详细介绍。

（十）移交后，移交人对移交日期前的会计业务负责，移交日后发生的会计业务由接管人负责。

（十一）本交接书一式四份。移交人、接管人、监交人各执一份，送档案存档一份。

移交人：　　（签章）

接管人：　　（签章）

监交人：　　（签章）

总会计师：　　（签章）

财务部：　　（公章）

交接日期：　　年　月　日

## 十三、会计移交清册

**会计移交清册**

1.××××年×月×日的资产负债表一份（在交接时需与总账及明细账的余额核对无误）。

2.××××年×月×日至××××年×月×日会计报表×份×张（附报表清单，需详细列出报表的名称和份数）。

3.××××年×月×日至××××年×月×日的账册×册（附账册清单，需详细列出账册的名称）。

4.××××年×月×日至××××年×月×日会计凭证×册（附凭证清单，详细列出×年×册）。

5.××××年×月×日至××××年×月×日会计备查账册和凭证×册（需详细列出账册的名称和册数）。

6.至××××年×月×日止的往来账目清单×份×张（附清单，每个账户一份×张，需详细列出各往来账户的名称和余额，主要是债权、债务）。

7.其他的相关资料×册（附清单）。

移交人：

承交人：

监交人：

年　月　日

注意：移交表一式三份，所有的账册余额处都必须由移交人加盖私章确认（盖在数字上）

## 十四、会计档案移交清单

会计档案移交清单

| 年度 | 分类号 | 案卷号 | 案卷标题 | 张数 | 记账凭证号码 | 保管期限 | 备注 |
|---|---|---|---|---|---|---|---|
| | | | | | | | |
| | | | | | | | |
| | | | | | | | |
| | | | | | | | |
| | | | | | | | |
| | | | | | | | |
| | | | | | | | |
| | | | | | | | |
| 立卷移交人签字：<br>年　月　日 | | | 档案室接收人签字：<br>年　月　日 | | | 交、接部门负责人监交签字：<br>年　月　日 | |

说明：本清单一式两份，一份立卷人存查、一份档案室归档。

## 十五、年度会计档案移交清册

年度会计档案移交清册

| | | |
|---|---|---|
| 财务报告　　卷<br>工资单　　卷<br>总账、银行日记账、现金日记账　　卷<br>明细账　　卷　　年<br>会计凭证　　卷　　年 | 永久 | 卷 |
| | 25年 | 卷 |
| | 15年 | 卷 |
| | 10年 | 卷 |
| | 5年 | 卷 |
| | 3年 | 卷 |
| 移交单位：<br>移交人：<br>交接时间：　　年　月　日 | 接收单位：<br>接收人： | |

## 十六、会计档案借阅登记表

会计档案借阅登记表

| 借阅日期 | 归还日期 | 档案名称 | 档案数量 | 事由 | 借阅人签字 | 总经理批准 | 备注 |
|---|---|---|---|---|---|---|---|
| | | | | | | | |
| | | | | | | | |
| | | | | | | | |
| | | | | | | | |
| | | | | | | | |
| | | | | | | | |
| | | | | | | | |
| | | | | | | | |

## 十七、会计档案销毁清册

会计档案销毁清册

单位名称：

| 序号 | 类别 | 题名 | 起止年月日 | 目录号 | 案卷号 | 原期限 | 已保管期限 | 页数 | 备注 |
|---|---|---|---|---|---|---|---|---|---|
| | | | | | | | | | |
| | | | | | | | | | |
| | | | | | | | | | |
| | | | | | | | | | |
| | | | | | | | | | |
| | | | | | | | | | |
| | | | | | | | | | |
| | | | | | | | | | |
| | | | | | | | | | |

财务负责人签字：　　　　档案负责人签字：　　　　年　　月　　日

## 十八、会计档案销毁清册审批表

会计档案销毁清册审批表

销毁单位盖章：　　　　　　　　　　　　　　　　　　　年　　月　　日

<table>
<tr><td>销毁会计档案总计（卷）</td><td>会计凭证(卷)</td><td>起止年度</td><td>会计账簿（卷）</td><td>起止年度</td><td>财务报告（卷）</td><td>起止年度</td><td>其他核算材料（卷）</td><td>起止年度</td><td>备注</td></tr>
<tr><td></td><td></td><td></td><td></td><td></td><td></td><td></td><td></td><td></td><td></td></tr>
<tr><td>销毁原因</td><td colspan="9"></td></tr>
<tr><td colspan="2">主管领导意见：<br>签字：<br>年　月　日</td><td colspan="3">档案部门意见：<br>签字：<br>年　月　日</td><td colspan="3">财务部门意见：<br>签字：<br>年　月　日</td><td colspan="2">监销人：<br>签字：<br>年　月　日</td></tr>
</table>

# 第三章 问题解答

**1.一般应设置哪些账簿?**

设置的账簿一般有现金日记账、银行存款日记账、总分类账和明细分类账；其中，现金日记账和银行存款日记账一般采用三栏式，明细分类账一般根据管理的需要分别采用三栏式、数量金额式和多栏式。

**2.怎样建账?**

会计人员均应根据核算工作的需要设置应用账簿，即平常所说的“建账”。

建账的基本程序是：

（1）按照需用的各种账簿的格式要求，预备各种账页，并将活页的账页用账夹装订成册。

（2）在账簿的“启用表”上，写明单位名称、账簿名称、册数、编号、起止页数、启用日期以及记账人员和会计主管人员姓名，并加盖名章和单位公章。记账人员或会计主管人员在本年度调动工作时，应注明交接日期、接办人员和监交人员姓名，并由交接双方签名或盖章，以明确经济责任。

（3）按照会计科目表的顺序、名称，在总账账页上建立总账账户；并根据总账账户明细核算的要求，在各个所属明细账户上建立二、三级……明细账户。原有单位在年度开始建立各级账户的同时，应将上年账户余额结转过来。

（4）启用订本式账簿，应从第一页起到最后一页止顺序编定号码，不得跳页、缺号；使用活页式账簿，应按账户顺序编本户页次号码。各账户编列号码后，应填“账户目录”，将账户名称页次登入目录内，并粘贴索引纸（账户标签），写明账户名称，以利检索。

**3.记账凭证可以用哪种格式?**

记账凭证可以用收款凭证、付款凭证、转账凭证三种格式，也可以采用通用的记账凭证格式。

**4.记账凭证核算形式的内容有哪些?**

记账凭证核算形式的内容一般包括七个方面：

（1）将同类经济业务的原始凭证、汇总原始凭证汇成汇总原始凭证。

（2）根据原始凭证或汇总原始凭证编制记账凭证。

（3）根据记账凭证中的收款凭证和付款凭证登记日记账和银行存款日记账。

（4）根据原始凭证、汇总原始凭证和记账凭证登记有关的明细分类账。

（5）根据各种记账凭证登记总分类账。

（6）定期日记账和明细分类账同总分类账进行核对。

（7）定期根据总分类账和明细分类账编制会计报表。

### 5.记账凭证核算形式适用于哪些组织?

记账凭证核算形式一般适应于规模较小、业务量较少、会计凭证也较少的单位。在应用记账凭证会计核算形式时，为了减少登记总账的工作者，简化会计核算手续，应将同类经济业务的原始凭证汇总编制成汇总原始凭证，再根据汇总原始凭证填制记账凭证。

### 6.记账凭证核算形式设置的账务处理程序是怎样的?

（1）根据各种原始凭证或汇总原始凭证，编制记账凭证（包括收款凭证、付款凭证和转账凭证）。

（2）根据收款凭证、付款凭证，逐笔登记现金日记账和银行存款日记账。

（3）根据原始凭证、汇总原始凭证和记账凭证，登记各种明细账。

（4）根据记账凭证逐笔登记总分类账。

（5）月终，将现金日记账、银行存款日记账的余额，以及各种明细分类账户余额合计数，分别与总分类账中有关科目的余额核对相符。

（6）月终，根据核对无误的总分类账和各种明细分类账的记录，编制会计报表。

### 7.什么是多栏式日记账?

多栏式日记账，是在账内设若干金额专栏，逐日逐笔记录全部或某类经济业务事项发生情况的账簿。多栏式日记账可分为多栏式现金日记账和多栏式银行存款日记账。

### 8.多栏式日记账账务处理程序的设计要求有哪些?

在多栏式日记账账务处理程序下，要求现金日记账和银行存款日记账都采用多栏式日记账，并据以登记总账。对于转账业务，则根据转账凭证逐笔登记总账，或根据转账凭证编制科目汇总表，据以登记总账。

采用这种账务处理程序时，除需设置多栏式现金日记账和多栏式银行存款日记账及其过账方法外，所设置的账簿、各种账簿的格式以及记账凭证的种类和格式基本上与记账凭证账务处理程序相同。

## 9.多栏式现金、银行存款日记账的填制方法是什么?

多栏式现金、银行存款日记账是根据收款凭证和付款凭证逐笔登记的。现金和银行存款日记账都按对应账户设置专栏，具有科目汇总表的作用，月终可根据多栏式日记账借方、贷方合计栏的本月发生额，记入现金及银行存款总分类账的借方和贷方。采用这种程序时，要注意现金和银行存款之间的划转业务，避免重复计算。

## 10.什么是科目汇总表?

科目汇总表也称“记账凭证汇总表”。定期对全部记账凭证进行汇总，按各个会计科目列示其借方发生额和贷方发生额的一种汇总凭证。依据借贷记账法的基本原理，科目汇总表中各个会计科目的借方发生额合计与贷方发生额合计应该相等，因此，科目汇总表具有试算平衡的作用。科目汇总表是科目汇总表核算形式下总分类账登记的依据。

## 11.怎样编制科目汇总表?

科目汇总表的编制过程和方法为：

首先，将汇总期内各项经济业务所涉及的会计科目填制在“会计科目”栏。为了便于登记总分类账，会计科目的排列顺序应与总分类账上的会计科目的顺序一致；

其次，根据汇总期内的全部记账凭证，按会计科目分别加总借方发生额和贷方发生额，并将其填列在相应会计科目行的“借方金额”和“贷方金额”栏；

最后，将汇总完毕的所有会计科目的借方发生额和贷方发生额汇总，进行发生额的试算平衡。

科目汇总表编制的时间，应根据经济业务量的多少而定，可选择3天、5天、10天、15天或1个月。

## 12.编制科目汇总表应注意哪些问题?

在科目汇总表账务处理程序下，关键是编制科目汇总表。为了便于编制科目汇总表，必须注意以下几点：

（1）每一张收款凭证一般应填列一个贷方科目，每一张付款凭证一般应填列一个借方科目；转账凭证，只应填列一个借方科目和一个贷方科目，一式两联，一联作为借方科目的汇总，一联作为贷方科目的汇总。

（2）为了便于登记总账，科目汇总表上的科目排列应按总分类账上科目排列的顺序来定。

（3）科目汇总表汇总的时间不宜过长，业务量多的单位可每天汇总一次，一般间隔期为5～10天，以便对发生额进行试算平衡，及时了解资金运转情况。

### 13.什么是日记总账?

日记总账是序时账簿与总分类账簿相结合、兼有序时账簿和总分类账簿作用的一种联合账簿。它将全部总账科目集中在一张账页中，逐日根据记账凭证对全部经济业务，进行序时的和总分类的登记，最后按各科目进行汇总，分别计算出借、贷方发生额和期末余额。它既是日记账，又是总分类账。是日记总账核算形式下所采用的一种主要账簿。

### 14.如何进行日记总账的登记填制?

登记日记总账时，应在同一行将每笔经济业务的借、贷方发生额按应借、应贷账户分别填列到相应账户的借方栏或贷方栏内，同时将这一发生额记入同一行的“发生额”栏内。发生转账业务时，应根据转账凭证逐日、逐笔地登记日记总账。对于收、付款业务，可以根据收、付款凭证逐日汇总登记日记总账，也可以在月末根据多栏式现金日记账、银行存款日记账汇总登记。到了每月的月末，应计算出各科目的本期发生额和月末余额。其中，“发生额”一栏的当月合计数应该与全部科目的借方发生额合计数、贷方发生额合计数分别核对相符。

# 第五部分 往来账款控制

引言：

往来账款是企业在经济业务活动中发生的应收、应付、暂收、暂付款，是企业资产、负债的一个组成部分。加强企业往来账款的管理，对减少企业资金占压，创造良好的企业内部经营管理环境都是十分重要的。

# 第一章 基础知识

## 第一节 应收账款管理

### 一、销售与收款业务

销售与收款业务是指企业将商品销售或将劳务提供给购买者，并收回款项等一系列经营活动。它是企业日常发生的重要经济业务循环之一，是会计报表项目审计的重要内容。这一循环所涉及的主要业务活动包括：销售业务授权，向顾客交付货物，向顾客开具账单并记录销售，办理和记录资金的收入，定期与客户、开户银行对账等。根据其与会计报表项目的相关程度，这一循环涉及的资产负债表项目主要包括应收票据、应收账款、预收账款、应交税金、其他应交款；所涉及的利润表项目主要包括营业收入、营业税金及附加、营业费用等。

#### （一）销售与收款业务涉及的主要凭证和会计记录

1.主要凭证

对于内部控制制度比较健全的企业来说，处理销售与收款业务需要使用的主要凭证有以下几种：

（1）顾客订货单。

顾客订货单是顾客提出的书面购货要求。企业主要可以通过销售人员或采用电话、信函和向现有及潜在的顾客发送订货单等方式接受订货，取得订货单。

（2）销售单。

销售单是列示顾客所订商品的名称、规格、数量以及其他与顾客订货单有关资料的凭证，作为销售方内部处理顾客订货单的依据。

（3）发运凭证。

发运凭证是在发运货物时编制的，用以反映发出商品的规格、数量和其他有关内容的凭证。可用作向顾客开票收款的依据。

（4）销售发票。

销售发票是用来表明已销售商品的规格、数量、销售金额、运费和保险费的价格、开票日期、付款条件等内容的凭证，也是在会计账簿中登记销售业务的基本凭证。

（5）商品价目表。

商品价目表是列示已经授权批准的、可供销售的各种商品的价格清单。

（6）货项通知单。

货项通知单用来表示由于销货退回或经批准的折让而引起的应收销货款减少的凭证。其格式通常与销售发票的格式相同，用来说明应收账款的减少。

（7）汇款通知书。

汇款通知书是一种与销售发票一起寄给顾客，由顾客在付款时再寄回销货单位的凭证。采用汇款通知书能使现金立即存入银行，可以改善资产保管的控制。

（8）顾客月末对账单。

顾客月末对账单是一种定期寄送给长期顾客的用于购销双方定期核对账目的凭证。

2.会计记录

会计记录主要有营业收入明细账、应收账款明细账、折扣与折让明细账、现金日记账和银行存款日记账。此外，还有转账凭证和收款凭证等。

### （二）销售与收款的主要业务活动

1.销售业务授权

企业接受客户的订单并审批其商业信用。

2.向顾客交付货物

按销售单供货，发运货物。

3.向顾客开具账单并记录销售

其主要业务是开具账单并记录销售。

4.办理和记录资金的收入

企业将现金和支票存入银行，并登记现金、银行存款日记账及应收账款明细账。

5.定期与客户、开户行对账

定期向客户寄对账单，定期与开户行对账。

6.计提坏账准备及注销坏账

估计并计提坏账准备，发生坏账时按规定注销坏账。

## 二、应收账款控制措施

要对应收账款管理进行有效控制，须做好以下工作：

### （一）要事先制定合理的应收账款余额，实行应收账款的计划管理

在每一年的年度计划中应该明确应收账款的年末余额，并设定一个相对积极的平均收款期，允许每年的平均收账期在该指标上下浮动，作为考核业绩的依据。设定应收账款占流动资产总额的比例，实施弹性控制，在产品走俏时，赊销规模从紧；产

品疲软时，从宽；资金紧张时，从严。当赊销规模接近警戒线时，应断然采取措施，暂停赊账业务。

### （二）应实行应收账款的责任管理，做到每一笔应收账款都有人负责

1.建立赊销审批制度

从源头上采取避免遭受损失的措施，实行“谁审批，谁负责”，每一笔应收账款业务的发生都有明确的责任人，以便于应收账款的及时回收以及减少坏账损失。

企业可根据自身特点和管理方便，赋予不同级别的人员不同金额的审批权限，各经办人员只能在各自的权限内办理审批，超过限额的，必须请示上一级领导同意后方可批准，金额特别巨大的，需报请企业最高领导批准。

同时，责任制必须落到实处，各经办人员经办的业务应自己负责，并与其经济利益挂钩，并要求其对自己经办的每笔业务进行事后监督，直至收回资金为止。

2.建立销售责任制

引入激励机制，实施奖惩措施。企业可以将贷款回笼作为考核销售部门及销售人员业绩的主要依据，并建立指标考核体系，包括销售收入总额、贷款回收率、应收账款周转率等，根据实际回收情况与清欠人员的工资挂钩。

### （三）实行科学的合同管理，用法律保护自己的合法权益

除现金收入以外的供货业务都应该签订合同，主要的供货业务应使用统一的合同文本，合同要素要齐全具体，特别是收款期，延付的具体违约责任等应清楚、准确，只有这样才能用法律武器尽可能地保证自己的利益不受侵害。

### （四）对客户的信用进行评估，确定赊销规模

1.评定信用等级

对拟赊销的客户的资产状况、财务状况、经营能力、以往业务记录、企业信誉等进行深入地实地调查，根据调查的结果来评定其信用等级，并建立赊销客户信用等级档案。

（1）优秀为企业规模大，以往业务往来中信誉较好的企业。

（2）合格为资产状况和财务状况一般，财务制度比较规范，有一定的资产作抵押，在以往业务往来中经催交后能结清货款的客户。

（3）差为资产状况和财务状况不佳，财务制度混乱，没有资产抵押，以往没有业务往来或有业务往来但信誉不佳的客户。

赊销客户的信用等级评定工作应每年一次，特别情况可随时调整。

2.确定信用政策

按赊销客户的还款能力和信用等级，确定销售政策：

（1）对于资信差的客户采用现款交易。

（2）对资信一般或者较好的客户在现款不被接受的情况下采用承兑汇票的方式。

（3）对于资信好的客户则采取分期收款的方式，但在期限和累计金额上要有明确的规定。

## （五）发挥会计的督促职能，辅助应收账款的回收

1.建立应收账款明细账，及时反馈

企业的财务部门应按赊销客户区域建立核算应收账款明细账，对赊销业务及时进行会计核算，并定期统计应收账款各客户的金额、账龄及增减变动情况，及时反馈给企业主管领导和销售部门，为评估、调整赊销客户的信用等级提供可靠依据，同时也能了解赊销总情况。

2.定期向赊销客户寄送对账单和催交欠款通知书

企业财会部门应定期向赊销客户寄送对账单和催交欠款通知书：

（1）对未超过期限的赊销客户，主要是获得经双方供销、财会经办人确认无误并签章的对账单，作为双方对账的原始依据。

（2）对超过期限的赊销客户，在发出对账单的同时，需分发催交欠款通知书，及时催收欠款。

企业营销部门及有关经办人员应积极配合财会部门做好此项工作。

## （六）进行积极的收款政策和风险转移机制

1.加紧催收

对逾期未结清欠款的赊销客户，企业应组织力量督促经销人员加紧催收，特别是对一些信誉较差、欠款时间较长、金额较大的赊销客户，需有专人负责，并落实经办赊销人员的奖惩。

企业营销部门应组织人员，积极与对方进行联系，及时收回欠款。

2.不同情况不同对待

（1）对近期暂不能还款的赊销客户，应要求对方制订还款计划并提供担保，使其能逐步还清欠款。

（2）对那些既不制订还款计划又不提供担保的，或发现其缺乏清偿能力的，应及时通过法律途径给予解决。

（3）对部分不能收回的账款进行实行风险转移：首先可以采取资产流动性上的转移，即将应收账款转化为流动性更强的资产。由于票据是字面字据，比应收账款具有

更强的索取权，票据可在未到期时向银行贴现，也可以背书转让，流动性更强。企业不能及时回收账款时，可以考虑将其转化为应收票据，在一定程度上防止坏账损失的发生。再次是对象上的转移，以其应收账款的部分或全部为担保品，在规定期限内向金融机构借款，也可以将应收账款全部出售给金融机构，这样企业就将应收账款回收中存在的风险部分或全部转嫁给了金融机构。最后还可以实行方向上的转移。当发现应收账款很难收回时，企业可以灵活处理，从客户手中购回自己需要的资产，以抵补这部分应收账款，即企业可以将这部分应收账款看作是事先预付给客户购买资产的款项，从而实现了应收账款方向上的转移。

# 第二节 应付账款管理

## 一、采购与付款业务的内容

企业的生产经营活动是投入与产出协调、统一的活动。企业首先要耗费一定的资源，如耗用原料、燃料，购置机器设备等生产资料，投入人工等，从而才能生产出符合特定市场需要的产品或劳务。因此，要使企业的生产经营业务活动能够有效运行，首先应从企业外部的供应商购入所需的各种生产资源，这一过程包括购货业务和付款业务两个部分。具体包括以下主要内容：

### （一）请购材料、商品或劳务

请购材料、商品或劳务必须是生产部门或销货部门根据生产或销售需要，提出购货计划，仓库负责对现有存货进行核对并调整计划后填写请购单，然后报经授权的专门机构或人员审核同意，并经主管人员签字批准。这一环节的关键控制程序是：第一，请购的材料、商品或劳务必须是实际生产或销售需要；第二，必须经过授权批准。

### （二）编制订购单

采购部门在收到请购单后，首先根据所需购买的存货项目及有关供应商档案资料，选择适当的供应商；其次，签订合同或订单，合同或订单中列明订购物品的品种、数量、价格、技术性能要求与支付条件，以及违约责任的追究办法等，正式合同或订单应报经主管人员签字批准，然后，再将合同或订单交供应商。这一环节的关键控制程序是订购单预先连续编号并送至有关部门独立检查订购单处理。

### （三）验收与储存商品

发出订购单一段时间后，供应商发出企业所购物品。运抵物品经由验收部门职员核点检验数量和质量后送入仓库储存，仓库根据购入物品的验收资料更新存货明细账资料，对不符合规格和质量要求的物品，则办理退货。这一环节的关键控制程序是验收与采购、保管、运输职责分离。该环节所涉及的相关的认定是采购交易及相关资产和负债的存在和完整性。

### （四）编制付款凭单，确认与记录负债

应付账款部门职员收到供应商寄来的发票后，先与请购单、订购单和验收单等凭证核对一致后，登录应付账款明细账或应付凭单登记簿。同时，应定期汇总购货交易的各项资料，过入存货和应付账款等总账账户。这一环节的关键控制程序是付款凭单预先编号并经过适当批准，每张凭单应与订购单、验收单和供应商发票相配合。该环节所涉及的相关的认定是采购交易及相关负债的存在或发生、估价或分摊、完整性。

### （五）支付货款

应付账款职员确定到期应支付项目并且经授权批准后支付货款，出纳员签发支票。这一环节的关键控制程序是支票预先编号，并且经授权批准后支付货款。该环节所涉及的相关的认定是与采购相关的负债偿还交易的存在或发生、完整性、估价或分摊。

### （六）记录库存现金、银行存款支出

会计部门根据已签发的支票存根(或汇总表)编制付款记账凭证，并据以登记银行存款日记账及其他相关账簿；期末登记总账的职员更新与库存现金支付相关的总账记录。这一环节的关键控制程序是独立编制银行存款调节表。该环节所涉及的相关的认定是与采购相关的付款业务的存在或发生、估价或分摊、完整性。

显然，“购货业务”是指前四项活动，“付款业务”则指后两项活动。

## 二、应付账款的内部控制

### （一）采购与付款岗位不相容职务分离制度

采购与付款业务不相容岗位至少包括：

（1）请购与审批。

（2）询价与确定供应商。

（3）采购合同的订立与审核。

（4）采购与验收。

（5）采购、验收与相关会计记录。

（6）付款审批与付款执行。

企业不得由同一部门或个人办理采购与付款业务的全过程。

### （二）请购的控制

企业采购申请管理的有关控制措施，一般情况下包括下列内容：

（1）建立采购申请制度，依据购置物品或劳务类型，确定归口管理部门，授予相应的请购权，并明确相关部门或人员的职责权限及相应的请购程序。

（2）对采购业务进行预算管理。对于预算内采购项目，具有请购权的部门应当严格按照预算执行进度办理请购手续对于超预算和预算外采购项目，具有请购权的部门应对需求部门提出的申请进行审核后再行办理请购手续。

### （三）审批

企业采购申请审批管理的有关控制措施，包括建立严格的请购审批制度。对于超预算和预算外采购项目，明确审批权限，由审批人根据其职责、权限以及单位实际需要等对请购申请进行审批。

### （四）采购

企业采购环节的有关控制措施，一般情况下包括下列内容：

（1）建立采购环节的管理制度，对采购方式确定、供应商选择等作出明确规定。

（2）根据物品或劳务等的性质及其供应情况确定采购方式。一般物品或劳务等的采购应采用订单采购或合同订货等方式，小额零星物品或劳务等的采购可以采用直接购买等方式。

（3）制定例外紧急需求的特殊采购处理程序。

（4）充分了解和掌握供应商的信誉、供货能力等有关情况，采取由采购、使用等部门共同参与比质比价的程序，并按规定的授权批准程序确定供应商。

（5）小额零星采购由经授权的部门事先对价格等有关内容进行审查。

### （五）验收

企业货物验收的有关控制措施，一般情况下包括下列内容：

（1）建立验收环节的管理制度，对验收程序等作出明确规定。

（2）根据规定的验收制度和经批准的订单、合同等采购文件，由独立的验收部门或指定专人对所购物品或劳务等的品种、规格、数量、质量和其他相关内容进行验收，出具验收证明。

（3）对验收过程中发现的异常情况，负责验收的部门或人员立即向有关部门报告，有关部门查明原因、及时处理。

## （六）付款

企业支付结算管理的有关控制措施，一般情况下包括下列内容：

（1）按照《现金管理暂行条例》、《支付结算办法》等规定制定付款制度和办理采购付款业务。

（2）财务部门在办理付款业务时，应编制资金支付审批单，对采购发票、结算凭证、验收证明等相关凭证的真实性、完整性、合法性及合规性进行严格审核并编制记账凭证，对记账凭证进行复核、稽核，并在凭证上签章。

（3）建立预付账款和定金的授权批准制度，加强预付账款和定金的管理并对供应商数据库的信息（企业名称、金额）进行核对。

（4）为加强应付账款和应付票据的管理，由专人按照约定的付款日期、折扣条件等管理应付款项。

（5）已到期的应付款项经有关授权人员审批后方可办理结算与支付。会计人员每天对当日实际付款金额与当日已记账付款金额进行核对。

（6）建立退货管理制度，对退货条件、退货手续、货物出库、退货货款收回等作出明确规定，及时收回退货款。

（7）定期与供应商核对应付账款、应付票据、预付账款等往来款项，如有不符，应查明原因，及时处理。

# 第二章　管控工具

## 第一节　流程管控

### 一、付款业务流程

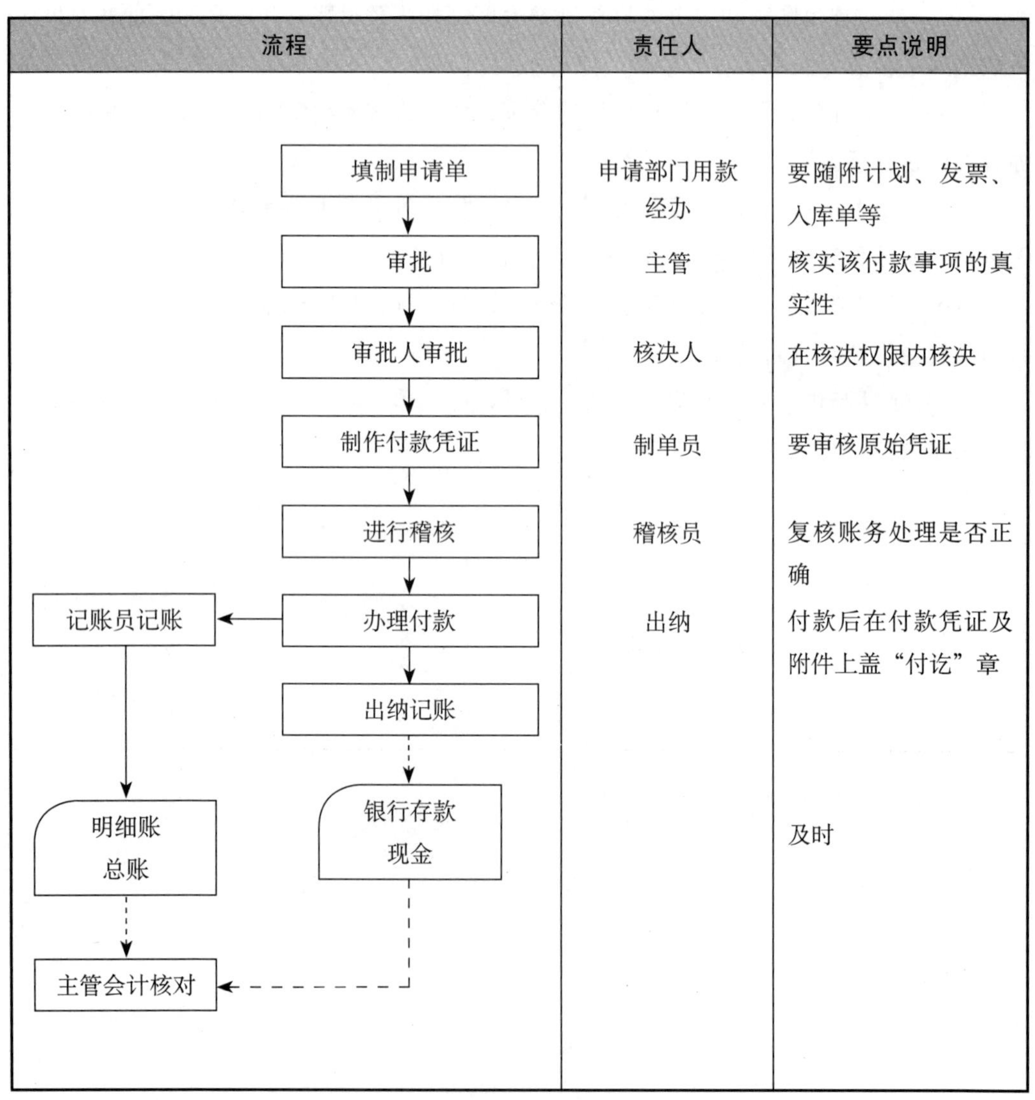

| 流程 | 责任人 | 要点说明 |
|---|---|---|
| 填制申请单 | 申请部门用款经办 | 要随附计划、发票、入库单等 |
| 审批 | 主管 | 核实该付款事项的真实性 |
| 审批人审批 | 核决人 | 在核决权限内核决 |
| 制作付款凭证 | 制单员 | 要审核原始凭证 |
| 进行稽核 | 稽核员 | 复核账务处理是否正确 |
| 办理付款 → 记账员记账 | 出纳 | 付款后在付款凭证及附件上盖“付讫”章 |
| 出纳记账 | | |
| 银行存款<br>现金；明细账<br>总账 | | 及时 |
| 主管会计核对 | | |

## 二、收款业务流程

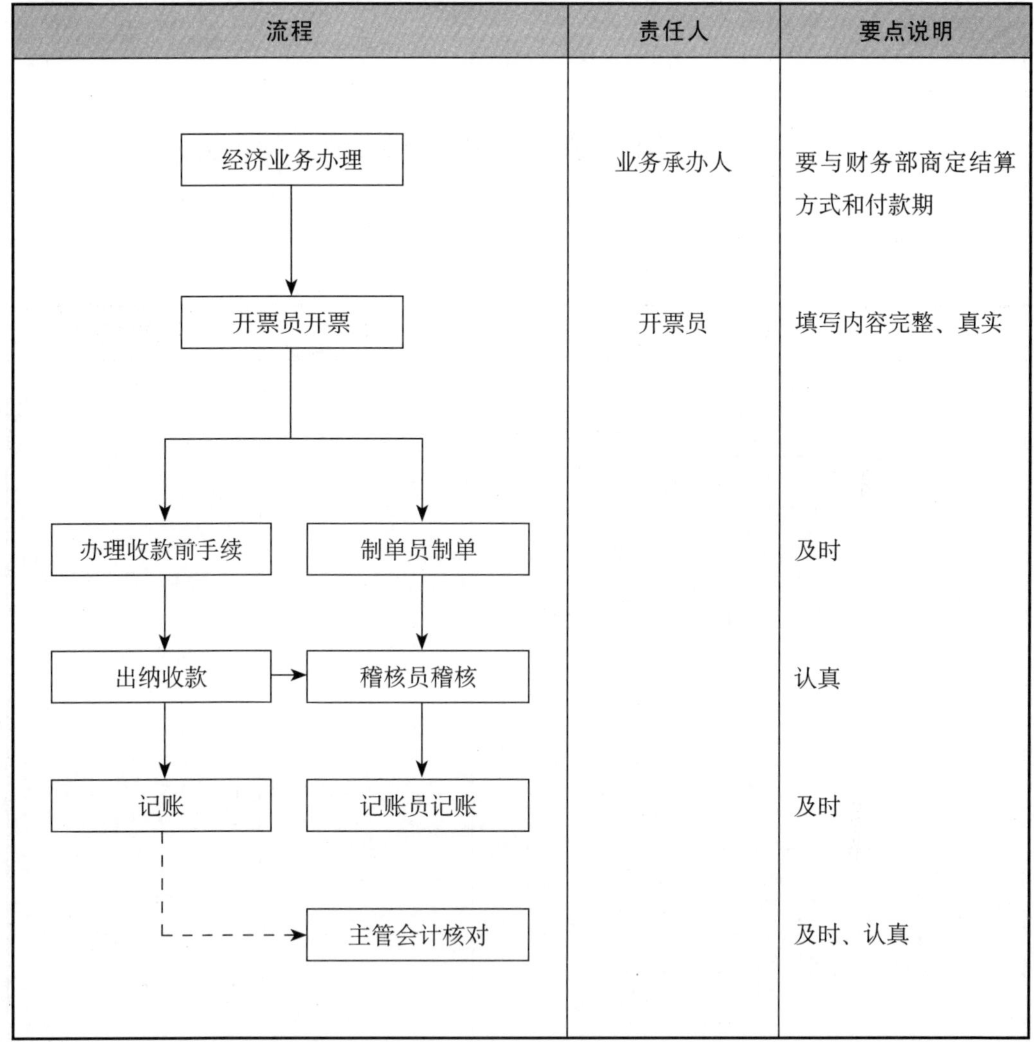

| 流程 | 责任人 | 要点说明 |
| --- | --- | --- |
| 经济业务办理 | 业务承办人 | 要与财务部商定结算方式和付款期 |
| 开票员开票 | 开票员 | 填写内容完整、真实 |
| 办理收款前手续；制单员制单 | | 及时 |
| 出纳收款；稽核员稽核 | | 认真 |
| 记账；记账员记账 | | 及时 |
| 主管会计核对 | | 及时、认真 |

## 三、坏账损失审批流程

| 流程 | 责任人 | 要点说明 |
| --- | --- | --- |
| 收集书面证据 | 责任部门 | 逐级审批<br>不通过返回等一级 |
| 坏账损失核销申请报告 | 承办部门/承办人 | |
| 审核是否通过（否→收集书面证据） | 财务总监→总经理 | |
| 向董事会提出书面报告 | | |
| 董事会审核是否通过（否→审核是否通过）；是 | | |
| 是否报股东大会批准；是 | | |
| 董事会提出书面报告 | | |
| 股东大会审议、决议 | | |
| 是否与董事会决议一致；是 | | |
| 财务处理（记账） | | 及时 |
| 往来账簿<br>坏账准备账簿 | | 及时 |

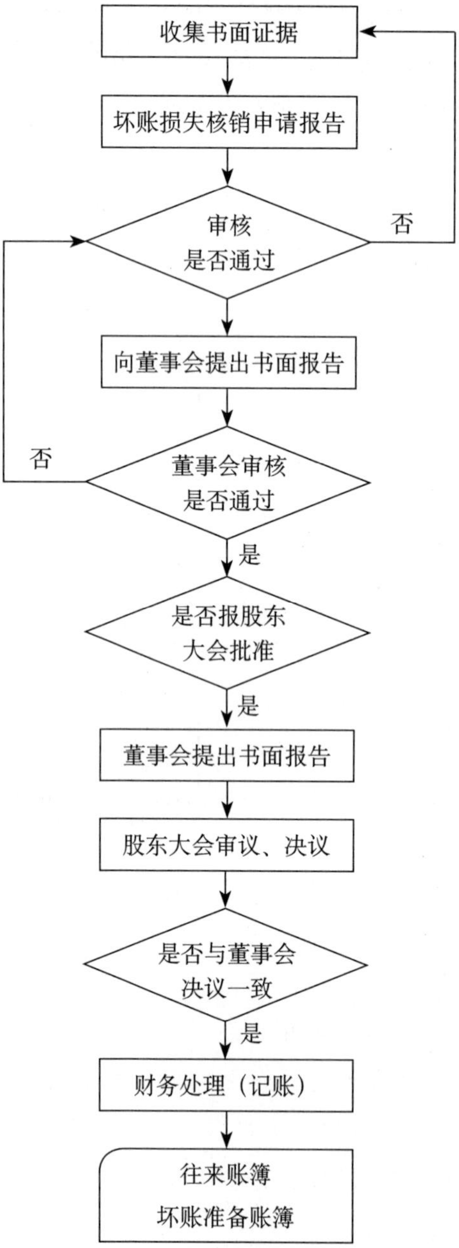

# 第二节 制度管控

## 一、应收账款管理办法

| | |
|---|---|
| 目　　的 | 为保障应收账款及时、安全、全额回收，确保公司权益，减少坏账损失，明确应收账款管理的基本原则，特制定本办法。 |
| 适用范围 | 本文件适用于所有产品销售的货款回收。 |
| 内　　容 | 1.相关术语<br>（1）“未收款”：因销货而发生的应收货款过期3天至29日止，列为“未收款”。<br>（2）“问题账款”：因销货而发生的应收账款过期15天尚未收回，列为“问题账款”。<br>（3）“催收款”：因销货而发生的应收货款过期30天即转列为“催收款”。<br>（4）“准呆账”：因销货而发生的应收账款过期90天或者客户有下列所述的情形者，其货款列为“准呆账”。<br>a.客户已宣告倒闭或虽未正式宣告倒闭，但其征候已渐明显者。<br>b.客户因他案受法院查封，货款已无清偿的可能者。<br>c.支付货款的票据一再退票，而无令人可相信的理由者，并已停止出货一个月以上者。<br>d.催收款迄今未能解决，并已停止出货一个月以上者。<br>e.其他货款的回收明显有重大困难的情形，经签准依法处理者。<br>(5)“呆账账款”是指本企业营业人员在销货过程中，所发生被骗、被倒账，收回票据无法如期兑现，或部分货款未能如期收回等情况的案件。<br>2.职责部门<br>（1）财务部每月5日前负责编制应收账款并在10日前组织业务部、客户服务部开会沟通。 |

<table>
<tr><td>内　　容</td><td>（2）业务部经理负责跟踪业务员与客户沟通收款的信息书面报告总经理。<br>（3）总经理统筹公司资源协调各部配合收款工作的实施。<br>（4）客户服务部执行公司决定的客户订单提价、停止接单等工作。<br>3.应收账款的处理<br>（1）基本要求。<br>a.财务部建立应收账款的专门日记台账。<br>b.每间隔7天财务部应向业务部经理、副总经理、总经理呈送应收明细清单。<br>c.业务经理收到应收账款明细清单后，应即时布置相关责任人并追踪。<br>d.本公司业务人员不依本准则的各项规定办理或有勾结行为、侵占、贪污公司货款，致使本公司权益蒙受损失者，依人事管理规则议处，情节严重者移交司法部门处理。<br>（2）应收账款的内部控制。<br>a.建立应收账款责任制。财务部每月把当月应收、滞期超过3天、15天、30天、45天、60天、75天、90天和120天的应收账款列出明细，制成表格转给业务部经理。（表格设置：明细后设两栏，一栏是留给业务员对应收账款发生的原因进行解释，并提供相应的催款计划；另外一栏标明，如果该批货还没有在商业体系内消化，业务员应列明详细的销售计划，怎样把该批货最终销售掉）。<br>b.对应收账款实行辅助核算，建立应收账款核销制度。按照应收账款发生的时间顺序，以及货款回收的时间顺序逐笔核销，以确认应收账款的账龄；对于因质量、数量合同纠纷等没有得到处理的应收账款单独设账管理，并计提坏账准备。<br>c.建立预警机制：业务部、客户服务部、财务部及时发布客户状况等。<br>d.建立应收账款账龄表。将应收账款根据应收账款的时间长短进行时限分类。定期使用账龄表可以提早发现坏账趋势，以便采取适当行动。根据对不同账龄应收账款的收回可能性进行评估，并且用来预测变现率。</td></tr>
</table>

内 容

下表为假定的应收账款账龄表，现以该表为例进行分析。

企业应收账款账龄表（假定）

单位：元

| 客户/滞期日 | 甲 | 乙 | 丙 | 丁 | 戊 | 总计 |
|---|---|---|---|---|---|---|
| 120天 | – | – | 250000 | – | – | 250000 |
| 90天 | – | 50000 | – | – | – | 50000 |
| 60天 | – | – | – | 200000 | – | 200000 |
| 30天 | – | 100000 | 100000 | – | – | 200000 |
| 15天 | 250000 | – | 50000 | – | – | 300000 |
| 合计 | 250000 | 150000 | 400000 | 200000 | 0 | 1000000 |
| 未到期 | 100000 | 500000 | 0 | 350000 | 300000 | 1250000 |
| 信用等级 | A | B | C | A | A | – |

e.根据该表，四位客户滞期应收账款总额为100万元，只有客户戊无滞期应收账款。客户甲和客户丁需要进行细致分析。甲比丁的滞期应收账款多出5万元，但是丁20万元的滞期应收账款60天到期很可能对未到期的35万元有较大的影响。另一方面，尽管客户甲有25万元的滞期应收账款，但该客户仅滞期15天。同样，甲与丁未到期的35万元相比，仅有10万元未到期。两位客户的信用等级都为A级。总之，客户甲是较好的未来现金来源。因此，对于客户甲，只需要注意其25万元的滞期应收账款，精力应该放在客户丁身上。

f.客户乙应该加强关注，因为在滞期应收账款中，该客户有最大一笔金额50万元处于“未到期”分类中，客户乙将很快出现最大的滞期应收账款。客户丙是所有客户中滞期应收账款数额最大的40万元。而且，该表说明客户丙所有应收账款都已滞期（未到期项为0），且其信用分级为C级，这说明其过去有呆滞付款的记录，必须立即采取措施向该客户收取账款。

| | |
|---|---|
| 内　容 | （3）未收款的处理：<br>a.财务部应于每月10日以前将应收账明细列交业务部。<br>b.业务部经理应于未收款期监督下属解决。<br>4.问题账款处理<br>（1）因销货而发生的应收账款过期15天尚未收回，视同“问题账款”。<br>（2）“问题账款”发生后，财务部应于2天内据实填妥“问题账款报告书”中“基本资料栏”转交业务部，“经过情况、处理意见及附件明细”等栏，由业务员填写并检附有关证据、资料等，依序呈请业务经理查证并签注意见后呈副总协助处理。<br>（3）副总应于收到报告书后2天内，与业务员、业务经理、客户服务部经理商讨，了解情况后拟订处理办法，呈请总经理批示，并即协助业务员处理。<br>（4）经批示后的报告书，立即复印一份通知财务部备案。<br>（5）业务员填写报告书时，应注意：<br>a.务必亲自填写，不得遗漏。<br>b.发生原因栏如勾选“其他”，应在括弧内简略注明原因。<br>c.经过情况栏应从与客户接洽开始，依时间的先后，逐一载明至填报日期止所有经过情况。<br>d.处理意见栏乃供业务员自己拟订赔偿意见用，如有须公司协助处理者，亦请在本栏内写明。<br>（6）报告书未依前条规定填写者，相关部门可退回业务员，请其于收到报告书2天内重新填写提出。<br>（7）“问题账款”发生后，业务员未依规定期限提出报告书，请求协助处理者，相关部门可不予受理。逾15天仍未提出者，该“问题账款”应由业务员负责货款全额追讨责任。<br>（8）财务部未主动填写报告书的基本资料，或单位主管疏于督促经办人于规定期限内填妥并提出报告书，则经办人员应负责货款全额追讨责任，该单位主管或会计员应连带受行政处分。 |

| 内 容 | （9）“问题账款”处理期间，经办人及其单位主管应与相关部门充分合作，必要时，相关部门可借阅有关单位的账册、资料，并可请求有关单位主管或人员配合查证，该单位主管或人员不得拒绝或借故推脱。<br>（10）相关部门协助业务部处理“问题账款”，货款过期30天尚未能处理完毕，客户服务部经理指令暂停生产新单，除情况特殊报请总经理核准后方可生产及发货。<br>（11）各业务人员销售时，应负责收回全部货款。相关部门对“问题账款”的受理，以报告书的收受为依据，如情况紧急时，可由经办人以口头提请相关部门处理，但经办人应于次日补交报告书。经办人未据实填写报告书，以致妨碍“问题账款”处理者，除应负责全额赔偿责任外，相关部门并得视情节轻重签请惩处。与此同时，相关部门仍应寻求一切可能的途径继续处理。<br>5.催收款的处理<br>（1）未收款过期30天以致转为催收款，业务经理应于未收款转为催收款后5天内将其未能回收的原因及对策，书面提交副总经理，转呈总经理核示。<br>（2）货款经列为催收款后，副总经理应于30天内监督下属解决。<br>6.准呆账的处理<br>（1）准呆账的处理乃以业务部为主办单位，根据所配合的法律程序，由总经理组织以专案形式研究处理。<br>（2）由总经理与法律顾问商议，认为有依法处理的必要者，再签移法律顾问依法处理。<br>（3）正式采取法律途径以前的和解，由法律顾问会同业务部前往处理。<br>（4）法律程序的进行，由法律顾问以专案签准办理，并随时转业务部协助有关事项。<br>（5）准呆账移送法律顾问后，由法律顾问移请董事会定期召集业务部、客户服务部、财务等单位，召开检查会，检查案件的前因后果，以为前车之鉴，并评述有关人员是否失职。 |
|---|---|

<table>
<tr><td>内　　容</td><td>(6) 若法律顾问对客户提出起诉，业务部应协助法律顾问准备以下资料：<br>a.原始发票。<br>b.出货单回执联（有客户签收）。<br>c.对账单（有客户盖章签字）。<br>d.客户欠账金额说明。<br>e.报价单（合同）。<br>f.客户基本资料（电话、地址、负责人、开户行、账号、营业执照复印本等）。<br>业务部每月跟催法律顾问处理结果。<br>(7) 依法起诉而无法收回债权部分，应取得法院债权凭证，交财务部列册保管，若事后发现债务人利益有偿还能力时，应依上列有关规定申请法院执行。<br>(8) 业务员应按法律顾问最终处理意见，提报呆账处理意见申请单。业务员将呆账处理意见申请单交账务检查金额后，交业务经理签核，财务部会签，总经理核准。<br>(9) 呆账处理意见申请单核准后，业务部应与财务部共同进行销账程序，呆账处理意见申请单核准后，业务部应与财务部共同进行销账。<br>(10) 若客户倒闭，业务员应尽量拉回客户货物以冲抵货款，对拉回的货物，应做以下处理：<br>a.业务员列出货物清单，说明估价及折价原则，给出货物估价，然后交经理签核。<br>b.货物清单签核后，交账务留存，并报业务经理及财务部备查。<br>c.业务部负责将货物及时售出，其回款用于冲销该笔货款，其不足部分以呆账形式予以销账。<br>(11) 若法律顾问追回货款，则账务将回款入账。<br>(12) 注意事项：账务应对呆账处理意见申请单存档保管。<br>7.收款常识<br>(1) 业务员不可向客户讲出自己的具体待遇。<br>(2) 查出客户最适当的收款时间。</td></tr>
</table>

| | |
|---|---|
| 内　　容 | 例如：凡不忌讳“一天早上尚未开市不愿被收款者”，可排在早上第一家收款；若“客户”不睡午觉，可排在“中午”收款。<br>（3）每一家客户都要养成“定期收款”的习惯。<br>（4）要表现紧张感，不可嘻笑，不可摆出低姿态，例如：不可说：“对不起，我来收款。”否则，有些客户会认为你好欺负，而拖延付款。<br>（5）不能心软，要义正词严，表现出非收不可的态度。<br>（6）不可与其他公司相提并论，要有信心照本公司规定执行。<br>（7）不可欠客户人情，以免收款时拉不下脸。<br>（8）收款六心要诀：习惯心、模仿心、同情心、自负心、良心、恐吓心。<br>（9）尽可能避免在大庭广众之下催讨。<br>（10）先小人后君子，售前明告付款条件。<br>（11）临走前切勿说出：“还要到别家收款”这类的话，以显示专程收款的姿态。<br>（12）反复走访付款成绩不佳的客户。<br>（13）若客户说：“今天不方便”，对策如下：问客户：“何时方便？”客户回答：“3天后”。则当着客户的面说：“今天是某月某日，3天后是某月某日，我就在那天再来收款。”同时当着客户的面在账单的空白处写“某月某日再来”。届时一定准时来收款。<br>（14）避免票期被拖长。<br>（15）避免被客户要求“折让”。<br>（16）收受支票时，应注意下列事项：<br>a.注意发票人有无权限签发支票。<br>b.非该客户或其本人签发的支票，应要求交付支票人。<br>c.注意查明支票有效的绝对必要记载事项，如文字、金额、到期日、发票人盖章等是否齐全。<br>d.注意所收支票账户与银行往来的期间、金额、退票记录情形(可直接向付款银行查明或请财务部协办)。 |

| | |
|---|---|
| 内　　容 | e.支票上文字是否涂改、涂销或变造。<br>f.注意支票记载何处不能修改(如大写金额)，可更改者是否于更改处加盖原印鉴章，如有法人时应同时盖章。<br>g.注意支票上的文字记载。<br>h.注意支票是否已逾期。<br>i.尽量利用机会通过A客户注意B户支票(或客票)的信用。 |

## 二、采购付款管理制度

| | |
|---|---|
| 目　　的 | 为了引导企业加强对采购付款业务的内部控制，规范采购与付款行为，防范采购与付款过程中的差错和舞弊，结合公司的实际情况并根据国家有关法律法规，特制定本制度。 |
| 适用范围 | 适用于企业外购商品并支付价款的行为。企业外购劳务并支付价款的控制，可以参照本规范的规定执行。 |
| 内　　容 | 1.采购审核与批准<br>（1）采购计划范围内金额在×万元以内的采购项目合同，由财务部审核后交采购部签订购货合同即可。<br>（2）采购计划范围内金额在×万元～××万元的采购项目合同，须交财务部审核、财务总监审批后交采购部签订购货合同。<br>（3）采购计划范围内金额在××万元以上的采购项目合同，经财务总监审核、总经理审批后交采购部签订合同。<br>2.付款审核<br>（1）财务部应当按照《现金管理暂行条例》、《支付结算办法》和企业内控规定中的货币资金相关管理规定办理采购付款业务，并按照国家统一的会计制度的规定进行核算和报告。<br>a.应付账款在×万元以内的，由财务总监审批；应付账款在××万～××万元的，由总经理审批。 |

| | |
|---|---|
| 内　　容 | b.预付款与定金在×万元以内的，财务部负责人审批即可，应付账款在××万～××万元的，报财务总监审批，在××万元以上的，由总经理审批。<br>c.审核无误后交财务部应收账款会计开具付款凭证，交出纳办理货款支付，并通知采购员联系供应商。<br>（2）财会部门在办理付款业务时，应当对采购合同约定的付款条件以及采购发票、结算凭证、检验报告、计量报告和验收证明等相关凭证的真实性、完整性、合法性及合规性进行严格审核。<br>a.真实性审核。<br>应付账款会计应确定原始凭证是否虚假，是否存在伪造或者涂改等情况。审核原始凭证所反映的经济业务是否发生过，是否反映了经济业务事项的本质等。<br>b.完整性审核。<br>根据原始凭证所反映的基本内容的要求，审核原始凭证的内容是否完整，手续是否齐备，应填写的项目是否齐全，填写方式、填写形式是否正确，有关签章是否具备等。<br>c.合法性审核。<br>审核原始凭证所反映的经济业务事项是否符合国家有关法律、法规、政策和国家统一会计制度的规定等。<br>d.合规性审核。<br>审核原始凭证是否符合有关规定，如是否符合预算，是否符合有关合同，是否符合有关审批权限和手续，以及是否符合单位的有关规章制度，有无违章乱纪、弄虚作假现象等。<br>e.除对上述a.b.c.d.条审核外，还应对原始凭证的正确性进行审核，即审核原始凭证的摘要和数字是否填写清楚、正确，数量、单价、金额的计算有无错误，大小写金额是否相符；审核物资采购是否按照经批准的物资采购计划、合同或协议进行；审核入库物资收料凭证，检查是否有采购员、交料人、验收人、收料人的签章，内容填制是否完整，并与采购计划、合同或协议及原始凭证相核对；审核付款是否符合审批权限。 |

| | |
|---|---|
| 内　　容 | （3）会计人员对不符合规定的物资采购业务、不得办理采购结算，并报告财务总监。财会总监对严重违反规定采购物资计划的应当及时向总经理汇报。<br>3.付款控制<br>（1）在付款时，应得到采购部经理、验收储存、财务部等部门负责人的相应确认或批准。<br>（2）一切购货业务应编制购货订单，购货订单应通过有关部门（如采购部、生产部、销售部、总经理等）签单批准。订单副本应及时提交财务部。<br>（3）收到货物并验收后，验收员应编制验收报告，验收报告必须按顺序编号，验收报告副本应及时送交采购部和财务部。<br>（4）收到供应商发票后，采购员将供应商发票与购货订单及验收报告进行比较，确认货物种类、数量、价格、折扣条件、付款金额及方式等是否相符，核对无误后交财务部。<br>（5）财务部将收到的购货发票、验收证明、结算凭证与购货订单、购货合同等进行复核，检查其真实性、合法性、合规性和正确性。<br>（6）采购付款实行付款凭单制。有关现金支付须经采购部门填制应付凭单，并经财务经理审核，财务总监和总经理按权限审批。<br>（7）已确认的负债应及时支付，以便按规定获得现金折扣，加强与供应商的良好关系，并维持企业信用。<br>（8）财务部应该按照应付账款总分类账和明细分类账按月结账，并且互相核对，出现差异时应编制调节表进行调节。<br>（9）财务部按月从供应商处取得对账单，将其与应付账款明细账或未付凭单明细表互相核对，并查明发生差异的原因。<br>4.账务处理<br>（1）财务部在采购单据齐全的情况下，按照《会计核算规定》及时、准确地编制记账凭证。<br>（2）将请购单、订购单、验收单、外购物资入库单、专用发票以及其他各种财务所需要的单据等支持性凭证附在记账凭证的后面，如凭证资料较多，也可另外装订成册，注明索引号后存档。 |

<table>
<tr><td>内　容</td><td>（3）每月应根据记账凭证准确、及时地登记入“存货”及“货币资金”、“应付账款”分类明细账中。<br>5.对账<br>（1）财务部门应于每月末与供应商进行货款结算的核对。<br>（2）取得供应商对账单，审核其余额与企业“应付账款”余额是否一致，在考虑买卖双方在收发货物上可能存在时间差等因素之后，企业与供应商的月末余额应保持一致。<br>6.付账控制中的现金使用<br>（1）现金使用范围。<br>a.收购产品和其他物资的价款。<br>b.结算起点以下的零星采购支出价款。<br>（2）现金使用方法。<br>a.采购付款中零星的采购需要支付现金的，采购员向财务部提出申请。<br>b.财务部根据企业现金使用规定，从库存现金限额中支付或者从开户银行提取后支付。<br>c.财务人员不得坐支现金，需要坐支现金的需报经开户银行批准。<br>d.因采购地点不确定、交通不便等特殊情况，办理转账结算不便，必须使用现金支付时，应向开户银行提出书面申请，由企业财务部门负责人签字盖章，开户银行审批后，予以支付现金。<br>7.预付账款的管理<br>（1）原则上不允许采用预付账款的方式采购物资，但对于一些紧俏商品以及公司急需的材料必须采用预付账款形式采购的，需要由具有审批权限的主管领导审批。<br>财务人员对预付款项要严格把关。并及时做账、入账，将预付款项控制在安全合理的范围内。<br>（2）公司应当建立预付账款和定金的授权批准制度，加强预付账款和定金的管理。<br>（3）企业应当加强对大额预付账款的监控，定期对其进行追踪核查。对预付账款的期限、占用款项的合理性、不可收回风险等进行综合判断；对有疑问的预付账款及时采取措施，尽量降低预付账款资金风险和形成损失的可能性。</td></tr>
</table>

| 内 容 | (4) 财务部对采购计划的预付款项，除总经理特批外，控制在____%以内。<br>8.应付账款的管理<br>(1) 应付账款是企业因购买原材料、商品、物资或接受劳务等而应付给供应商的款项。<br>(2) 公司应当加强应付账款和应付票据的管理，由专人按照约定的付款日期、折扣条件等管理应付款项。<br>(3) 应付账款的管理和记录必须由独立于请购、采购、验收付款职能以外的财务部会计专门负责。<br>(4) 以付款日期、折扣条件等项规定管理应付账款，以保证采购付款内部控制的有效实施。<br>(5) 应付账款的确认和计量应真实和可靠。<br>a.应付账款的确认和计量必须根据审核无误的各种必要的原始凭证进行。这些凭证主要是供应商开具的发票、质量管理部门的验收证明、银行转来的结算凭证等。<br>b.应付账款会计须审核这些原始凭证的真实性、合法性、完整性、合规性及正确性。<br>(6) 应付账款必须及时登记到应付账款账簿。<br>a.应付账款会计应当根据审核无误的原始凭证及时登记应付账款明细账。<br>b.应付账款明细账应该分别按照供应商进行明细核算，在此基础上还可以进一步按购货合同进行明细核算。<br>(7) 及时冲抵预付账款。财务部收到供应商开具的发票以后，应该及时冲抵预付账款。<br>(8) 确认、计量和记录折扣。财务部将可享受的折扣按规定条件加以确认、计量和记录，以确定实际支付的款项。<br>(9) 应付账款的授权支付。财务部接到已到期的应付账款应及时支付，经财务部经理审核，财务总监审核、总经理按权限审批后才能办理结算与支付。<br>(10) 应付账款的结转。财务部应该按照应付账款总分类账和明细分类账按月结账，并相互核对，出现差异时，应编制调节表进行调节。 |
|---|---|

| 内　容 | （11）应付账款的检查。财务部按月从供应方取得对账单，与应付账款明细账或未付凭单明细表互相核对，若有差异应查明差异产生的原因。如果追查结果表明有会计记录错误，则应及时与债权人取得联系，以便调整差异。<br>（12）财务部相关负责人应定期从供应商处取得对账单，并进行核对、调节工作。<br>（13）同应付账款相关的应付票据的签发必须经财务部审核，由财务总监和总经理按权限批准。<br>（14）财务部设置应付票据账簿，并认真做好应付票据的核算工作，票据的登记人员不得兼管票据的签发。<br>（15）财务部门应付账款会计管理空白、作废的、已付讫退回的商业汇票。<br>（16）财务部应该定期核对应付票据，并复核票据的利息核算。<br>（17）应付票据要定期与订货单、验收单、发票进行核对。<br>（18）应付票据要按照号码顺序及时进行保存。<br>9.采购预算的控制<br>（1）为了避免盲目采购，从总体上统筹使用资金，提高资金的使用效率，确保公司资金合理的使用，需要编制采购预算。<br>应根据企业年度销售计划，由相关使用部门（生产部门、管理部门等）填写本部门的采购预算申请单，上交采购部，由采购部门汇总、整理各部门采购预算后，编制采购总预算，交财务部编制总的预算，上交总经理审批。<br>（2）执行采购预算。<br>a.将审批的各项采购预算指标及时地下达给相关责任部门及人员。<br>b.对预算执行过程进行监控。<br>（3）分析和调整采购预算差异。<br>a.在预算执行过程中，采购部要将业务统计和财务部门核算的实际数据（即预算的实际执行结果）与预算数进行比较，编制预决算分析报告。<br>b.如果有差异，要分析差异产生的原因和责任归属，制定控制差异或调整预算的具体措施。 |
|---|---|

| | |
|---|---|
| 内　　容 | （4）采购预算资金控制。<br>a.在采购预算资金控制中，必须对采购预算资金实行限额审批制度，严格控制无预算的资金支出。<br>b.对于预算内的采购项目，请购部门应严格按照预算执行进度办理请购手续。<br>c.对于超预算和预算外采购项目，财务部对需求部门提出的申请进行审核，最终由财务总监及总经理审批后才能给予办理。<br>10.采购中的退货管理<br>（1）企业应当建立退货管理制度，对退货条件、退货手续、货物出库、退货货款回收等作出明确规定，及时收回退货货款。<br>（2）退货款项回收。<br>a.采购员在货物退回后编制借项凭单，其内容包括退货的数量、价格、日期、供应商名称以及贷款金额等。<br>b.采购部经理审批借项凭单后，交财务部相关人员审核，由财务总监或总经理按权限审批。<br>c.财务部应根据借项凭单调整应付账款或办理退货货款的回收手续。<br>11.采购中的折扣事宜<br>（1）采购员因对购货质量不满意而向供应商提出的折扣，需要通过与供应商谈判来最终确定。<br>（2）折扣金额必须由财务部审核，财务总监审核后交总经理批准。<br>（3）折扣金额审批后，采购部应编制借项凭单。 |

## 三、货款支付程序

| | |
|---|---|
| 目　　的 | 管理好公司的应付账款，并为资金周转计划做好准备。 |
| 适用范围 | 本文件适用于公司付款的全部过程。 |

| 内　容 | 1.相关术语<br>（1）现结：货到验收后付款，付清当批款项。<br>（2）批结：收到第一批货物验收合格后进仓，暂时不办理付款，等采购第二批货物到货验收合格后进仓后结清第一批款项。<br>（3）月结：本月发生的应付账款下月在规定的时间付款。<br>2.职责<br>由财务部负责执行，采购部给予积极配合。<br>3.现结程序<br>（1）采购部必须在货到前三天以联络单的方式通知财务所需付款项的金额。<br>（2）货到时采购部通知仓管员（填写报检单，指原材料）按“采购管理程序”和“仓库管理办法”执行。<br>（3）采购核对好进仓数量、单价填写“支付证明单”，交部门经理签字，交财务部复核（复核单据是否齐全、单据是否有效等），副总经理签字、总经理批准。<br>（4）出纳核对金额后办理付款。<br>4.批结程序<br>（1）采购部在第二批货物到货的前三天通知财务第一批货款所付的金额。<br>（2）货到时采购部通知仓管员（填写报检单，指原材料），按“采购管理程序”和“仓库管理办法”执行。<br>（3）采购与财务核对好第一批进货数量、单价填写“支付申请单”，交部门经理签字，交财务部复核（复核单据是否齐全、单据是否有效等），副总经理签字、总经理批准。<br>（4）出纳核对金额后办理付款。<br>5.月结程序<br>（1）每月5日前客户传上月对账单，10日前财务核对，并经财务经理审核确认无误后，回传给供应厂商。<br>（2）经双方共同确认无误后为实际应付账款。<br>（3）采购部于每月23日前作好应付账款计划申请，经财务经理、总经理批准后，填写好付款通知单及“应付账款明细表”，明细表交出纳一份，一份作通知供应厂商依据。 |
|---|---|

| | |
|---|---|
| 内　　容 | （4）付款时间为2天（25、26日），若厂商不在规定的时间结款，以后不给予办理，必须等到下月的付款时间才能结款。<br>（5）确认付款金额后财务在25日前填写所有安排付款厂商的“支付证明单”。<br>（6）出纳付款时必须有本单位的付款通知单，“支付证明单”与付款计划明细表相符，付款通知单必须有财务经理、总经理签字，并且有厂商收据或者发票并盖有厂商公章，方可付款或转账，否则出纳有权拒绝付款或转账。<br>6.其他报销程序<br>参照现结程序执行。 |

## 四、坏账损失审批内部控制制度

| | |
|---|---|
| 目　　的 | 为防止坏账损失管理中的差错和舞弊，减少坏账损失，规范坏账损失审批的操作程序，特制定本制度。 |
| 适用范围 | 适用于公司的坏账损失审批。 |
| 内　　容 | 1.确认坏账损失的条件和范围<br>（1）确认条件。<br>公司对符合下列标准的应收款项可确认为坏账：<br>a.债务人死亡，以其遗产清偿后，仍然无法收回。<br>b.债务人破产，以其破产财产清偿后，仍无法收回。<br>c.债务人较长时期内未履行偿债义务，并有足够的证据表明无法收回或收回的可能性极小。<br>d.催收的最低成本大于应收款额的款项。<br>（2）应收款项的范围。<br>应收款项包括下列款项：<br>a.应收账款。<br>b.其他应收款。 |

| | |
|---|---|
| 内　容 | c.确有证据表明其不符合预付款性质，或因供货单位破产、撤销等原因已无望再收到所购货物，也无法收回已预付款额的公司预付账款（在确认坏账损失前先转入其他应收款）。<br>d.公司持有的未到期的，并有确凿证据证明不能收回的应收票据（在确认坏账损失前，先转入应收账款）。<br>2.职责与权限<br>（1）不相容岗位分离。<br>a.坏账损失核销申请人与审批人分离。<br>b.会计记录与申请人分离。<br>（2）业务归口办理。<br>a.坏账损失核销申请由业务经办部门提出。<br>b.财务部门归口管理核销申请，并对申请进行审核。<br>c.坏账损失核销审批，在每年第四季度办理。<br>（3）审批权限。<br>a.股东大会。负责单笔损失达到公司净资产1%或年度累计金额达5%及关联方的审批。<br>b.董事会。除须经股东大会批准的事项和授权总经理批准的事项外，由董事会批准。<br>c.总经理。单笔金额在1万元以内，或年度累计金额在50万元以内。<br>3.坏账损失核销审批要求。<br>（1）核销申请报告。<br>a.收集证据。经济业务的承办部门（或承办人）应向债务人或有关部门获得下列证据：<br>——债务人破产证明。<br>——债务人死亡证明。<br>——催收最低成本估算表。<br>——具有能表明无法收回应收款的其他证明。<br>b.核销申请报告的内容。公司出现坏账损失时，在会计年度末，由经济业务承办部门（或承办人）向有关方获取有关证据，由承办部门提交书面核销申请报告，书面报告至少包括下列内容： |

| | |
|---|---|
| 内　容 | ——核销数据和相应的书面证明。<br>——形成的过程及原因。<br>——追踪催讨过程。<br>——对相关责任人的处理建议。<br>（1）核销审批要求。<br>a.财务部汇总和审核。财务部对坏账损失的核销申请报告进行审核，并提出审核意见，汇总后连同汇总表报财务总监审查，财务部应对申请报告核销申请的金额、业务发生的时间、追踪催讨的过程和形成原因进行核实。<br>b.财务总监审查。财务总监对申请报告以及财务部门的审核意见进行审查，并提出处理建议（包括对涉及相关部门与相关人员的处理建议），报公司总经理审查。<br>c.总经理审查和审批。公司总经理审查后并根据财务总监提出的处理建议，作出处理意见，在总经理授权范围内，经总经理办公会通过后，对申请报告签批；超过总经理授权范围的，经总经理办公会通过后，由公司总经理或公司总经理委托财务总监向董事会提交核销坏账损失的书面报告。书面报告至少包括以下内容：<br>——核销数额和相应的书面证据。<br>——坏账形成的过程及原因。<br>——追踪催讨和改进措施。<br>——对公司财务状况和经营成果的影响。<br>——涉及的有关责任人员处理意见。<br>——董事会认为必要的其他书面材料。<br>d.董事会和股东大会审批。在董事会授权范围内的坏账核销事项，董事会根据总经理或授权财务总监提交的书面报告，审议后逐项表决。表决通过并由董事长签批后，财务部门按会计规定进行账务处理。<br>需经股东大会审批的坏账审批事项，在召开年度股东大会时，由公司董事会向股东大会提交核销坏账损失的书面报告，书面报告至少包括以下内容：<br>——核销数额。 |

<table>
<tr><td>内 容</td><td>
——坏账形成的过程及原因。<br>
——追踪催讨和改进措施。<br>
——对公司财务状况和经营成果的影响。<br>
——对涉及的有关责任人员处理结果或意见。<br>
——核销坏账涉及的关联方偿付能力以及是否会损害其他股东利益的说明。<br>
董事会的书面报告由股东大会逐项表决通过并形成决议。如股东大会决议与董事会决议不一致，财务部对决议不一致的坏账，按会计制度的规定进行会计调整。<br>
公司监事会列席董事会审议核销坏账损失的会议，必要时，可要求公司内部审计部门就核销的坏账损失情况提供书面报告。监事会对董事会有关核销坏账损失的决议程序是否合法、依据是否充分等方面提出书面意见，并形成决议向股东大会报告。<br>
4.财务处理和核销后催收<br>
（1）财务处理。<br>
a.财务部根据董事会决议进行账务处理。<br>
b.坏账损失如在会计年度末结账前尚未得到董事会批准的，由财务部按公司计提坏账损失准备的规定全额计提坏账准备。<br>
c.坏账经批准核销后，财务部及时将审批资料报主管税务机关备案。<br>
d.坏账核销后，财务部应将已核销的应收款项设立备查簿逐项进行登记，并及时向负有赔偿责任的有关责任人收取赔偿款。<br>
（2）核销后催收。除已破产的企业外，公司财务部门、经济业务承办部门和承办人，仍应继续对债务人的财务状况进行关注，发现债务人有偿还能力时及时催收。
</td></tr>
</table>

# 第三节 表格管控

## 一、应收账款登记表

应收账款登记表

年度

| 日期 | | 科目 | 厂商名称 | 摘要 | 金额 | 冲转日期 | | 采购单号码 | 进库单号码 | 备注 |
|---|---|---|---|---|---|---|---|---|---|---|
| 月 | 日 | | | | | 月 | 日 | | | |
| | | | | | | | | | | |
| | | | | | | | | | | |
| | | | | | | | | | | |
| | | | | | | | | | | |
| | | | | | | | | | | |
| | | | | | | | | | | |

## 二、应收账款日报表

应收账款日报表

年 月 日

| 应收账款 | | | | | 应收票据 | | | | |
|---|---|---|---|---|---|---|---|---|---|
| 销货日期 | | 客户 | 订单号 | 金额 | 收单日期 | | 客户名称 | 银行名称 | 金额 |
| | | | | | | | | | |
| | | | | | | | | | |
| | | | | | | | | | |
| | | | | | | | | | |
| | | | | | | | | | |
| | | | | | | | | | |
| 合计 | | | | | 合计 | | | | |

## 三、应收账款明细表

应收账款明细表

编制单位：　　　　　　　　　年　　月　　日　　　　　　单位：元（旬表）

| 项　目 | 户　数 | 金　额 | 占全部应收款（%） | 备注 |
|---|---|---|---|---|
| ________元以上 | | | | |
| 1.A公司<br>2.B公司<br>…… | | | | |
| ________元以上 | | | | |
| 1.A公司<br>2.B公司<br>…… | | | | |
| ________元以下 | | | | |
| 1.A公司<br>2.B公司<br>…… | | | | |
| 合计 | | | | |

## 四、应收账款月报表

应收账款月报表

年　　月　　日　　　　　　单位：元

| 序号 | 客户名称 | 月初余额 | 本月增加 | 本月减少 | 月末余额 | 账款类别 |
|---|---|---|---|---|---|---|
| 1 | | | | | | |
| 2 | | | | | | |
| 3 | | | | | | |
| …… | | | | | | |
| 合计 | | | | | | |

## 五、应收账款分析表

应收账款分析表

| 月份 | 销售额 | 累计销售额 | 未收账款 | 应收票据 | 累计票据 | 未贴现金额 | 兑现金额 | 累计金额 | 退票金额 | 坏账金额 |
|---|---|---|---|---|---|---|---|---|---|---|
| 1月 | | | | | | | | | | |
| 2月 | | | | | | | | | | |
| …… | | | | | | | | | | |
| 12月 | | | | | | | | | | |
| 分析 | | | | | | | | | | |
| 对策 | | | | | | | | | | |

## 六、应收账款变动表

应收账款变动表

年 月 日

| 客户名称 | 上期余额（A） | 本期增加 | | | 本期减少 | | | | 本期余额（A+B−C） | 备注 |
|---|---|---|---|---|---|---|---|---|---|---|
| | | 销货额 | 销货税额 | 合计（B） | 收款 | 折让 | 退货 | 合计（C） | | |
| | | | | | | | | | | |
| | | | | | | | | | | |
| | | | | | | | | | | |
| | | | | | | | | | | |
| | | | | | | | | | | |
| | | | | | | | | | | |
| | | | | | | | | | | |

核准： 主管： 制表：

## 七、问题账款报告书

问题账款报告书

<table>
<tr><td rowspan="7">基本资料栏</td><td>客户名称</td><td colspan="3"></td></tr>
<tr><td>公司地址</td><td></td><td>电话</td><td></td></tr>
<tr><td>工厂地址</td><td></td><td>电话</td><td></td></tr>
<tr><td>负责人</td><td></td><td>联系人</td><td></td></tr>
<tr><td>开始往来时间</td><td></td><td>交易项目</td><td></td></tr>
<tr><td>平均每月交易额</td><td></td><td>授信额度</td><td></td></tr>
<tr><td>问题账金额</td><td colspan="3"></td></tr>
<tr><td>问题账形成原因</td><td colspan="4"></td></tr>
<tr><td>处理意见</td><td colspan="4"></td></tr>
<tr><td>附件明细</td><td colspan="4"></td></tr>
</table>

核准： 复核： 制表：

## 八、应收账款控制表

应收账款控制表

年 月 日

| 客户名称 | 上月应收账款 | 本月出资 | 本月减项 | | | | 本月底应收账款 |
|---|---|---|---|---|---|---|---|
| | | | 回款 | 退款 | 折让 | 合计 | |
| | | | | | | | |
| | | | | | | | |
| | | | | | | | |
| | | | | | | | |
| | | | | | | | |
| 合计 | | | | | | | |

总经理： 主管： 制表：

## 九、应收账款账龄分析表

应收账款账龄分析表

年　月　日　　　　　　　　　　　　　　　　　　　　　　金额单位：元

| 账龄 | A公司 | | B公司 | | C公司 | | 合计 | |
|---|---|---|---|---|---|---|---|---|
| 折扣期内 | 金额 | 比重（%） | 金额 | 比重（%） | 金额 | 比重（%） | 金额 | 比重（%） |
| 过折扣期但未到期 | | | | | | | | |
| 过期1～30天 | | | | | | | | |
| 过期31～60天 | | | | | | | | |
| 过期61～90天 | | | | | | | | |
| 过期91～180天 | | | | | | | | |
| 过期181天以上 | | | | | | | | |
| 合计 | | | | | | | | |

## 十、应收账款催款通知单

应收账款催款通知单

年　月　日

| 户名 | 结欠 | | 结欠期间 | | | | 对策 | 备注 |
|---|---|---|---|---|---|---|---|---|
| | 日期 | 金额 | 2个月 | 3～6个月 | 6～12个月 | 1年以上 | | |
| | | | | | | | | |
| | | | | | | | | |
| | | | | | | | | |
| 合计 | | | | | | | | |
| 以上应收账款均已结欠超过2个月以上，请加速催收为荷。<br>此致<br>财务部<br>年　月　日 | | | | | | | | |

填写说明：本表由财务部填写两份，一份备查、一份送业务部门。

## 十一、催款通知书

**催 款 通 知 书**

×××公司财务部：

贵公司××××年×月×日向我公司订购×××，货款计金额×××元，发票号为×××，该货款至今尚未支付给我厂，影响了我公司的资金周转。接到本通知后，请即结算，逾期按合同规定加收×%的罚金。如有特殊情况，望及时和我公司财务部×××联系。

我公司地址：××××××

银行账号：

电话：×××

×××公司财务部(盖章)

××××年×月×日

## 十二、付款申请单（1）

**付款申请单（1）**

厂商编号：

厂商名称：　　　　　　　　月份：　　　　　　　　申请日期：

| 年/月/日 | 摘要(收货单号) | 申请金额 | 核发金额 | 订购单号 |
|---|---|---|---|---|
| | | | | |
| | | | | |
| | | | | |
| | | | | |
| | | | | |
| | | | | |
| | | | | |
| 合计 | | | | |

核准：　　　　　　　　主管：　　　　　　　　制表：

说明：（1）采购单位每月按照厂商分别编制一表，以利于审核。

（2）适宜采购厂商较多的公司使用。

## 十三、付款申请单（2）

付款申请单（2）

编号： 年 月 日

<table>
<tr><td colspan="2">收款单位(人)</td><td colspan="2"></td><td>厂商代码</td><td></td></tr>
<tr><td colspan="2">说　明</td><td colspan="4"></td></tr>
<tr><td rowspan="2">银行信息</td><td>开户行</td><td colspan="4"></td></tr>
<tr><td>账　号</td><td colspan="4"></td></tr>
<tr><td colspan="2">付款方式</td><td colspan="4">转账支付／现金支付／支票支付／电汇／其他</td></tr>
<tr><td colspan="2">发票号码</td><td colspan="4"></td></tr>
<tr><td colspan="2" rowspan="2">付款金额</td><td colspan="4">大写：</td></tr>
<tr><td colspan="4">小写：</td></tr>
<tr><td colspan="2">到期日</td><td></td><td>核销借款</td><td colspan="2">借款人：　借款单编号：</td></tr>
<tr><td colspan="2">附件数</td><td></td><td>备注</td><td colspan="2"></td></tr>
<tr><td colspan="2">总经理</td><td>副总经理</td><td>部门经理</td><td>处室经理</td><td>经办人</td></tr>
</table>

## 十四、付款申请单（3）

付款申请单（3）

<table>
<tr><td>申请部门</td><td></td><td>申请时间</td><td></td></tr>
<tr><td>收款单位</td><td></td><td>付款金额</td><td></td></tr>
<tr><td rowspan="2">收款单位银行资料</td><td rowspan="2"></td><td>付款时间</td><td></td></tr>
<tr><td>付款方式</td><td></td></tr>
<tr><td>事由</td><td colspan="3"></td></tr>
<tr><td>大写金额</td><td colspan="3"></td></tr>
<tr><td>申请人：</td><td>部门负责人：</td><td>审核：</td><td>审批：</td></tr>
</table>

## 十五、预付款申请单

**预付款申请单**

日期：

申请部门：☐ 采购料　　☐ 总务处　　☐

☐ 订金(尚未开发票)

☐ 分批交货暂支款

☐

金额：

说明：

冲销日期：

经理＿＿＿＿＿＿　主管＿＿＿＿＿＿　申请人＿＿＿＿＿＿

会计＿＿＿＿＿＿　冲账＿＿＿＿＿＿

## 十六、分供方付款审批表

**分供方付款审批表**

项目名称：　　　　　　　　　　申请日期：　　年　　月　　日

| 1.付款基本情况 | |
|---|---|
| 供应商名称： | 本单编号： |
| 材料名称： | 合同编号： |
| 合同名称： | 本期付款为该合同下第　　次付款 |
| 合同总额： | 付款方式 ☐ 现金 ☐ 支票 ☐ 电汇 ☐ 其他 |
| 合同形式：☐ 固定价 ☐ 固定单价 ☐ 其他 | 收款人开户银行 |
| 付款形式：☐ 一次性付款 ☐ 多次付款 ☐ 其他 | 收款人开户行账号 |
| 付款性质：☐ 预付款 ☐ 进度款 ☐ 材料尾款 ☐ 材料保修款 | |
| 2.付款统计情况 | |

（续表）

<table>
<tr><td>数据类别</td><td colspan="2">数据内容</td><td>金额</td><td>备注</td></tr>
<tr><td>实际结算价款</td><td colspan="2"></td><td></td><td></td></tr>
<tr><td>累计已付款</td><td colspan="2"></td><td></td><td></td></tr>
<tr><td>累计未付款</td><td colspan="2"></td><td></td><td></td></tr>
<tr><td>本次计划付款金额</td><td colspan="2">大写：</td><td></td><td></td></tr>
<tr><td colspan="5">3.付款审批</td></tr>
<tr><td>审批人员</td><td>签名</td><td colspan="2">审批意见</td><td>签字日期</td></tr>
<tr><td>商务经理</td><td></td><td colspan="2"></td><td></td></tr>
<tr><td>项目经理</td><td></td><td colspan="2"></td><td></td></tr>
<tr><td>物资部</td><td></td><td colspan="2"></td><td></td></tr>
<tr><td>工程技术部</td><td></td><td colspan="2"></td><td></td></tr>
<tr><td>商务合约部</td><td></td><td colspan="2"></td><td></td></tr>
<tr><td>财务部</td><td></td><td colspan="2"></td><td></td></tr>
<tr><td>副总经理</td><td></td><td colspan="2"></td><td></td></tr>
<tr><td>总经理</td><td></td><td colspan="2"></td><td></td></tr>
<tr><td colspan="5">4.实际付款记录</td></tr>
<tr><td>财务负责人</td><td colspan="4"></td></tr>
<tr><td>本次实际付款金额</td><td colspan="2">大写：</td><td>支票号</td><td></td></tr>
</table>

## 十七、劳务（　）月分包付款计划

劳务（　）月分包付款计划

编制单位：　　　　　　　　　　　　　　　　　　填报日期：　　年　　月　　日

| 序号 | 分包单位名称 | 分包项目名称 | 合同编号 | 合同价款 | 人工费 | 机械费 | 材料费 | 扣保修金 | 实际结算额 | 已付金额 | 未付金额 | 本月拟付金额 | 付款日期 | 备注 |
|---|---|---|---|---|---|---|---|---|---|---|---|---|---|---|
| 1 | | | | | | | | | | | | | | |
| 2 | | | | | | | | | | | | | | |
| 3 | | | | | | | | | | | | | | |
| 4 | | | | | | | | | | | | | | |
| 5 | | | | | | | | | | | | | | |
| 6 | | | | | | | | | | | | | | |
| 7 | | | | | | | | | | | | | | |
| 8 | | | | | | | | | | | | | | |
| 9 | | | | | | | | | | | | | | |
| 10 | | | | | | | | | | | | | | |
| 11 | | | | | | | | | | | | | | |
| 12 | | | | | | | | | | | | | | |
| 13 | | | | | | | | | | | | | | |
| 14 | | | | | | | | | | | | | | |
| 15 | | | | | | | | | | | | | | |
| 16 | | | | | | | | | | | | | | |
| … | | | | | | | | | | | | | | |
| | 合计 | | | | | | | | | | | | | |

工程技术部：　　　　　　　　物资部：　　　　　　　　总经济师：

商务合约部：　　　　　　　　财务部：　　　　　　　　副总经理：

## 十八、材料月付款计划

**材料月付款计划**

编制单位：

注：此表报财务部备案。 填报日期： 年 月 日

| 序号 | 分供商名称 | 物资名称 | 合同编号 | 合同价款 | 实际结算额 | 扣保修金 | 已付金额 | 应付金额 | 本月拟付金额 | 付款日期 | 备注 |
|---|---|---|---|---|---|---|---|---|---|---|---|
| 1 | | | | | | | | | | | |
| 2 | | | | | | | | | | | |
| 3 | | | | | | | | | | | |
| 4 | | | | | | | | | | | |
| 5 | | | | | | | | | | | |
| 6 | | | | | | | | | | | |
| 7 | | | | | | | | | | | |
| 8 | | | | | | | | | | | |
| 9 | | | | | | | | | | | |
| 10 | | | | | | | | | | | |
| 11 | | | | | | | | | | | |
| 12 | | | | | | | | | | | |
| 13 | | | | | | | | | | | |
| 14 | | | | | | | | | | | |
| 15 | | | | | | | | | | | |
| 16 | | | | | | | | | | | |
| … | | | | | | | | | | | |
| | 合计 | | | | | | | | | | |

项目经理： 工程技术部： 总经济师：

商务经理： 商务合约部： 副总经理：

## 十九、项目资金周(增项)计划表

项目资金周（增项）计划表

编报单位：　　　　　　　　　　　　申请日期：　　年　　月　　日

| 序号 | 款项名称 | 数量 | 单价 | 金额 | 付款日期 | 收款单位 | 备注 |
|---|---|---|---|---|---|---|---|
| 1 | | | | | | | |
| 2 | | | | | | | |
| 3 | | | | | | | |
| 4 | | | | | | | |
| 5 | | | | | | | |
| 6 | | | | | | | |
| 7 | | | | | | | |
| 8 | | | | | | | |
| 9 | | | | | | | |
| … | | | | | | | |
| 合计 | | | | | | | |

| 责任人 | 签名 | 日期 | 审核意见 |
|---|---|---|---|
| 商务经理 | | | |
| 项目经理 | | | |
| 商务合约部 | | | |
| 工程技术部 | | | |
| 物资部 | | | |
| 财务部 | | | |
| 总经济师 | | | |
| 副总经理 | | | |
| 总经理 | | | |

## 二十、分包商付款审批表

### 分包商付款审批表

项目名称：　　　　　　　　　　　　　　　　　　　申请日期：　　年　　月　　日

| 1.付款基本情况 | |
|---|---|
| 分包商名称： | 本单编号： |
| 合同名称： | 合同编号： |
| 合同总额： | 本期付款为该合同下第　　次付款 |
| 合同形式：□ 固定价　□ 固定单价<br>□ 其他 | 付款方式：□ 支票　□ 电汇<br>□ 其他 |
| 付款形式：□ 一次性付款　□ 多次付款<br>□ 其他 | 收款人开户银行 |
| 付款性质：□ 预付款　□ 进度款<br>□ 尾款<br>□ 保修款 | 收款人开户行账号 |

| 2.付款统计情况 | | | | |
|---|---|---|---|---|
| 数据类别 | 序号 | 数据内容 | 金额 | 备注 |
| 本期应付款 | 1 | 本期完成合同内付款 | | |
| | 2 | 本期完成合同外付款 | | |
| 累计应付款 | 3 | 至本期止累计应付款 | | |
| 本期扣款 | 4 | | | |
| | 5 | | | |
| 累计扣款 | 6 | 至本期止累计扣款合计 | | |
| 累计已付款 | 8 | | | |
| 累计未付款 | 9 | | | |
| 本次计划付款金额 | 大写： | | | |

| 3.付款审批 | | | |
|---|---|---|---|
| 审批人员 | 签名 | 签字日期 | 审批意见 |
| 商务经理 | | | |
| 项目经理 | | | |

（续表）

| 审批人员 | 签名 | 签字日期 | 审批意见 | |
|---|---|---|---|---|
| 商务合约部 | | | | |
| 工程技术部 | | | | |
| 财务部 | | | | |
| 副总经理 | | | | |
| 总经理 | | | | |
| 4.实际付款记录 | | | | |
| 财务负责人 | | | | |
| 本次实际付款金额 | 大写： | | 支票号 | |

## 二十一、坏账损失申请书

坏账损失申请书

| 客户的名称 | | 负责人姓名 | |
|---|---|---|---|
| 营业地址 | | 电话号码 | |
| 申请理由 | | | |
| 不能收回的原因 | | | |
| 业务部意见 | | | |
| 财务部意见 | | | |
| 总经理意见 | | | |

## 二十二、客户信用限度核定表

客户信用限度核定表

<table>
<tr><td>客户编号</td><td colspan="6"></td></tr>
<tr><td>客户名称</td><td colspan="6"></td></tr>
<tr><td>地　　址</td><td colspan="6"></td></tr>
<tr><td>负 责 人</td><td colspan="6"></td></tr>
<tr><td>部 门 别</td><td>以往交易已兑现额</td><td>最近半年平均交易额</td><td>平均票期</td><td>收款及票据金额</td><td>原信限</td><td>新申请信限</td></tr>
<tr><td></td><td></td><td></td><td></td><td></td><td></td><td></td></tr>
<tr><td></td><td></td><td></td><td></td><td></td><td></td><td></td></tr>
<tr><td></td><td></td><td></td><td></td><td></td><td></td><td></td></tr>
<tr><td></td><td></td><td></td><td></td><td></td><td></td><td></td></tr>
<tr><td></td><td></td><td></td><td></td><td></td><td></td><td></td></tr>
<tr><td colspan="3" rowspan="2">主办信用综合分析研判（包括申请表的复查、品德、风评、经营盈亏分析、偿债能力、核定限度的附带应注意事项等）</td><td colspan="3">信限的核定或审查意见</td><td>签章及日期</td></tr>
<tr><td>主办信用</td><td colspan="2"></td><td></td></tr>
<tr><td colspan="3"></td><td>业务主任</td><td colspan="2"></td><td></td></tr>
<tr><td colspan="3"></td><td>区经理</td><td colspan="2"></td><td></td></tr>
<tr><td colspan="3"></td><td>总公司</td><td colspan="2"></td><td></td></tr>
<tr><td colspan="3"></td><td>生效日期</td><td colspan="2"></td><td></td></tr>
</table>

填报人（签名）：　　　　单位负责人（签名）：　　　　填报时间：

## 二十三、应付票据明细表

应付票据明细表

| 序号 | 票据关系人 | | | 合同号 | 出票日期 | 票面金额 | 已计利息 | 到期日期 | 利息率 | 到期应计利息 | 付息条件 | 备注 |
|---|---|---|---|---|---|---|---|---|---|---|---|---|
| | 出票人 | 承兑人 | 收款人 | | | | | | | | | |
| | | | | | | | | | | | | |
| | | | | | | | | | | | | |
| | | | | | | | | | | | | |
| | | | | | | | | | | | | |
| | | | | | | | | | | | | |
| | | | | | | | | | | | | |
| | | | | | | | | | | | | |
| | | | | | | | | | | | | |
| | | | | | | | | | | | | |
| | | | | | | | | | | | | |
| | | | | | | | | | | | | |
| | | | | | | | | | | | | |
| | | | | | | | | | | | | |
| | | | | | | | | | | | | |
| | | | | | | | | | | | | |

编制说明：

（1）票据类别应按商业承兑汇票、银行承兑汇票分别列示。

（2）与收款人是否存在关联关系，在“备注”栏中说明。

（3）如果涉及非记账本位币的应付票据，应注明外币金额和折算汇率。

# 第三章 问题解答

## 1.可以通过哪些途径控制应收账款的增加?

(1) 制定并采用信用政策，信用政策包括：信用期限、信用标准和现金折扣。信用政策的变动一方面给企业带来销售收入的增加或应收账款占用额的减少，另一方面又将导致赊销额的利息成本，坏账损失或折扣等费用的变化。

(2) 在向客户提供商业信用时，必须考虑三个问题：其一，客户是否会拖欠或拒付账款的程度如何；其二，怎样最大限度地防止客户拖欠账款；其三，一旦账款遭到拖欠甚至拒付，企业应采取怎样的对策。可见，在企业向客户提供信用之前或当时就应当对发生账款拖欠或拒付的各种可能情形进行合理预测，并制订相应的方针，防患于未然，而不能在账款实际遭受拖欠或拒付时才消极被动地进行。

(3) 在企业与客户发生业务往来并签订合同之前，营销人员应建立“客户档案”，详细登记客户的组织结构、企业负责人、地址、工商登记号、注册资金、日期、税务登记号、职员数量、主要负责人、经营范围等情况。

(4) 要延伸调查该客户的母公司、子公司等关联单位，了解资本增加变动的来源渠道、资本增补、经营项目的前后比较、关联单位的基本情况、库存量的大小、生产能力及产品销路、产品的后续发展能力等情况。

(5) 要适当查阅和分析该客户的偿债能力以及过去的付款记录，看是否具有按期如数偿债的一贯做法，与其他供货企业的关系是否良好。了解该客户的经营管理水平，包括内部管理制度建设、资金周转率、资金管理能力、现金流量、财务实力和财务状况等情况。

(6) 在企业与客户签约时应该注意选择可靠的、合理的、较为保险的结算方式，明确销货款赊销额度的审批权限，采取必要有效的收账程序，分别确定相关业务负责人的权限范围。采取赊销账款终身负责回收的管理办法，便于及时了解、掌握和控制应收账款。

(7) 了解客户资产情况，客户在无力支付款项时能否用资产作为抵押，这对于初次与其开展业务的不熟悉的客户尤为重要。一旦收不到款项，便用抵押品抵补，如资产状况很差，就应该考虑是否进行货款赊销。

### 2.如何建立应收账款内部控制制度？

建立应收账款内部控制制度，应该贯彻不相容职务相互分离的原则，使不同的职务能分别由不同的部门或人员负责。

（1）指定专人负责应收账款，及时准确地反馈给企业负责人，便于及时掌握情况，适时采取相对措施。

（2）建立内部考核责任制，并将应收账款余额与相关业务负责人的工作业绩挂钩，使其对应收账款坏账承担一定比例的经济责任。

（3）加强内部审计力度，定期向客户寄发应收账款对账单，发生差异要及时查清。应经常审核货运文件、发票、应收账款财务分析表、单据等资料，了解企业规定的工作程序是否得到贯彻执行。

### 3.如何开展应收账款的对账工作？

应收账款的对账工作从第一笔业务开始就应由营销人员定期与客户对账并将收款情况及时反馈给财务部门，确保双方在货款数额方面的认同。营销人员可以按其管理的单位对产品发出、发票开具及货款的回笼进行序时登记，并定期与客户对账，由对方确认，从而为及时清收应收账款打好基础。

### 4.催收账款应遵循怎样的程序？

催收账款的程序一般为：信函通知、电报电话传真催收、派人面谈、诉诸法律。但在采取法律行动前应遵循成本效益原则，如遇以下几种情况时可不必履行法律程序：

（1）诉讼费用超过债务求偿额。

（2）客户抵押品折现可冲销债务。

（3）客户的债款额不大，起诉可能使企业运行受到损害。

（4）起诉后收回账款的可能性有限。

### 5.催收账款有哪些方法？

一般的催讨方法有：电话催讨、信函催讨、律师催讨、诉讼催讨等。企业还可以委托信誉良好的代理机构协助催讨。若客户确实遇到暂时困难，经努力可有起色，企业可帮助其渡过难关，以便收回账款。比如：可以接受债务人以非货币性资产予以抵偿；可以改变债务形式，同意债务人制订分期偿债计划；还可以修改债务条件，延长付款期，甚至减少本金数额，激励其还款等。如债务人故意赖账，或确实资不抵债，已达到破产界限，则应及时向法院起诉，借助法律手段，以期尽早收回账款，或在破产清算的时候得到部分清偿，及时止损，将损失减少到最低。

### 6.如何提高应收账款的变现能力？

应收账款产生之后，企业除了积极催收以外，还应积极对其进行利用。应收账款融资业务是银行根据商务合同交易双方之间的赊销行为而设计的一种金融产品，它是一种专门为赊销设计的集融资、结算、财务管理和风险担保与一体的综合性金融服务产品，卖方将商务合同所产生的应收账款转让给银行，由受让银行提供贸易融资等金融服务，可以在一定程度上缓解企业资金需求压力，加速企业资金周转速度。应收账款在企业资产中属于变现能力较强、风险低的优质资产，其变现能力仅排在货币资金和短期投资之后。因此，企业为了解决临时的资金紧张，将应收账款出售给银行或以其作质押。银行和企业都能获益。

### 7.应付账款怎样入账？

应付账款一般按应付金额入账。因债权单位撤销或其他原因，企业无法或无需支付的应付款项应计入当期损益（营业外收入）。若企业不设置“预付账款”科目，预付货款业务通过“应付账款”科目核算。

### 8.应付账款应该何时入账？

应付账款入账时间的确定，一般应以与所购买物资所有权有关的风险和报酬已经转移或劳务已经接受为标志。但在实际工作中，一般区别下列情况进行处理：

（1）在物资和发票账单同时到达的情况下，应付账款一般待物资验收入库后，才按发票账单登记入账，这主要是为了确认所购入的物资是否在质量、数量和品种上都与合同上订明的条件相符，以免因先入账而在验收入库时发现购入物资错、漏、破损等问题再行调账。在会计期末仍未完成验收的，则应先按合理估计金额将物资和应付债务入账，事后发现问题再行更正。

（2）在物资和发票账单未同时到达的情况下，由于应付账款需根据发票账单登记入账，有时货物已到，发票账单要间隔较长时间才能到达，由于这笔负债已经成立，应作为一项负债反映。为在资产负债表上客观反映企业所拥有的资产和承担的债务，在实际工作中采用在月份终了将所购物资和应付债务估计入账，待下月初再用红字予以冲回的办法。

### 9.应付账款的入账金额有何要求？

应付账款一般按应付金额入账，而不按到期应付金额的现值入账。如果购入的资产在形成一笔应付账款时是带有现金折扣的，应付账款入账金额按发票上记载的应付金额的总值（即不扣除折扣）记账。在这种方法下，应按发票上记载的全部应付金额，借记有关科目，贷记“应付账款”科目；获得的现金折扣冲减财务费用。

### 10.如何进行应付账款的检查?

（1）财务部按月从供应方取得对账单、与应付账款明细账或未付凭单明细表互相核对，若有差异应查明差异产生的原因。

（2）如果追查结果表明无会计记录错误，则应及时与债权人取得联系，以便调整差异。

（3）财务部相关负责人应定期从供应商处取得对账单，并进行核对、调节工作。

### 11.其他应付款的内容有哪些?

其他应付款，是指企业除应付票据、应付账款、预收账款、应付职工薪酬、应付利息、应付股利、应交税费、长期应付款等以外的其他各项应付、暂收的款项。

### 12.其他应付款该怎样入账?

（1）企业采用售后回购方式融入资金的，应按实际收到的金额，借记“银行存款”科目，贷记“其他应付款”、“应交税费”等科目。回购价格与原销售价格之间的差额，应在售后回购期间内按期计提利息费用，借记“财务费用”科目，贷记“其他应付款”。按照合同约定购回该项商品时，应按实际支付的金额，借记“其他应付款”科目和“应交税费”科目，贷记“银行存款”科目。

（2）企业发生的其他各种应付、暂收款项，借记“管理费用”等科目，贷记“其他应付款”；支付的其他各种应付、暂收款项，借记“其他应付款”，贷记“银行存款”等科目。

# 第六部分

# 资产管理

## 引言：

资产是一个企业从事生产经营活动必须具备的物质资源和条件。它们能给企业带来巨大的经济利益，是企业从事生产经营活动的物质基础。因此，企业资产管理是企业管理的重要组成部分。

# 第一章　基础知识

## 第一节　货币资金的管理

### 一、货币资金的内容

货币资金的内容包括现金、银行存款和其他货币资金。

#### （一）现金

（1）狭义：存放在企业的库存现金，包括人民币和外币。

（2）广义：不仅包括企业的库存现金，还包括银行存款和其他符合现金定义的票证。但是在我国的会计惯例中，现金的概念通常是指狭义的现金。

#### （二）银行存款

银行存款是企业存放在银行或其他金融机构的货币资金。

#### （三）其他货币资金

其他货币资金是指除现金、银行存款以外的各种货币资金。如外埠存款、银行汇票存款、银行本票存款、信用卡存款、信用证保证金存款、存出投资款等。

注：不属于货币资金范围的项目：出纳员手中持有的欠款欠条，客户出具的远期支票，不受企业控制的或限制用途的、且不能供企业日常经营使用的现金。

### 二、货币资金的特点

（1）流动性最强，且易于隐藏和转移。

（2）货币资金作为一般等价物，既是支付手段，又是非生产性资产，除存款利息外，不能为企业创造任何价值。

### 三、货币资金的控制

加强货币资金管理，必须建立健全货币资金内部控制制度，针对企业经营活动中的各项风险点，重新设计业务流程，按照“职能分割，制约监督”的原则，建立业务管理、风险管理、财务管理三位一体的管理控制平台，完善事前防范、事中控制和事后监督的控制体系。

## （一）事前防范，建立科学的财务控制体系

1.组织分工和资金业务的岗位责任制

企业应建立严格的组织分工和资金业务的岗位责任制，即在制定组织机构方案和向工作人员分配工作时，都应考虑不相容职务的分离，使某些职务分别由两个或两个以上的部门或工作人员担任，以避免或减少发生差错，起到相互制约和监督的作用。

2.审批手续和授权批准制度

企业应当建立严格的审批手续和授权批准制度，以减少某些不必要的开支。明确审批人对资金业务的授权批准方式、权限、程序、责任和相关控制措施，规定经办人办理资金业务的职责范围和工作要求。

## （二）事中控制，保障货币资金的安全性、完整性、合法性和效益性

1.货币资金安全性控制

货币资金安全性控制的方法如下表所示：

货币资金安全性控制的方法

| 序号 | 方法 | 说明 |
| --- | --- | --- |
| 1 | 账实盘点控制 | 即对库存现金、银行存款等进行定期盘点，日清月结，严禁擅自挪用、借出货币资金，严禁“白条”抵库，确保企业资产账实相符。如银行存款余额调节表的编制就是实施账实定期盘点控制 |
| 2 | 库存限额控制 | 核定企业每日库存现金余额，超过限额的货币资金及时送存银行。这样做既可降低货币资金被盗风险，还能高度集中货币资金，便于统筹使用 |
| 3 | 实物隔离控制 | 建立控制制度确保除实物保管之外的人员接触不到实物，明确各种票据的购买、保管、领用、背书转让、注销等环节的职责权限和程序，专设登记簿记录，防止空白票据的遗失和被盗；对于收到的支票、银行承兑汇票等票据，建立专门台账，专人管理，以保证票据安全和及时兑现。比如，现金只能由出纳保管，银行承兑汇票只能由一人专管 |
| 4 | 岗位分离控制 | 将不相容岗位分离，相互制约、相互监督。比如，出纳人员不得兼任稽核、会计档案保管和收入、支出、费用、债权债务账目的登记工作，不得编制银行存款余额调节表；出纳人员连续工作应不超过三年；空白支票、密码与印鉴的保管必须分离；实行回避制度，单位负责人、会计主管人员的直系亲属不得担任出纳工作；严禁未经授权的单位或个人办理货币资金业务及直接接触货币资金，经办人只能在职责范围内，按照审批人的批准意见办理货币资金业务 |

2.资金完整性控制

即所有资金收支业务均按规定计入相关账户。其控制方法一般有以下几种：

**资金完整性控制方法**

| 序号 | 方法 | 说明 |
|---|---|---|
| 1 | 发票、收据控制 | 利用发票、收据编号的连续性，核对收到的货币资金，以确保收到的货币资金全部入账。加强对发票、收据的印、收、发、存的管理工作，且必须连续编号，建账核算，定期抽查核对存根联与入账的记账联，及时发现其中的错弊 |
| 2 | 银行对账单控制 | 利用银行对账清单与企业银行存款日记账逐笔核对，确保银行存款的完整性和存在性。通过及时编制银行存款余额调节表，分析未达账项的原因，发现其是否存在错弊现象 |
| 3 | 物料平衡控制 | 按照主要原材料、产成品在生产、销售过程中量的平衡关系，检查资金收支的完整性。该方法主要适用于生产、加工行业。比如，冶炼行业进行铁元素平衡，可以及时发现偷卖成品、半成品、废品等违法行为 |
| 4 | 业务量控制 | 根据某项业务量的大小，复核其货币资金的完整性。例如，旅馆可以按客房记录的业务量，汽车运输可以按台班记录的业务量，复核货币资金的收入和支出 |
| 5 | 往来账核对控制 | 定期与对方进行往来账余额的签认，确认清欠货币资金是否及时入账或货币资金还欠是否真实，及时发现挪用、贪污企业货币资金等违法行为。特别应注意对于已作坏账处理的应收账款，了解是否有收回款项不入账的情况 |

3.货币资金合法性控制

是指货币资金收支业务是否合法的内部控制制度，一般都采用加大内部审计监督检查力度的方法。对业务量少、单笔金额小的单位，记账凭证可由一人复核；对业务量大、单笔金额大的单位，记账凭证应由两人复核，即增设复核会计。还可以实行严格的授权审批制度，重点控制大金额货币资金支付。另外，还可利用政府机关、社会力量对企业进行审计、监督、检查；通过公布举报电话等方式从公众中获得是否存在不合法收、付的线索。

4.货币资金的效益性控制

服从企业财富最大化的财务管理目标，通过运用各种筹资、投资手段合理、高效地持有和使用货币资金，实现货币资金的保值增值。

**货币资金的效益性控制方法**

| 序号 | 方法 | 说明 |
| --- | --- | --- |
| 1 | 优化资金结构，提高资金收益 | 在企业生产经营过程中，资金是以储备资金、生产经营资金、成品资金、投资资金以及结算资金等多种形态存在的。确定各种形态资金的合理比例和最优结构，可以减少资金在各环节中的浪费，加速资金的周转，促进资金的有效使用。通过运用各种筹资、投资手段，制订货币资金收支中、长期计划，实施某些推迟资金支付、加速货币回笼、收回投资的政策，解决货币支出的缺口；或者通过加快资金支付（可降低采购成本）、一定的赊销政策（可提高售价或扩大销量）、参与各种投资，提高收益，降低资金储量 |
| 2 | 制定合理的信用政策，加速资金周转 | 企业应根据产品的市场占有率、产品质量、品种、规格及价格等方面的竞争能力，确定合理的信用标准。合理考虑促销与增加的应收账款机会成本、坏账成本和现金折扣成本的平衡，制定折扣期限、信用期限和现金折扣等信用条件，制定科学的收账政策，减少应收账款、坏账损失，加速资金周转 |
| 3 | 加强资金使用管理，减少资金浪费 | 企业对采购、生产、销售各环节建立严格控制制度。针对实际情况，制定先进合理的消耗定额，严格控制开支范围，杜绝一切不合理开支，减少浪费，降低消耗，促进资金合理有效地使用。同时加强对存货的管理，合理控制存货的储备、减少存货的浪费、加强存货的流动性，减少资金的占用，提高资金的利用效果 |

### （三）事后监督，注重信息反馈

在每个会计期间或每项重大经济活动完成之后，内部审计监督部门都应按照有效的监督程序，审计各项经济业务活动，及时发现内部控制的漏洞和薄弱环节；各职能部门也要将本部门在该会计期间或该项经济活动之后资金变动状况的信息及时地反馈到资金管理部门，及时发现资金的筹集与需求量是否一致，资金结构、比例是否与计划或预算相符，产品的赊销是否严格遵守信用政策，存货的控制是否与指标一致，人、财、物的使用是否与计划或预算相符，产品的生产是否根据计划或预算合理安排等。

## 第二节 固定资产的管理

由于固定资产在企业资产总额中一般都占有较大的比例，对于确保企业资产安全、完整意义重大。

固定资产管理是一项复杂的组织工作，涉及基建部门、财务部门、后勤部门等，必须由这些部门共同联手参与管理。同时，固定资产管理是一项较强的技术性工作，固定资产管理应配备有工作责任心，工作能力强，懂业务、会计算机操作，会讲、肯干的专职人员。固定资产管理一旦失控，其所造成的损失将远远超过一般的商品存货等流动资产。

### 一、科学的职责分工

企业应当建立固定资产业务的岗位责任制，明确相关部门和岗位的职责、权限，确保办理固定资产业务的不相容岗位相互分离、制约和监督。同一部门或个人不得办理固定资产业务的全过程。

#### （一）固定资产业务不相容岗位

固定资产业务不相容岗位至少包括：

（1）固定资产投资预算的编制与审批。

（2）固定资产投资预算的审批与执行。

（3）固定资产采购、验收与款项支付。

（4）固定资产投保的申请与审批。

（5）固定资产处置的审批与执行。

（6）固定资产取得与处置业务的执行与相关会计记录。

对于这六条规定，应从以下方面理解：有关固定资产的主要业务有编制资本预算、购置固定资产、验收固定资产、保养和维修、折旧、盘点、报废与清理。

#### （二）固定资产业务的分工

为了加强控制，各业务必须有明确的职责分工。

（1）固定资产的需求应由使用部门提出。采购部门、企业内部的建筑或建设部门一般无权首先提出采购或承建的要求。

（2）资产请购或建造的审批人应与请购或建造要求提出者分离。

（3）资本预算的复核审批人应独立于资本预算的编制人。

（4）固定资产的验收人应同采购或承建人、款项支付人职务分离。

（5）资产使用或保管人不能同时担任资产的记账工作。

（6）资产盘查工作不能只有使用、保管人员或只有负责记账的人员来进行，应由独立于这些人员的第三者共同参加。

（7）资产报废的审批人不能同时是资产报废通知单的编制人。

## 二、科学规范的决策过程

### （一）预算管理

企业应当建立固定资产预算管理制度。

企业应当根据固定资产的使用情况、生产经营发展目标等因素拟订固定资产投资项目，对项目可行性进行研究、分析，编制固定资产投资预算，并按规定程序审批，确保固定资产投资决策科学合理。

对于重大的固定资产投资项目，应当考虑聘请独立的中介机构或专业人士进行可行性研究与评价，并由企业实行集体决策和审批，防止出现决策失误而造成严重损失。

对于预算内固定资产投资项目，有关部门应严格按照预算执行进度办理相关手续；对于超预算或预算外固定资产投资项目，应由固定资产相关责任部门提出申请，经审批后再办理相关手续。

就固定资产的预算控制，应从以下几个方面进行控制和管理：

（1）编制资本支出预算，应由工程技术、计划、财务、采购、生产等部门的人员共同参加，以便减少资本支出预算错误发生的可能性。

（2）资本支出预算必须在考虑多种因素的基础上予以编制。这些因素包括：投资预算额、该投资的机会成本、投资的资本成本、预计现金净流入等。

（3）对于投资额较大的专案，资本支出预算应有各分项投资预算额，以便日后对投资实际支出额的控制。而对于投资将对企业产生重大影响的资本支出预算，则必须由董事会批准才能执行。

### （二）请购与审批

企业对于外购的固定资产应当建立请购与审批制度，明确请购部门（或人员）和审批部门（或人员）的职责权限及相应的请购与审批程序。固定资产采购过程应当规范、透明。对于一般固定资产采购，应由采购部门充分了解和掌握供应商情况，采取比质比价的办法确定供应商；对于重大的固定资产采购，应采取招标方式进行。

对一些专用固定资产如电脑、打印机等，由于其移动的方便性，管理上容易滋生漏洞。针对其管理上的薄弱环节，应制定特别的业务处理流程。如电脑等设备从确定采购时起就给出其“身份证”，定好使用人，确定责任人。

对重大工程建设项目，企业成立专门管理小组。成员应来自工程部、审计、财务、投资、专家及使用单位，共同参与项目论证、公开招标等环节的工作。既体现公平、公正原则，又通过招标等良性竞争手段，为企业创造经济效益。

### （三）采购控制

固定资产的采购是容易出现问题的一个环节，不可忽视。

采购部在执行固定资产采购程序时，应先向供货商询价，并取得厂商的报价单，进行比价，以报价较低且品质佳的核准厂商为采购对象，单批次5万元以下（含）寻找至少2家以上的供应商进行询价比价；单批次5万元以上至30万元寻找至少3家以上的供应商进行招标采购，并报财务总监审批；单批次30万元以上寻找至少3家以上的供应商进行招标采购并组织招标小组确定出最优方案，报财务总监、总经理审批。

依请购单填写订购单并与供货商联络订购事宜，按一般采购程序办理。

重要固定资产或单台5万元以上或单批10万元以上的采购，采购单位应与厂商签订购买合同。合同一式两份，由采购部与供货商分别留存一份；采购部应复印一份留存，原件与发票交财务作为付款入账的依据。

### （四）验收控制

企业应当建立严格的固定资产交付使用验收制度，确保固定资产数量、质量等符合使用要求。固定资产交付使用的验收工作由固定资产管理部门、使用部门及相关部门共同实施。

**通过各种渠道取得的固定资产的验收管理**

| 序号 | 类别 | 验收要求 |
| --- | --- | --- |
| 1 | 外购固定资产 | 应当根据合同协议、供应商发货单等对所购固定资产的品种、规格、数量、质量、技术要求及其他内容进行验收，出具验收单或验收报告。验收合格后方可投入使用 |
| 2 | 自行建造的固定资产 | 应由制造部门、固定资产管理部门、使用部门共同填制固定资产移交使用验收单，验收合格后移交使用部门投入使用 |
| 3 | 投资者投入、接受捐赠、债务重组、企业合并、非货币性资产交换、外企业无偿划拨转入以及其他方式取得的固定资产 | 办理相应的验收手续 |
| 4 | 经营租赁、借用、代管的固定资产 | 应设立登记簿记录备查，避免与本企业财产混淆，并应及时归还 |

对验收合格的固定资产应及时办理入库、编号、建卡、调配等手续。

对于验收控制，企业应当重点关注：

（1）从外部购入的设备，采购人员应与厂商联系送货时间及地点。固定资产送达时，请购单位、采购人员、管理部门均应派员会同点收数量，检查品质及规格是否与请购单相符。其验收程序可按照存货验收程序进行，所不同的是固定资产一般要求有较高等级的技术人员来检查其质量或精密程序，故购入设备必须经过专职工程师的检查，并在收货报告单上签字同意。通过建筑或通过安装取得的设备，在正式向承包商签发验收合格证书前，应作全面和综合性的测试验收工作。

（2）各种监督和测试工作应当加以文字记录，并作为工程验收合格证书的附件妥善保管，验收合格证书必须由指定的授权人审核签字。

（3）固定资产验收合格后，管理部门开具设备分配通知单并登记固定资产管理台账。采购人员将固定资产交请购单位使用。

### （五）入账控制

企业财会部门应当按照国家统一的会计准则制度的规定，及时确认固定资产的购买或建造成本。

## 三、固定资产使用、维护环节的控制

### （一）使用控制

（1）企业应加强固定资产的日常管理工作，授权具体部门或人员负责固定资产的日常使用与维修管理，保证固定资产的安全与完整。

（2）企业应当定期或不定期检查固定资产明细及标签，确保具备足够详细的信息，以便固定资产的有效识别与盘点。

（3）固定资产移动应当得到授权。

（4）对固定资产都应设立卡片，有条件的单位，应尽量选用合适的固定资产管理系统，用电脑来管理固定资产数据。要及时对系统中的数据进行清理，查错防漏。在科技发展、环境及其他因素发生变化时，应调整相关固定资产的净残值。

（5）设立企业各职能部门内部的设备管理员或称作二级设备管理员，并对其进行固定资产管理知识的宣传和培训，提高对其所在部门设备使用和变动情况的监管力度。

（6）加强对在建工程账户的检查和清理，对已经在用或已经达到预定可使用状态的固定资产及时验收入账或暂估入账。

（7）对精密贵重以及容易发生安全事故的仪器设备，归口管理部门应制定具体操作规程，指定专人进行操作。

（8）做好固定资产的投保工作，并确保范围恰当，金额足够。杜绝“重采购，轻管理”的现象。

### （二）折旧控制

企业应依据国家有关规定，结合企业实际，确定计提折旧的固定资产范围、折旧方法、折旧年限、净残值率等折旧政策。折旧政策一经确定，不得随意变更。确需变更的，应当按照规定程序审批。

（1）固定资产的折旧方法：根据财政部颁发的企业会计制度规定，结合本公司的具体情况，折旧方法采用平均年限法。

平均年限法的固定资产折旧率和折旧额的计算公式如下：

$$年折旧率=（1-净残值率）\div 折旧年限$$

$$月折旧率=年折旧率\div 12$$

$$月折旧额=固定资产原值\times 月折旧率$$

（2）固定资产折旧根据上述有关计算公式按月计提。当月增加的固定资产，次月开始折旧。当月减少的固定资产，从下月起不再计提折旧。提前报废的固定资产，其净损失计入营业外支出，不再补提折旧。

（3）按照规定提取的固定资产折旧，分别按用途性质计入制造费用、管理费用和销售费用等。

### （三）维护控制

企业应当建立固定资产的维修、保养制度，保证固定资产的正常运行，提高固定资产的使用效率。

（1）固定资产使用部门负责固定资产日常维修、保养，定期检查，及时消除风险。

（2）固定资产大修理应由固定资产使用部门提出申请，按规定程序报批后安排修理。

（3）固定资产技术改造应组织相关部门进行可行性论证，审批通过后予以实施。

（4）企业应设置专门管理固定资产的机构，加强固定资产的维修和保养工作。该机构的职责包括：每年制订各类房屋设备等的维修计划并予以实施或根据使用中出现的应急情况采取修理措施；监督使用部门的使用情况；对使用、维修和保养的结果进行记录等。

（5）固定资产管理部门应对各种房屋和设备分别设置表单来记录使用、维修和保养情况，记录应当定期检查。

### （四）盘点控制

企业应当定期对固定资产进行盘点。

（1）盘点前，固定资产管理部门、使用部门和财会部门应当进行固定资产账簿记录的核对，保证账账相符。

（2）企业应组成固定资产盘点小组对固定资产进行盘点，根据盘点结果填写固定资产盘点表，并与账簿记录核对，对账实不符，固定资产盘盈、盘亏的，编制固定资产盘盈、盘亏表。

（3）固定资产发生盘盈、盘亏，应由固定资产使用部门和管理部门逐笔查明原因，共同编制盘盈、盘亏处理意见，经企业授权部门或人员批准后，由财会部门及时调整有关账簿记录，使其反映固定资产的实际情况。

固定资产同存货相比，遗失或被盗的可能性较小，但它们长期地存在，物质实体同账面记录不一致，或者物质实体已处于不正常使用的状态，或者被遗忘的可能性也较大。定期盘查固定资产是保护财产的必要控制手段。

企业应定期（视财产的性质不同而不同，通常至少每年一次）组织盘点固定资产实存情况。盘点工作应由负责保管、记账等不同职能的人员以及厂房设备无关的其他局外人共同担任。盘点结果记录在盘点清单上，清单内容包括：固定资产的名称、类别、编号、存放地点、目前使用状况和所处状态等。盘点人员（一般要求2人以上）应在盘点清单上签字。实地盘点结束后，应将盘点清单内容同固定资产卡片相核对，如发现差异或固定资产已处于不能正常使用状态，应由固定资产保管部门负责审查其原因，经过一定的批准程序，才能进行账面调整。每次盘点的清点单应归档保存。

### （五）清查控制

企业应至少在每年年末由固定资产管理部门和财会部门对固定资产进行检查、分析。检查分析包括定期核对固定资产明细账与总账，并对差异及时分析与调整。

公司建立固定资产清查制度，清查分年中清查和年末清查，由管理部门和财务部共同执行。固定资产的清查应填制“固定资产盘点明细表”，详细反映所盘点的固定资产的实有数，并与固定资产账面数核对，做到账务、实物和固定资产卡片相核对一致。若有盘盈或盘亏，需编报“固定资产盘盈/盘亏报告表”，列出原因和责任，报部门经理、生产部门经理、财务部和总经理批准后，财务部进行相应的账务调整。管理部门对台账和固定资产卡片内容进行更新。

# 第三节 存货管理

存货是指企业在经营、管理、服务过程中为销售或耗用而储存的各种资产，它在公司全部流动资产中占有一定的比重。加强存货管理，这也是理财的一项重要内容。

## 一、存货的内容

存货是指企业在正常生产经营过程中持有以备出售的产成品或商品，或者为了出售仍然处在生产过程中的在制品，或者将在生产过程或提供劳务过程中耗用的材料、物料等。具体来讲，包括原材料、在制品、产成品、半成品、商品及包装物、低值易耗品等。

## 二、存货涉及的部门

存货所涉及的主要业务活动包括发出原材料、生产产品、核算生产成本、核算在制品、储存产成品、发出产成品等，一般会涉及到生产计划部门、仓库、生产部门、销售部门、会计部门。

一般规模大一点的企业或是生产性企业，存货内部控制涉及的部门较多，所以其控制点也多，主要包括计划控制、合同订立、材料验收、付款、审核、账账核对、清理、领料、发料、复核、分析等多个控制点。存货业务不相容岗位至少包括：

（1）存货的采购、验收与付款。

（2）存货的保管与清查。

（3）存货的销售与收款。

（4）存货处置的申请与审批、审批与执行。

（5）存货业务的审批、执行与相关会计记录。

## 三、存货采购内部控制

### （一）存货采购审批内部控制

要保证存货采购业务按计划申报程序进行，由采购部门根据企业生产经营的计划和材料请购单编制采购计划，提出具体的采购目录，经主管计划的负责人审核后报相关领导审批。

### （二）签订存货采购合同内部控制

要保证存货采购在授权下按合同进行。要求主管领导对采购人员进行授权委托，授权的内容一定是经过有关部门批准的内容；采购人员按计划签订（议定）合同，无权在授权之外签订合同和变更合同的内容。合同的副本应送财会和计划部门审核价格和留存。

### （三）存货验收和入库内部控制

要保证存货采购数量、品种、质量符合合同的要求，做到准确、安全入库。采购人员应按合同的交货时间催交，收到采购材料后，采购部门应验收材料的品种、数量、检验质量，签署验收单；仓管部门根据验收单验收存货，填制入库单，登记存货台账，将发票、运单连同验收单、入库单送回采购部门，然后由采购部门交财务部门入账。

### （四）存货采购资金支付结算内部控制

要保证货款支付正确、合法。财会部门接采购部门通知承付货款，应审核合同的签订是否符合规定；验收单、入库单是否真实可靠，是否与合同一致；进货发票是否合法，是否与合同、验收单、入库单、付款通知单的品名、数量和价格相符。审核无误后，办理付款手续，进行货款支付结算。

### （五）存货核算内部控制

应通过财会部门的日常核算保证存货采购业务资料准确、真实。财会部门的材料核算岗位和仓管部门要对存货的购进、发出和库存进行日常核算，仓库应登记材料卡片、库存明细账（数量账），材料核算岗位登记既有数量又有金额的明细账；财会部门根据入库单、验收单、付款通知单、付款凭证编制记账凭证，登记存货账簿及有关账簿，月末材料核算岗位和仓库管理岗位进行核对。

### （六）存货内部稽核内部控制

应保证采购业务的记录正确，做到账账、账表、账实相符。月末将入库单与材料明细账核对，清理在途料（结转材料成本差异），同时材料明细账还应与库存明细账、总账核对，由内部稽核人员复核记账凭证和原始凭证是否符合内部控制程序和会计制度。

### （七）存货内部审计

应保证存货业务合同有效，保管安全，付款正确，会计核算准确，各部门资料反映真实可靠。由内部审计人员抽查存货采购合同，审查合同是否经过授权、是否有效，同时审查在途存货，审核各部门核算是否正确，各部门反映的数据是否相符，有无违反规定程序和舞弊行为，还要对存货的内控措施进行评价。

## 四、存货领用内部控制

### （一）存货领用审批内部控制

存货领用应制定定额，同时经批准才能进行。领用的材料应有技术部门根据工程设计核定的消耗定额，属于间接费用的消耗、修理用料等，应编制计划或核定费用定额，生产经营部门根据计划、定额填制限额领料单向仓库领料。仓库根据限额领料单发货。存货领用须经部门负责人审批签字。超定额领料必须办理相关手续。

### （二）存货发出内部控制

应保证存货领用无误，手续齐全。仓管要审核领料单，双方要检查数量和质量，并签字或盖章。材料发出后，保管人员要登记材料卡片及库存明细账，并转材料核算岗位进行汇兑核算。

### （三）存货领用核算内部控制

应保证存货领用业务记录真实，领发无误。要求仓管员发货后及时登记存货台账；财会部门的材料核算岗位及时按用途汇总分配，汇总领料单（分摊材料成本差异），分类制证，登记有关账务。

### （四）存货领用内部稽核

应保证存货安全，记录正确。由内部稽核人员审核领料单，核对收发凭证和存货台账，检查收发记录和结存余额，查看存货的领用会计核算是否准确。

### （五）存货盘点及处理内部控制

应保证存货账实相符。仓管员应定期盘点库存存货，编制存货盘点表，并提出处理意见。财会部门年底应抽查存货盘点表，对于生产经营中已无转让价值的存货及其他足以证明已无实用价值和转让价值的存货，根据主管领导和相关部门批准的处理意见，同仓管员共同调整存货账务，以确保账实相符。

### （六）存货领用内部审计

应保证存货安全、账实相符、核算准确。由内部审计人员抽查存货盘点表，监督存货盘点，审核存货的保管部门和日常核算是否准确，各部门的数据是否相符，有无违反规定程序和舞弊行为；还要对存货领用的内部控制进行评价。

## 五、存货的仓储管理

仓管员对经检验合格的材料，应及时按规格，型号堆放在规定的地点。经常进行物资保养检查，对于存放物资，必须定期进行防火防潮检查，防止仓库物资霉烂变质，保证质量完好。至少每月组织抽查一次，做好抽查记录，做到账、卡、物一致。对存放物资的库号、架、层、位四者统一编号，和账、卡上编号相统一，方便库区的管理。

如存储的是贵重物品、危险品等特殊物品（金银等贵金属、易燃易爆化学品、麻醉药品等），则需要限制无关人员接近。必要时，仓库内部还可执行授权接近。采购部门采购的特殊物品，必须当天交仓管员。经手的仓库管理人员应将收到物质立即存放在保险箱（专库）内，实行五双制管理，即双把锁、双人管、双人发、双人收、双人送。使用中特殊物品贯彻专材专用，结余缴库的原则。严加控制，做到账册清楚，手续齐备。

仓管人员应对所保管的物资加强盘点工作，每次收、发料后，应及时对这些材料的出入库单进行登记。定期盘点，做好盘点记录，分别报送财务部门和主管负责人备查。盘点中仓库物资发生盘盈、盘亏，或发生损坏、变质、过期失效，不能正常使用的情况，应检查分析原因，查明责任，采取措施。盈亏数经部门负责人确认后，要及时调整财务和仓库的账面数量，并同时报企业最高管理层处理。

# 第四节 无形资产和递延资产的管理

## 一、无形资产管理

无形资产是指那些不具有实物形态，能够在企业的生产经营中长期使用（发挥作用）的资产。

### （一）无形资产的内容

其内容主要包括：

（1）专利权。

（2）商标权。

（3）著作权。

（4）土地使用权。

（5）非专利技术。

（6）商誉。

### （二）无形资产的计价

（1）购入——按实际支付的价款作为原值。

（2）自创——按开发过程中发生的实际净支出作为原值。

（3）外单位投入——按合同约定和企业负担的费用作为原值。

（4）接受捐赠——按所附单据或参照市场评估作为原值。

需注意的问题：

（1）专利权如是外购的，其实际支付价款除买价外，还包括有关部门收取的相关费用等。如是自创的，没成功时先作为费用处理，成功后予以资本金化。

（2）商誉一般是自建的，不能作价入账，只有外购时才能入账。

## 二、递延资产

递延资产是指不能全部计入当年损益，应当在以后年度分期摊销的各项费用，包括开办费，以经营租赁方式租入的固定资产改良支出。

### （一）开办费管理

开办费是指企业在筹建期间发生的费用，包括筹建期间人员工资、办公费、培训费、差旅费、印刷费、注册登记费。

为取得各项固定资产、无形资产所发生的支出，筹建期间的汇兑损益，利息支出均不计入开办费。

### （二）以经营租赁方式租入固定资产的改良支出的管理

改良支出不应作为当期费用处理，而应作为递延资产管理，在租赁有效期限内分期摊入制造费或管理费。

# 第二章 管控工具

## 第一节 流程管控

### 一、费用报销付现工作流程

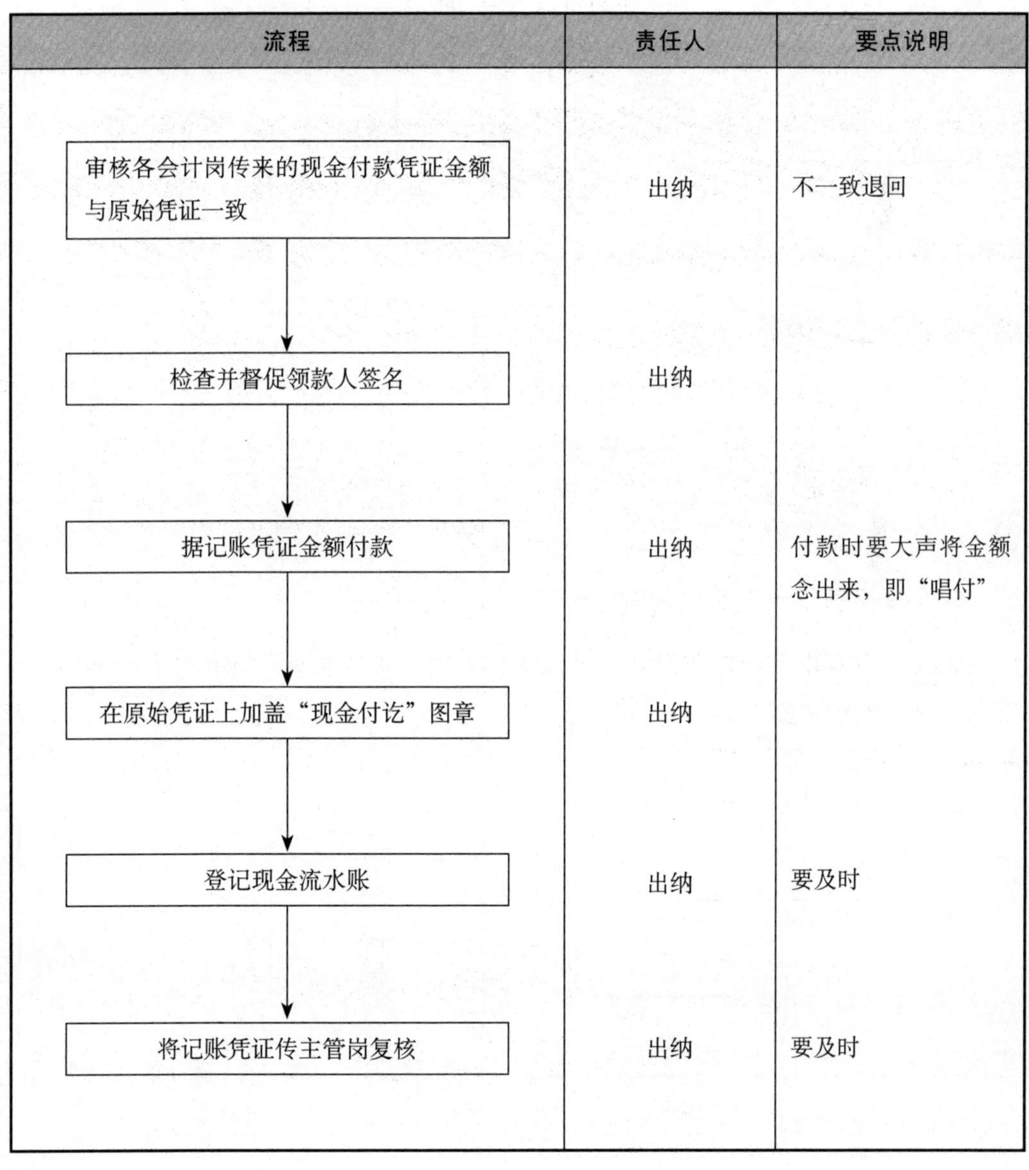

| 流程 | 责任人 | 要点说明 |
|---|---|---|
| 审核各会计岗传来的现金付款凭证金额与原始凭证一致 | 出纳 | 不一致退回 |
| ↓ 检查并督促领款人签名 | 出纳 | |
| ↓ 据记账凭证金额付款 | 出纳 | 付款时要大声将金额念出来，即“唱付” |
| ↓ 在原始凭证上加盖“现金付讫”图章 | 出纳 | |
| ↓ 登记现金流水账 | 出纳 | 要及时 |
| ↓ 将记账凭证传主管岗复核 | 出纳 | 要及时 |

## 二、出纳收现工作流程

| 流程 | 责任人 | 要点说明 |
| --- | --- | --- |
| 根据会计岗开具的收据(销售会计开具的发票)收款 | 出纳 | |
| ↓ 检查收据开具是否金额正确、大小写一致、有经手人签名 | 出纳 | 认真检查 |
| ↓ 在收据(发票)上签字并加盖财务结算章 | 出纳 | |
| ↓ 将收据第②联(或发票联)给交款人 | 出纳 | |
| ↓ 凭记账联登记现金流水账 | 出纳 | 摘要栏要详细 |
| ↓ 登记票据传递登记本 | 出纳 | 各项目填清楚 |
| ↓ 将记账联连同票据登记簿传相应岗位签收制证 | 出纳 | 要及时 |

## 三、人工费、福利费发放工作流程

| 流程 | 责任人 | 要点说明 |
|---|---|---|
| 凭人力资源部开具的支出证明单付款(包括车间工资差额、需以现金形式发放的奖金等款项) | 出纳 | 凭单付款 |
| ↓ 在支出证明单上加盖"现金付讫"图章 | 出纳 | 及时 |
| ↓ 登记现金流水账 | 出纳 | 及时 |
| ↓ 登记票据传递登记簿 | 出纳 | 及时 |
| ↓ 将支出证明单连同票据传递登记簿传工资福利岗签收制证 | 出纳 | 及时 |

## 四、现金存取及保管工作流程

| 流程 | 责任人 | 要点说明 |
|---|---|---|
| 按用款计划开具现金支票(或凭存折)提取现金 | 出纳 | 每天上午 |
| ↓ 保管现金、支付现金 | 出纳 | 安全、准确 |
| ↓ 盘点现金 | 出纳 | 及时 |
| ↓ 视库存现金余额送存银行 | 出纳 | 下午3:30 |

## 五、银行存款收款工作流程

| 流程 | 责任人 | 要点说明 |
|---|---|---|
| 整理销售会计传来的支票、汇票 | 出纳 | 及时 |
| ↓ 核查和补填进账单 | 出纳 | 及时 |
| ↓ 交主管岗背书 | 出纳 | 上午上班时 |
| ↓ 送交司机进账及取回单 | 出纳 | 及时 |
| ↓ 整理从银行拿回的回款单据 | 出纳 | 及时 |
| ↓ 将第一联与回执粘贴在一起 | 出纳 | 及时 |
| ↓ 在电脑中编制回款登记表并共享 | 出纳 | 及时 |
| ↓ 打　印 | 出纳 | 及时 |
| ↓ 将回款登记表连同回款单传销售会计 | 出纳 | 及时 |

## 六、日常性业务款项付款工作流程

| 流程 | 责任人 | 要点说明 |
| --- | --- | --- |
| 审核调节表中有无该部门前期未报账款项 |  | 根据付款审批单来审核 |
| ↓ |  |  |
| 开具支票（汇票、电汇） |  | 支票应完整，禁开空白金额、空白单位的支票 |
| ↓ |  |  |
| 登记支票使用登记簿 |  |  |
| ↓ |  |  |
| 将支票、汇票存根粘贴到付款审批单上（无存根的注明支票号及银行名称） |  | 及时 |
| ↓ |  |  |
| 加盖"转账"图章 |  | 及时 |
| ↓ |  |  |
| 登记单据传递登记簿 |  | 及时 |
| ↓ |  |  |
| 传相关岗位制证 |  | 及时 |

## 七、工资支付工作流程

| 流程 | 责任人 | 要点说明 |
|---|---|---|
| 根据工资岗位开具的付款审批单开具支票 |  | 经财务部经理签字 |
| ↓ 填写进账单 |  | 要认真 |
| ↓ 连同工资盘送银行 |  | 及时 |
| ↓ 登记支票使用登记簿 |  | 及时 |
| ↓ 将支票存根粘贴到付款审批单上 |  | 及时 |
| ↓ 加盖“转账”图章 |  | 及时 |
| ↓ 登记单据传递登记簿 |  | 及时 |
| ↓ 工资福利岗 |  | 及时 |

## 八、固定资产、在建工程等长期资产投资支出基本流程

| 流程 | 责任人 | 要点说明 |
| --- | --- | --- |
| 填写资金申请单并签名 | 经办人 | 各栏目要清楚 |
| ↓ 项目经理审核签字 | 项目负责人 | |
| ↓ 部门经理审核签字 | 部门经理 | 按审批权限逐级进行 |
| ↓ 审批 | 总经理或授权人 | |
| ↓ 签批 | 董事长 | |
| ↓ 核准 | 财务负责人 | |
| ↓ 审核并编制记账凭证 | 财务部会计 | |
| ↓ 付款 | 出纳 | |

注：以上支出包括固定资产、在建工程等长期资产投资支出，对外长、短期投资和非经营性资金往来支出，日常经营管理费用支出，研发费用支出，采购支出。

## 九、存货取得业务控制流程

| 流程 | 责任人 | 要点说明 |
|---|---|---|
| 月度物资需求计划 | 生产部门计划人员 | 根据下月销售计划、生产计划和物资消耗定额 |
| 审批（否→返回月度物资需求计划；是→下一步） | 总经理或被授权经理 | |
| 制订采购作业计划 | 采购计划人员 | 根据物料管理系统采购提示和月度物资需求计划 |
| 审批（否→返回制订采购作业计划；是→下一步） | 授权审批人 | 按授权审签 |
| 选择供应商 | 采购员、生产、技术、质量、保管、财务部门 | 按内控要求 |
| 比价、洽谈、签约 | 采购员、审计部门、财务部授权审批人、总经理 | 按内控要求 |
| 供应商发货 | | |
| 验收是否合格（否→返回供应商发货；是→下一步） | 质量检验员、采购员、仓管员 | 不符要及时与供应商沟通 |
| 财务结算 | 会计、出纳 | 认真审核合同、发票与物料单 |

## 十、存货制造控制流程

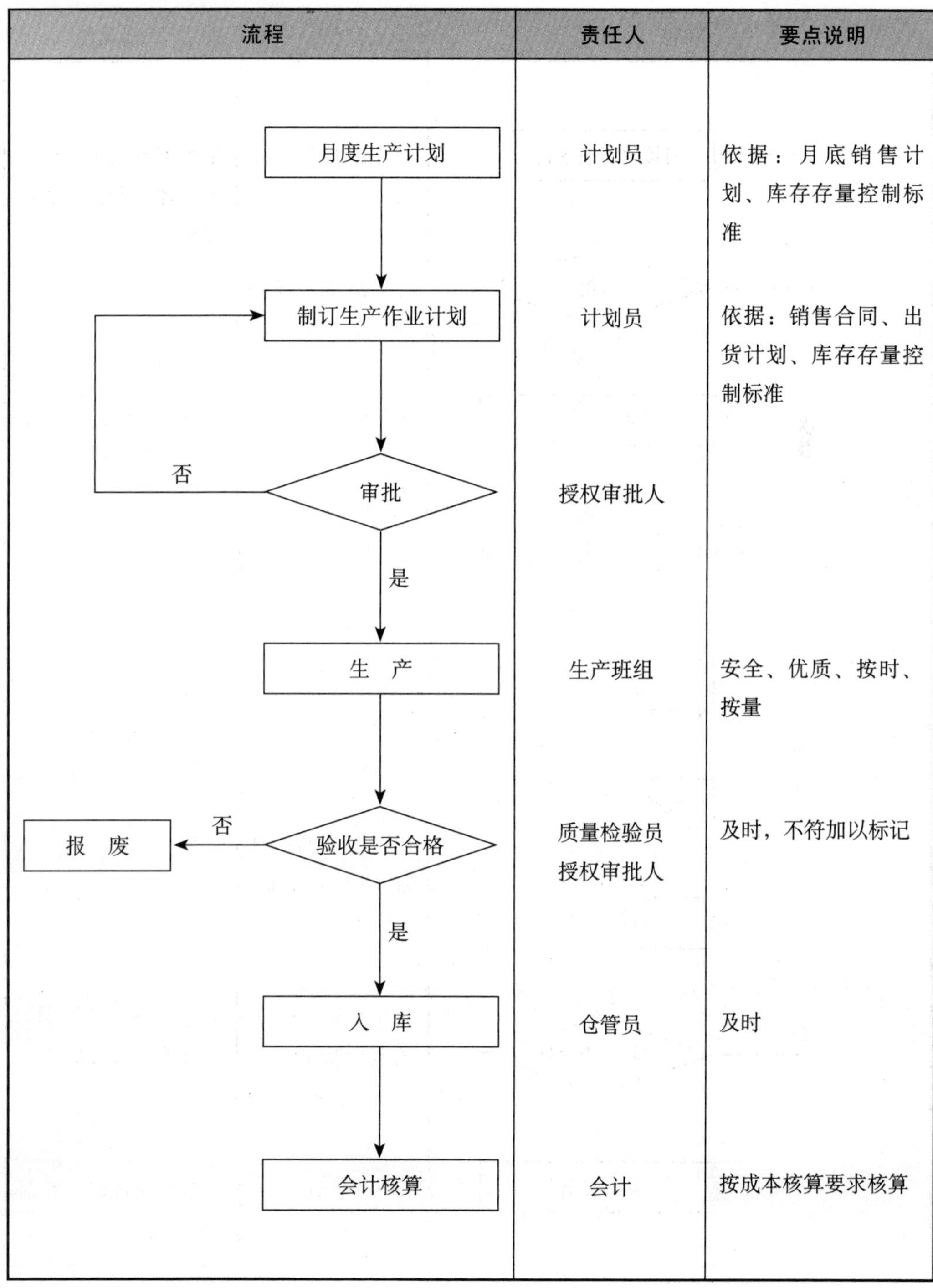

| 流程 | 责任人 | 要点说明 |
| --- | --- | --- |
| 月度生产计划 | 计划员 | 依据：月底销售计划、库存存量控制标准 |
| 制订生产作业计划 | 计划员 | 依据：销售合同、出货计划、库存存量控制标准 |
| 审批（否→制订生产作业计划；是→生产） | 授权审批人 | |
| 生　产 | 生产班组 | 安全、优质、按时、按量 |
| 验收是否合格（否→报　废；是→入　库） | 质量检验员<br>授权审批人 | 及时，不符加以标记 |
| 入　库 | 仓管员 | 及时 |
| 会计核算 | 会计 | 按成本核算要求核算 |

## 十一、固定资产外购业务流程

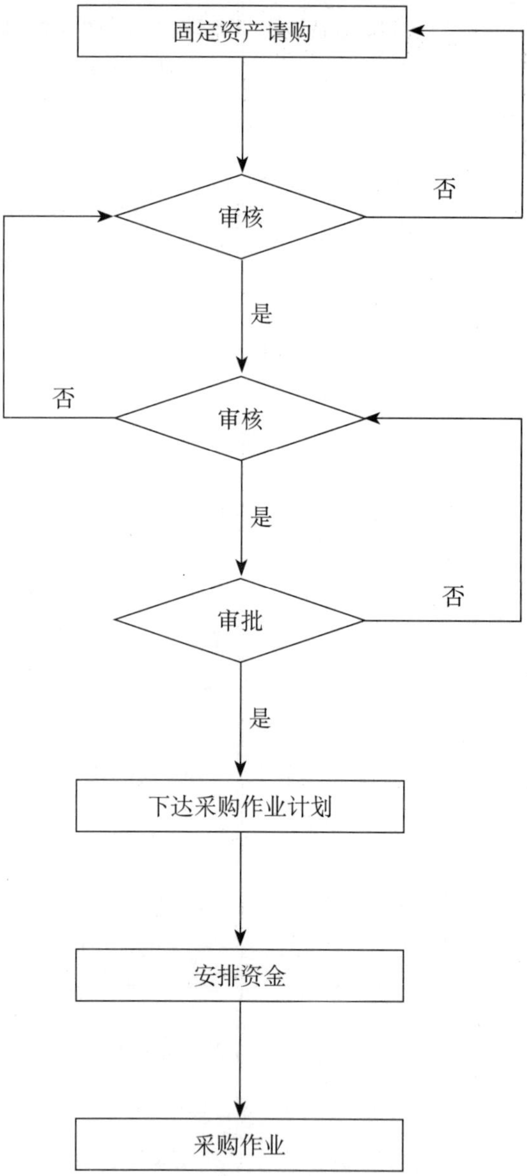

| 流程 | 责任人 | 要点说明 |
|---|---|---|
| 固定资产请购 | 使用部门 | 书面审请 |
| 审核（是→下一步；否→返回固定资产请购） | 基建部门 | 核实是否列入年度计划 |
| 审核（是→下一步；否→返回上一审核） | 财务部门 | 按相关制度进行合同审计 |
| 审批（是→下一步；否→返回上一审核） | 审批人 | 按公司授权 |
| 下达采购作业计划 | 基建部门 | 计划须经授权人批准 |
| 安排资金 | 财务部门 | 未批准项目不予安排 |
| 采购作业 | 采购部门 | 必须有3家以上供应商 |

## 十二、固定资产处置业务流程

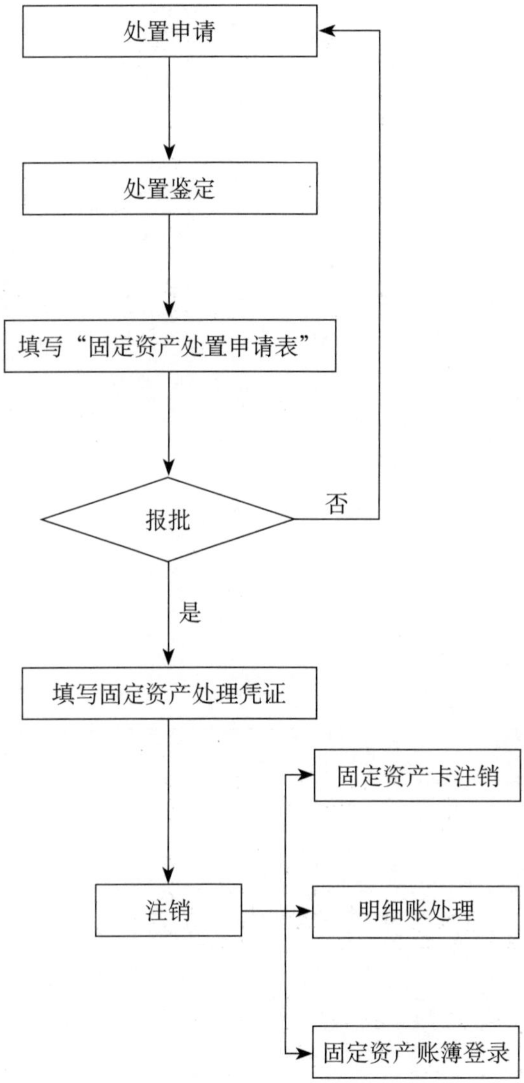

| 流程 | 责任人 | 要点说明 |
| --- | --- | --- |
| 处置申请 | 使用部门/固定资产管理部门 | 根据实际情况和不同类别来审请 |
| 处置鉴定 | 固定资产管理部门组织有关人员 | 要确保处置的合理性 |
| 填写“固定资产处置申请表” | 固定资产管理部门组织有关人员 | |
| 报批（否：返回处置申请；是：填写固定资产处理凭证） | 主管领导 | 按公司授权 |
| 填写固定资产处理凭证 | 财务部 | 摘要栏注明固定资产名称、型号 |
| 注销→固定资产卡注销 | 使用部门 | 及时 |
| 注销→明细账处理 | 资产管理部门 | 及时 |
| 注销→固定资产账簿登录 | 财务部 | 及时收取处置价款 |

## 十三、存货领用控制程序

| 流程 | 责任人 | 要点说明 |
| --- | --- | --- |
| 配方管理、定额管理 → 物料领用计划 | 计划员 | 依据：月度生产计划、其他相关计划 |
| 领料申请 | 领料员 | 须填写领料单 |
| 审批（否→领料申请；是→发料） | 班组长、部门经理 | 按审批权限审批 |
| 发　料 | 仓管员、领料员 | 认真核对材料名称、型号、数量 |
| 记　账 | 仓管员、会计 | 及时、准确 |

## 十四、存货处置控制流程

| 流程 | 责任人 | 要点说明 |
| --- | --- | --- |
| 确认 | 经管部门、质量部门、财务部 | 要认真核对 |
| 处置申请 | 经管部门、财务部门 | 填写处置申请单 |
| 审批（否→处置申请；是→处置） | 授权审批人 | 按授权审批 |
| 处置 | 处置部门、财务部门 | 办理相关手续，填写相关单据 |
| 会计处理 | 财务部门 | 及时正确 |

# 第二节　制度管控

## 一、货币资金内部控制制度

| | |
|---|---|
| 目　　的 | 为加强公司货币资金的内部控制，规范货币资金的管理，根据《中华人民共和国会计法》、《中华人民共和国公司法》、《企业会计准则》和《企业内部控制基本规范》等法律法规，特制定本制度。 |
| 适用范围 | 适用于本公司所有的现金、银行存款和其他货币资金的控制。 |
| 内　　容 | 1.货币资金内部控制的目标为：<br>（1）保证货币资金的安全性。<br>（2）保证货币资金的真实性和完整性。<br>（3）确保货币资金的效益性。<br>（4）确保货币资金的可动用性。<br>2.货币资金业务的职务分离<br>货币资金业务要有严格的职务分离，不能由一人完成货币资金业务的全部过程。其要求如下：<br>（1）货币资金的收付及保管只能由经授权的出纳人员来负责处理，其他人员不得接触支付前的任何现金。<br>（2）登记现金出纳备查簿的人员不能同时登记现金日记账及现金总分类账。<br>（3）负责应收账款的人员不能同时负责货币资金收入账的工作；负责应付账款的人员不能同时负责货币资金支出账的工作。<br>（4）负责保管支票簿的财务人员不能同时负责现金日记账和银行存款日记账。<br>（5）货币资金支出的审批人不能同时担任出纳人员、支票保管员和记账人员。 |

| | |
|---|---|
| 内　　容 | （6）负责收款的人员不能同时担任开具发票的工作。<br>（7）开具支票的人员不能同时保留全部银行预留印鉴。<br>3.货币资金收入的控制<br>（1）现金收入控制。<br>a.出纳人员在收到现金时，应仔细核对销货发票或营业收据同交来的现金金额是否一致。<br>b.各种收据必须事先按序编号，出纳人员应清点当天开出的所有收据并逐笔登记现金备查登记簿。<br>c.所有现金收入款项都应及时存入银行，不得坐支现金。<br>（2）电汇、信汇收入的控制。<br>a.银行人员上门送达的电汇单和信汇单，需由出纳人员与其办理签字登记手续，注明日期、经办人、单据类别和票面金额。<br>b.出纳人员根据收到的电汇单和信汇单，登记银行存款备查登记簿，并将单据交给记账人员记账。<br>c.出纳人员与记账人员应定期核对银行存款备查登记簿和银行存款日记账账面金额是否相符。<br>（3）支票收入的控制。<br>a.公司业务部门送达的支票，出纳应认真核对支票日期、金额、收款人等要素，并与其办理签字登记手续，注明日期、经办人、单据类别和票面金额。<br>b.出纳人员应及时填写进账单，连同当日收到的支票一起交给银行上门服务人员，解入银行。交接时出纳人员应同银行人员办理签字登记手续。<br>c.出纳人员根据银行回单及时逐笔登记银行存款备查登记簿，并将回单交由记账人员记账。<br>d.出纳人员与记账人员应定期核对银行存款备查登记簿和银行存款日记账账面金额是否相符。<br>（4）银行汇票收入的控制。<br>a.公司业务部门送达的银行汇票，需由出纳人员与其办理签字登记手续，注明日期、经办人、单据类别和票面金额。 |

| 内 容 | b.出纳人员应及时填写进账单，连同当日收到的银行汇票一起交给银行上门服务人员。交接时出纳人员应同银行人员办理签字登记手续。<br>c.出纳人员应在出票金额以内，根据实际需要的款项办理结算，并将实际结算金额和多余金额准确、清晰地填入银行汇票和解讫通知的有关栏内。<br>d.出纳人员应根据银行回单及时逐笔登记银行存款备查登记簿，并将进账单交由记账人员记账。<br>e.出纳人员与记账人员应定期核对银行存款备查登记簿和银行存款日记账账面金额是否相符。<br>（5）银行承兑汇票收入的控制。<br>a.公司业务部门送达的银行承兑汇票，需由出纳人员审核书面记载事项及背书内容的完整性，与其办理签字登记手续，注明接收日期、到期日、经办人、单据类别和票面金额。<br>b.出纳人员在收到银行承兑汇票之后，应留取复印件并登记相关事项备查。在汇票到期日前十天将已加盖好公司银行预留印鉴的银行承兑汇票连同托收委托书一起及时送交银行以便转账收款。<br>c.出纳人员应根据银行入账通知单及时逐笔登记银行存款备查登记簿，并将进账单交由记账人员记账。<br>d.出纳人员与记账人员应定期核对银行存款备查登记簿和银行存款日记账账面金额是否相符。<br>4.货币资金支出的控制<br>（1）现金支出控制。<br>a.公司支出现金的范围是：<br>——职工工资、津贴。<br>——个人劳务报酬。<br>——出差人员必须随身携带的差旅费。<br>——各种劳保、福利费用以及国家规定的对个人的其他支出。<br>b.工资的现金支出，由财务部工资及住房公积金核算岗位人员根据人力资源部提交的“工资核定表”制作“工资发放表”，由出纳人员办理支付手续。 |
|---|---|

<table>
<tr><td>内　容</td><td>c.各部门（中心）、事业部的零星开支，在预借现金或报销时，必须首先由各部门（中心）、事业部经办人员填制借款单或报销单，根据公司资金使用审批权限的规定履行各项审批流程。<br>d.预借现金时，出纳人员应根据批准后的借款单支付现金。报销时，出纳人员需得到审核岗位人员签字同意的报销单后支付现金。<br>e.出纳人员应根据借款单和报销单，连续逐笔登记现金备查登记簿，记录现金支出的时间、用途和金额。<br>（2）现金支票支出控制。<br>a.空白支票应妥善保管。有权签署支票人员不能保管空白支票。<br>b.提取现金时，由出纳人员填写现金支票必填事项，交由审核岗位人员审查，加盖银行预留印鉴后，送交银行上门服务人员。交接时出纳人员应同银行人员办理签字登记手续。<br>c.任何有文字或数字更改的支票应予作废，加盖“作废”戳记，登记支票作废备查簿。作废的支票应妥善保管并定期整理交回开户银行。<br>（3）转账支票及银行汇款支出控制。<br>a.各部门（中心）、事业部如需对外支付款项，应根据公司资金使用审批权限和合同管理办法的规定履行各项审批流程。<br>b.出纳人员应根据经审批的合同、原始票据、报销凭证或借款单开具转账支票或办理银行汇款业务。<br>（4）银行承兑汇票支出控制。<br>a.业务部门如需对外给付银行承兑汇票，需先填写工作请示报告卡，经总经理审批通过后交出纳人员办理。业务部门需提供接收汇票方的详细账户信息、相关发票的复印件及相关合同复印件。<br>b.出纳人员应对开出的银行承兑汇票留取复印件并进行登记，并保证在开出的银行承兑汇票到期前将足够的款项存入开票银行账户。</td></tr>
</table>

| | |
|---|---|
| 内　　容 | c.如需将收到的银行承兑汇票背书转让，应按照资金审批权限和合同管理办法规定，办理各项审批手续。由出纳将票据交由审核岗位人员加盖银行预留印鉴。财务部留复印件后将汇票交给被背书人。<br>5.银行账户的控制<br>（1）银行账户的开设和注销应由财务部办理，需提交财务总监审核后报总经理批准。<br>（2）负责编制银行存款余额调节表和登记银行存款备查登记簿的人员不能同时负责编制货币资金收入、货币资金支出收付款凭证业务。<br>（3）负责银行往来账调节的人员应直接从银行取得银行对账单，并按月将银行对账单同银行存款日记账进行核对调节，编制银行存款余额调节表。<br>6.货币资金预算的控制<br>（1）货币资金预算编制人员应同货币资金收付和货币资金记账人员分离。<br>（2）货币资金预算应以销售收入预算为出发点，运用货币资金收支法对预算期内货币资金收入和货币资金支出分别进行列示，通过对公司的货币资金收入及货币资金支出总额的预测，测算出期末货币资金结余情况。<br>（3）预算编制完毕，财务部应认真监督预算的执行，并定期将经营过程中实际货币资金收支的结果与预算比较，并查找原因。<br>7.现金的盘点与清查<br>（1）出纳人员应做到现金的日清月结。<br>（2）公司财务部经理应不定期组织人员对库存现金进行盘点检查，至少每两个月进行一次，盘点现金实存数，同时编制“库存现金盘点表”，将盘点金额与当日现金日记账余额进行核对，如有差异，公司财务部经理应及时组织人员查明原因，并上报财务总监做出相应处理意见。 |

## 二、固定资产内部控制制度

| 目　　的 | 为加强公司固定资产的内部控制，规范固定资产的管理，特制定本制度。 |
|---|---|
| 适用范围 | 适用于公司为生产商品、提供劳务、出租或经营管理持有的，且使用寿命超过一个会计年度的房屋、建筑物、机器、设备、器具、工具等资产的管理。 |
| 内　　容 | 1.固定资产内部控制目标<br>（1）保证固定资产取得的合理性。<br>（2）保证固定资产计价的正确性。<br>（3）保证固定资产的安全完整和合理的保养维护。<br>（4）保证固定资产折旧、损耗和摊销方法的合理性和计算的正确性。<br>2.固定资产业务所涉及的环节<br>（1）固定资产预算。<br>（2）固定资产取得和验收。<br>（3）固定资产记录、核算。<br>（4）固定资产折旧和减值准备的计提。<br>（5）固定资产维护保养。<br>（6）固定资产修理。<br>（7）固定资产盘点清查。<br>（8）固定资产报废清理及处置。<br>3.固定资产业务需要的职务分离<br>（1）固定资产投资预算的编制与固定资产预算审批分离。<br>（2）固定资产投资预算的编制与固定资产的采购分离。<br>（3）固定资产的取得、验收与款项支付分离。<br>（4）固定资产投保的申请与审批分离。<br>（5）固定资产的保管与清查分离。<br>（6）固定资产处置的申请与审批、审批与执行分离。<br>（7）固定资产业务的审批、执行与相关会计记录分离。 |

内　容

（8）固定资产的盘点工作不能仅由使用人员或保管人员或仅由负责记账的人员进行，应由三方共同参加。

4.固定资产内部控制内容

（1）固定资产的预算编制。

公司各部门（中心）、事业部根据公司下发的年度经营计划（预算）确定本部门（中心）、事业部对固定资产的需要，按照《预算管理办法》编制固定资产预算。各部门预算由财务部负责归集并上报总经理办公会审批后执行。

（2）固定资产的取得。

固定资产的取得必须依据预算进行，对于实际支出超出预算的事项以及未列入预算的事项，必须履行预算追加程序。

**固定资产取得的控制**

| 类别 | 预算要求 |
| --- | --- |
| 外购固定资产 | 根据具体情况，由营销中心、办公室或购买申请人自行采购，具体采购的划分以及采购审批流程按照公司“固定资产管理制度”及“采购和供方控制程序”执行 |
| 内部领用的固定资产 | 由领用申请人在公司办公系统上发起“公司计算机设备领用”流程，填写“公司计算机设备领用登记表”，经固定资产管理人员、领用部门领导、办公室主管、公司主管领导审核批准后领用 |
| 自行建造的固定资产 | 在项目建造前应编制项目预算表及预算控制簿，发生的成本应在预算控制簿上分项逐笔记录，并定期与预算金额进行核对，作为核算固定资产成本的依据<br>公司财务部应当按照《企业会计准则》规定，及时确认固定资产的建造成本。对于尚未及时办理竣工验收手续，但已达到预定可使用状态的固定资产，应及时将在建工程转为固定资产核算 |

| 内 容 | （3）固定资产的验收。<br>公司应建立严格的固定资产交付使用验收制度，确保固定资产数量、质量等符合使用要求。固定资产交付使用的验收工作由固定资产管理部门、使用部门及相关部门共同实施。 |
|---|---|

**固定资产验收的控制**

| 取得方式 | 验收要求 |
|---|---|
| 外购的固定资产 | 应当根据合同、供应商发货单等对所购固定资产的品种、规格、数量、质量、技术要求及其他内容进行验收，出具验收单或验收报告。验收合格后方可投入使用 |
| 自行建造的固定资产 | 在固定资产建造过程中，应由项目管理部门监督建造或安装的进度、数量和质量，并进行各种技术测试。监督、测试工作应形成文字记录，作为工程验收合格证书的附件妥善保管。项目在投入使用前，应由项目管理部门、固定资产管理部门及使用部门共同填制固定资产移交使用验收单，移交使用部门使用 |
| 投资者投入、接受捐赠、债务重组、企业合并、非货币性资产交换以及其他方式的固定资产 | 应办理相应的验收手续。公司对经营租赁、借用、代管的固定资产应设立登记簿记录备查，避免与本公司财产混淆，并应及时归还 |

（4）固定资产的记录、核算。

a.公司固定资产分为房屋建筑物、通用设备、专用设备、运输设备和其他设备五类。

b.办公室设置固定资产卡片，按固定资产类别、使用部门和单项资产负责人对固定资产的实物数量、价值、使用及维修状况、存放地点等情况进行日常管理和控制。

c.财务部设置固定资产总账，并按固定资产类别设置固定资产明细账，总账与明细账金额应定期进行核对。

<table>
<tr><td>内　　容</td><td>d.固定资产的增减变化均应有充分依据和原始凭证，财务人员在登记各类资产明细账时，对原始凭证应进行复核，保证资产计价正确。<br>e.财务人员应将已经支付的金额及时记入明细账中，定期同批准的固定资产预算中某一分项目预算额相比较，对差异应作专门的分析调查。<br>f.租入的固定资产应记录在固定资产备查簿上，内容包括租入资产的简要说明、存放地点、鉴别编号和资产拥有者，租赁合同的副本应同租入资产的备查簿一起交由固定资产管理部门保管。<br>g.与固定资产有关的后续支出，应按照《企业会计准则》等有关规定，正确划分收益性支出和资本性支出，分别确认为费用或计入固定资产账面价值。<br>（5）固定资产计提折旧和减值准备。<br>a.根据公司会计政策和《企业会计准则》，公司固定资产折旧方法采用平均年限法。固定资产的预计净残值为固定资产原值的5%。<br>b.固定资产使用寿命应根据公司会计政策确定。<br>c.若发现估计的使用年限或残值与实际情况有很大差异，则应对折旧和留存收益做出适当的调整。<br>d.公司期末对固定资产逐项进行检查，由于市价持续下降，或技术陈旧、损坏、长期闲置不用等原因导致其可收回金额低于账面价值的，将可收回金额低于账面价值的差额计提固定资产减值准备。<br>（6）固定资产的维护保养。<br>公司固定资产使用部门负责对固定资产的日常维护与保养，根据生产经营情况，制订维护保养计划，定期对固定资产进行维护与保养。对于非正常损坏和丢失，责任人应根据具体情况酌情赔偿。<br>（7）固定资产的修理。<br>a.固定资产的修理分为小修理和大修理。大修理是指房屋建筑物的翻修、改建、改造，机器设备全面拆卸更换主要部件等。此外均为小修理。</td></tr>
</table>

| | |
|---|---|
| 内　　容 | b.机器设备及房屋建筑物的小修理由使用部门提出并组织实施，各固定资产使用部门按照公司资金使用审批权限的规定履行相关审批手续后，财务部审核岗位人员查验单据的真实性，数量、金额的准确性并签章后，由出纳支付款项。发生的费用一次性记入使用部门的成本、费用。<br>c.对于需要大修理的固定资产，由使用部门提出固定资产的大修计划，按照公司资金使用审批权限和合同审批管理流程的规定，经授权批准后实施。固定资产的大修理支出通常不符合固定资产的确认条件，发生的费用直接计入当期损益。<br>（8）固定资产的盘点清查。<br>a.由办公室会同财务部每年至少在年终进行一次固定资产的清查、盘点。<br>b.盘点人员根据固定资产的使用部门和存放地点对公司固定资产逐一进行盘点，编写顺序编号的固定资产盘点表，详细记录每项固定资产的数量、存放地点、使用部门、目前使用状况等，盘点人员应在盘点表上签字。<br>c.盘点结束后，盘点人员应将盘点表与固定资产台账、固定资产明细账进行核对，如发现差异或固定资产已处于不能正常使用状态，由办公室固定资产负责人组织相关人员查明原因并出具书面报告，对固定资产的盘盈、盘亏提出处理意见，并履行相应的决策程序后交财务部进行账务处理。<br>（9）固定资产的处置。<br>a.对符合公司《固定资产管理制度》报废条件的固定资产，由使用部门向办公室提出申请，办理报废手续。<br>b.固定资产的报废清理由办公室固定资产负责人编制固定资产报废清理通知单，内容包括：固定资产卡片上记载的内容、报废理由、估计清理费用、估计残值等。<br>c.固定资产单位价值在1万元以上的报废和调出，经办公室和财务部审核，报公司主管领导批准后由办公室办理。对于1万元以下物品的报废，经办公室和财务部审核后，方可办理。<br>d.财务部收到报废清理通知单后，应审查是否经过相应审批人审批签字，并及时进行账务处理。 |

| | |
|---|---|
| 内　容 | e.对符合转让条件的固定资产，按报废审批程序办理，原则上要求有偿转让。<br>f.对符合报废原则、已经报废的固定资产，由办公室固定资产管理人员登记固定资产报废备查簿，并进行实物管理。若已报废的固定资产发生有偿转让，应将转让收入及时交存财务部入账。<br>g.公司出租、出借固定资产，由固定资产管理部门会同财务部拟订方案，报公司主管领导批准后办理相关手续，签订出租、出售合同。合同应当明确固定资产出租、出借期间的修缮保养、税费缴纳、租金及运杂费的收付，归还期限等事项。<br>h.公司内部调拨固定资产，由固定资产管理部门填制固定资产内部调拨单，由调入、调出部门、固定资产管理部门和财务部的负责人签字后，方可办理固定资产交接手续。 |

## 三、固定资产管理制度

| | |
|---|---|
| 目　的 | 为加强固定资产的保管及使用管理，特制定本制度。 |
| 适用范围 | 公司固定资产是指为生产商品、提供劳务、出租或经营管理持有的，且使用寿命超过一个会计年度的房屋、建筑物、机器、设备、器具、工具等。 |
| 内　容 | 1.固定资产分类<br>为了便于对固定资产的核算和管理，公司固定资产按其经济用途和使用情况分为以下五类：<br>（1）房屋及建筑物，包括办公用房、职工宿舍、其他用房等各种建筑物及附属设施。<br>（2）通用设备，包括各种办公设备（如复印机、传真机、计算机、打印机等）、通信设备等。<br>（3）专用设备，包括各种研发及生产专用设备。 |

| 内　容 | （4）运输设备，包括各种办公用车辆。<br>（5）其他设备，包括办公家具等其他设备。<br>2.固定资产的管理部门<br>公司固定资产由办公室负责管理，其管理及保养细则由办公室会同各使用部门自行制定，公司财务部对其进行监督。<br>3.固定资产价值构成<br>固定资产应按其取得时的成本及预计的处置费用折现值入账。固定资产取得时的成本应根据具体情况分别确定：<br>（1）外购固定资产的成本包括买价、增值税、进口关税等相关税费，以及为使固定资产达到预定可使用状态前所发生的可直接归属于该资产的其他支出，如场地整理费、运输费、装卸费、安装费和专业人员服务费等。<br>如果以一笔款项购入多项没有单独标价的固定资产，按各项固定资产公允价值的比例对总成本进行分配，分别确定各项固定资产的入账价值。<br>（2）自行建造的固定资产，按建造该项资产达到预定可使用状态前所发生的必要支出，作为入账价值。<br>（3）融资租入的固定资产，其入账价值按《企业会计准则——租赁》的规定确定。<br>（4）非货币性交易中取得的固定资产，其入账价值按《企业会计准则——非货币性交易》的规定确定。<br>（5）投资者投入的固定资产，按投资各方确认的价值，作为入账价值。<br>（6）债务重组中取得的固定资产，其入账价值按《企业会计准则——债务重组》的规定确定。<br>（7）接受捐赠的固定资产，按以下规定确定其入账价值：<br>a.捐赠方提供了有关凭据的，按凭据上标明的金额加上应当支付的相关税费，作为入账价值。<br>b.捐赠方没有提供有关凭据的，按以下顺序确定其入账价值：<br>——同类或类似固定资产存在活跃市场的，按同类或类似固定资产市场价格估计的金额，加上应当支付的相关税费，作为入账价值。 |
|---|---|

| 内　容 | ——同类或类似固定资产不存在活跃市场的，按接受捐赠固定资产的预计未来现金流量现值，作为入账价值。<br>如接受捐赠的是旧的固定资产，按依据上述方法确定的新固定资产价值，减去按该项资产的新旧程度估计的价值损耗后的余额，作为入账价值。<br>（8）盘盈的固定资产，按以下规定确定其入账价值：<br>a.如果同类或类似固定资产存在活跃市场的，按同类或类似固定资产的市场价格，减去按该项资产的新旧程度估计的价值损耗后的余额，作为入账价值。<br>b.如果同类或类似固定资产不存在活跃市场的，按该项固定资产的预计未来现金流量现值，作为入账价值。<br>（9）应当计入固定资产成本的借款费用，按《企业会计准则——借款费用》的规定处理。<br>（10）发生的后续支出若符合确认固定资产的两个特征，则应将其计入该项固定资产的入账价值。若后续支出属固定资产重要组成部分，则后续支出单独计价并按固定资产预计后续的使用年限计提折旧；若后续支出属固定资产非重要组成部分，则后续支出与固定资产一并计价，重新测算使用年限，计提折旧。<br>4.在建工程的核算<br>（1）公司为在建工程准备的各种物资，应当按照实际支付的买价、增值税额、运输费、保险费等相关费用，作为实际成本，并按照各种专项物资的种类进行明细核算。<br>工程完工后剩余的工程物资，如转作公司库存材料的，按其实际成本或计划成本，转作公司的库存材料。如可抵扣增值税进项税额的，应按减去增值税进项税额后的实际成本或计划成本，转作公司的库存材料。<br>盘盈、盘亏、报废、损毁的工程物资，减去保险公司、过失人赔偿部分后的差额，对于工程项目尚未完工的，计入或冲减所建工程项目的成本；工程已经完工的，计入当期营业外收支。<br>（2）公司的在建工程，包括施工前期准备、正在施工中的建筑工程、安装工程、技术改造工程、大修理工程等。工程项目较多且工程支出较大的公司，应当按照工程项目的性质分项核算。 |
|---|---|

| | |
|---|---|
| 内　　容 | 在建工程应当按照实际发生的支出确定其工程成本，并单独核算。<br>（3）公司的自营工程，应当按照直接材料、直接人工、直接机械施工费等计量；采用出包工程方式的公司，按照应支付的工程价款等计量。设备安装工程，按照所安装设备的价值、工程安装费用、工程试运转等所发生的支出确定工程成本。<br>（4）工程达到预定可使用状态前因进行试运转所发生的净支出，计入工程成本。公司的在建工程项目在达到预定可使用状态前所取得的试运转过程中形成的、能够对外销售的产品，其发生的成本，计入在建工程成本，销售或转为库存商品时，按实际销售收入或按预计售价冲减工程成本。<br>（5）在建工程发生单项或单位工程报废或损毁，减去残料价值和过失人或保险公司等赔款后的净损失，计入继续施工的工程成本；如为非常原因造成的报废或损毁，或在建工程项目全部报废或损毁，应将其净损失直接计入当期营业外支出。<br>（6）所建造的固定资产已达到预定可使用状态，但尚未办理竣工决算的，应当自达到预定可使用状态之日起，根据工程预算、造价或者工程实际成本等，按估计的价值转入固定资产，并按本制度关于计提固定资产折旧的规定，计提固定资产的折旧。办理竣工决算手续后，如与估计的价值不相符的，应进行账务调整。<br>5.固定资产的折旧<br>（1）除以下情况外，企业应对所有固定资产计提折旧：<br>a.已提足折旧仍继续使用的固定资产。<br>b.按照规定单独估价作为固定资产入账的土地。<br>（2）公司根据固定资产所含经济利益预期实现方式选择折旧方法，可选用的折旧方法包括年限平均法、工作量法、双倍余额递减法或者年数总和法。<br>（3）公司按月计提折旧，并根据用途分别计入相关资产的成本或当期费用。<br>在实际计提固定资产折旧时，当月增加的固定资产，当月不提折旧，从下月起计提折旧；当月减少的固定资产，当月仍提折旧，从下月起停止计提折旧。 |

| 内　容 | （4）公司定期对固定资产的使用寿命进行复核。如果固定资产使用寿命的预期数与原先的估计数有重大差异，则相应调整固定资产折旧年限。<br>（5）公司定期对固定资产的折旧方法进行复核。如果固定资产包含的经济利益的预期实现方式有重大改变，则相应改变固定资产折旧方法，并在会计报表附注中予以说明。<br>6.固定资产的修理<br>公司应当定期对固定资产进行大修理，大修理费用可以采用预提或待摊的方式核算。大修理费用采用预提方式的，应当在两次大修理间隔期内各期均衡地预提预计发生的大修理费用，并计入有关的成本、费用；大修理费用采用待摊方式的，应当将发生的大修理费用在下一次大修理前平均摊销，计入有关的成本、费用。<br>固定资产日常修理费用，直接计入当期成本、费用。<br>7.固定资产编号<br>固定资产取得后，须立即到办公室办理登记手续，办公室进行资产条形码编号并粘贴样签。<br>8.固定资产移交<br>公司人员调动时，对于调离人员使用的固定资产，应依公司有关规定到公司办公室办理移交手续。<br>9.固定资产盘点<br>公司办公室应会同财务部至少每年盘点一次固定资产，编写固定资产盘点表，详细记录每项固定资产的数量、存放地点、使用部门、目前使用状况等。盘点人员应将盘点表与固定资产台账或卡片、固定资产明细账进行核对，如发现差异或固定资产已处于不能正常使用状态，由办公室固定资产管理人员组织相关人员查明原因并出具书面报告，上报公司董事会批准。<br>由于公司年度董事会的召开时间迟于年度财务决算时间，财务部在进行年终财务决算时，可根据实际情况将盘盈、盘亏或损毁的固定资产进行账务处理，并在会计报表附注中作出说明。 |
|---|---|

| 内　　容 | 公司盘盈、盘亏或损毁的固定资产应向董事会书面报告，书面报告包括以下内容：盘盈、盘亏或损毁数额、形成的过程和原因、对公司财务状况和经营成果的影响、董事会认为必要的其他书面材料。书面报告经董事会逐项表决通过后，如有与年终财务决算时计提的固定资产减值准备和核销的固定资产损失不符的，财务部根据董事会决议调整相关财务数据和财务报表。<br>处置某项固定资产时，应结清该固定资产的账面价值，并根据处置方式的不同进行相应的会计处理：<br>（1）出售、报废、损毁的固定资产以及捐赠转出的固定资产应通过“固定资产清理”科目核算。<br>（2）盘盈的固定资产应作为前期差错记入“以前年度损益调整”科目核算。<br>（3）盘亏的固定资产，通过“待处理财产损溢”科目核算，盘亏造成的损失，通过“营业外支出”科目核算。<br>（4）以固定资产清偿债务、投资转出的固定资产、以非货币性交易换出的固定资产，分别按照债务重组、投资、非货币性交易会计准则的规定处理。<br>10.固定资产的减值准备<br>（1）公司应当于期末对固定资产进行检查，如发现存在下列情况，应当计算固定资产的可收回金额，以确定资产是否已经发生减值：<br>a.固定资产市价大幅度下跌，其跌幅大大高于因时间推移或正常使用而预计的下跌，并且预计在近期内不可能恢复。<br>b.公司所处经营环境，如技术、市场、经济或法律环境，或者产品营销市场在当期发生或在近期发生重大变化，并对公司产生负面影响。<br>c.同期市场利率等大幅度提高，进而很可能影响公司计算固定资产可收回金额的折现率，并导致固定资产可收回金额大幅度降低。<br>d.固定资产陈旧过时或发生实体损坏等。 |
|---|---|

| 内 容 | e.固定资产预计使用方式发生重大不利变化，如公司计划终止或重组该资产所属的经营业务、提前处置资产等情形，从而对公司产生负面影响。<br>f.其他有可能表明资产已发生减值的情况，如资产经济绩效或创造的净现金流量低于预期。<br>如果固定资产的可收回金额低于其账面价值，公司应当按可收回金额低于账面价值的差额计提固定资产减值准备，并计入当期损益。<br>（2）已计提减值准备的固定资产，应当按照该固定资产的账面价值以及尚可使用寿命重新计算确定折旧率和折旧额。因固定资产减值准备而调整固定资产折旧额时，对此前已计提的累计折旧不作调整。<br>（3）如果有迹象表明以前期间据以计提固定资产减值的各种因素发生变化，使得固定资产的可收回金额大于其账面价值，前期已计提的减值准备不得转回。<br>11.固定资产价值变动<br>固定资产的价值变动，具有下列情况之一者，可以调整固定资产的原始价值：<br>（1）根据国家规定对固定资产价值重新估价。<br>（2）拆除部分固定资产。<br>（3）根据实际价值调整原来的暂估价值。<br>（4）发现原固定资产计价有错误时，应对固定资产账面原始价值进行调整。<br>12.固定资产登记<br>公司办公室设置固定资产卡片或固定资产台账，按固定资产类别、使用部门和单项资产负责人对固定资产的实物数量、价值、使用及维修状况、存放地点等情况进行日常管理和控制。<br>13.转移的处理<br>固定资产的内部转移，由领用申请人在公司OA中提出申请并经部门（中心）、事业部经理以及办公室固定资产管理人员审核通过，经公司主管领导批准后办理领用。 |
|---|---|

| | |
|---|---|
| 内　　容 | 14.出租或外借处理<br>固定资产出租或外借，由出租或外借申请人在公司OA中提出申请，经部门（中心）、事业部经理以及办公室固定资产管理人员、财务部固定资产管理岗位人员审核通过，经公司主管领导批准后，制定相应的契约或租赁合同，契约或合同内容应包括修缮保养及税款负担、租金、运费、归还期限、保持原状、附属设备明细等，契约或合同副本送财务部以备核对。<br>15.闲置固定资产处理<br>固定资产管理部门至少每年应将经营上认为无利用价值的闲置固定资产予以整理，在公司OA中提交闲置固定资产处置意见经公司主管领导或总经理批准后，按核定的处理价格进行资产处理。 |

## 四、存货管理制度

| | |
|---|---|
| 目　　的 | 为加强存货管理，保证正常生产经营需要，提高存货使用效率，特制定本制度。 |
| 适用范围 | 适用于公司存货的管理。 |
| 内　　容 | 1.存货的范围<br>存货是企业生产经营过程中为销售或者耗用而储备的物资，包括原材料、包装物、低值易耗品、库存商品、委托加工物资、委托代销商品、受托代销商品及其他小额耗材等。<br>2.存货管理的岗位分离原则<br>（1）订货人员与复核、审批人员的岗位必须分离。<br>（2）订货人员与验收、存货保管人员岗位分离。<br>（3）存货保管人员、会计记账人员岗位分离。<br>（4）存货的盘点应由存货保管人员、会计记账人员及独立于这些岗位之外的人员共同进行。 |

<table>
<tr><td>内　容</td><td>3.存货的采购<br>（1）存货采购实行预算管理，每月25日前由各科室负责人向财务部报送下月采购预算。<br>（2）各公司存货采购一律通过供应部统一采购，各部门需采购存货时，应填写一式三份的“采购申请表”，列明其要求和建议，经部门负责人审批后交供应部。供应部根据公司采购流程实施采购。<br>4.存货的验收、入库<br>（1）外购入库。货物到货后，公司仓管应根据随货同行的送货单验收货物，需要确认货物是否为公司订单所订货物，实物货物是否与送货单一致，货物是否有损伤。验收无误后，仓管员应在送货单的返回联上签字确认，并录入进销存系统，经供应部负责人审核后打印“入库单”并签字，与送货单随货同行联一起传递到会计处进行二审和记账。审核人员审核时应重点核对送货单与入库单数量、金额是否一致。<br>（2）自制产成品。生产部门加工完毕移交于仓库的产品，由仓库部门认真验收合格后，填具产成品入库单，并经双方签字、确认。产品入库单一式四联，存根、仓库、财务、生产部门各一联。<br>（3）入库单（财务联）应传递及时，因人为原因在存货入库后一个月内尚未传于财务部，公司财务部对此事项将不予认可并拒绝付款，所造成的损失由经手人全权负责。<br>（4）购货发票应随同存货验收单、入库单及对方的送货单，由经手人、验收人、仓库记账员报分管副总经理审批，传财务部记账。<br>（5）仓库管理员应对验收后不符合要求的货物负责，如确属产品质量原因且是非人为失误所致，应及时与发货厂家确认退货事宜。<br>（6）供应部验收合格后的存货，应及时通知存货使用负责人，要求严格按存货保管要求及时送存仓库进行妥善存放，对存货的存放应按照到货先后顺序进行摆放，将最先到货物或有效期短的存货摆放在最前面，依此类推。</td></tr>
</table>

| 内容 | （7）存货入库后应建立存货档案，存货档案是指存货基本属性，主要包括存货的有效期、采购到货期、对应项目、规格等。<br>5.存货的发出<br>（1）销售商品的发出。<br>a.销售部销售人员在进销存模块中录入订单，列明其要求和建议。<br>b.仓管员根据订单生成销售出库单并发货，打印销售出库单一式五联。<br>c.销售出库单随货同行，货物送到客户处后，必须取得客户签字确认的销售出库单签收返回联，并及时送交财务开票。<br>d.仓库进销存账需每月与财务存货账核对，如有差异必须查明原因。一旦涉及到差异调整的，须按审批权限经由财务部批准后，方可调账。<br>（2）非销售商品的发出。<br>a.申购部门填写“领料申请单”，并按审批权限签字审核。<br>b.仓管员根据审核批准后的“领料申请单”发货，同时根据“领料申请单”性质在进销存模块中增加“生产领料单”或“其他出库单”，并由领料人在生产领料单上签字，并将其中的一联交予财务入账。<br>（3）子公司之间相互出入库。<br>a.子公司外购原材料原则上应按采购流程外部采购，特殊情况下须向其他子公司采购的，应处理如下：<br>销售子公司作销售出库，为与其他正常销售区别，销售子公司按售价记入“其他业务收入”，同时按购入价结转成本记入“其他业务支出”。<br>购入子公司按正常外购入库处理。<br>6.存货的盘点<br>（1）各子公司财务每月26日应组织对子公司所有原材料和库存商品进行盘点，盘点的结果与电脑系统进销存账核对，对各科室已领未用的原材料，应制作退料单，以保证当月成本的准确性。 |
|---|---|

| 内 容 | （2）存货盘点应由仓管人员及独立的会计记账人员和科室存货保管人员共同进行。所有盘点参与人员应对盘点结果进行签字确认；盘点结果应传真一份至集团财务管理中心备查。<br>7.存货报废制度<br>（1）存货报废申请。<br>存货需报废时，由仓管员填写“存货报废申请单”，并根据不同的情况，提供不同的存货损失认定资料，交部门主管审批。<br>a.对盘亏的存货，扣除责任人赔偿后的余额部分，需要提供的存货损失认定资料：<br>——存货盘点表。<br>——仓管员对于盘亏的情况说明。<br>——盘亏存货的价值确定依据（包括相关入库手续、相同相近存货采购发票价格或其他确定依据）。<br>b.对报废、损毁的存货，其账面价值扣除残值及保险赔偿或责任赔偿后的余额部分，需要提供的存货损失认定资料。<br>——单项或批量金额较小的存货由公司内部有关部门出具鉴定证明。<br>——单项或批量金额较大的存货，应取得国家有关技术部门或具有技术鉴定资格的中介机构出具的技术鉴定证明。<br>——涉及保险索赔的，应当有保险公司理赔情况说明。<br>——公司内部关于存货报废、损毁情况说明及审批文件。<br>——残值情况说明。<br>——公司内部有关责任认定、责任赔偿说明和内部核批文件。<br>c.对被盗的存货，其账面价值扣除保险理赔以及责任赔偿后的余额部分，需要提供的存货损失认定资料。<br>——向公安机关的报案记录，公安机关立案、破案和结案的有关证明材料。<br>——涉及责任人的责任认定及赔偿情况说明。<br>——涉及保险索赔的，应当有保险公司理赔情况说明。 |
|---|---|

| 内容 | （2）存货报废审批。<br>a.存货报废应由仓管员会同财务部门相关人员，对申请资料和实物进行实地盘查核实，并由部门主管副总经理进行审批。<br>b.损失金额超过人民币5000元以上的，需要上报集团财务总监进行审批。<br>c.公司因报废造成的财产损失，还需向主管税务机关申请审批，方可税前扣除。<br>（3）存货报废账务处理。<br>存货报废申请通过审批后，计入“待处理财产损失”，经税务机关审批后，转为“营业外支出”。 |
|---|---|

## 五、低值易耗品管理制度

| 目的 | 为了加强公司低值易耗品的管理，明确部门员工的职责，现结合公司实际情况，特制定本制度。 |
|---|---|
| 适用范围 | 适用于本公司低值易耗品的管理。 |
| 内容 | 1.低值易耗品定义<br>本公司公司低值易耗品包括：<br>（1）单位价值在500～2000元，使用年限在6个月以上的物品。<br>（2）单位价值在2000元以上，使用年限在6～12个月的。<br>（3）单位价值在2000元以上，使用年限在一年以上的，但因科技进步而价值消耗较快的物品也列入低值易耗品范围，如电脑及配件等。<br>（4）其他可界定为低值易耗品的。<br>2.低值易耗品的购置<br>（1）凡各部门需采购的物品，均须填写请购单或仪器请购单一式三份（经批准后请购部门、采购部、财务部各留一份），经主管领导批准后由供应部统一购进。 |

| 内容 | （2）采购应本着节省成本、价廉物美原则，不得谋私利。<br>（3）采购物品后，供应部凭发票和经签收的领用单向财务部报销。<br>3.低值易耗品的分类<br>购置低值易耗品后，为了便于日常管理，应对其按如下类型分类：<br>（1）办公用品类，如打印机、保险柜、传真机等。<br>（2）生活设施类，如冰箱、空调、洗衣机、电视机、吸尘器、微波炉、热水器等。<br>（3）电子设备类，如电脑主机、显示器、U盘、数码相机、投影仪等。<br>（4）其他类，如实验室或体检中心用的各种未达到固定资产标准的仪器设备，如诊断床、混合器、真空泵等。<br>4.物品领用与管理<br>（1）为使库存资金最小化，公司低值易耗品实行零库存管理，各部门需用低值易耗品时应至少提前一天将经有效批准的请购单提交供应部，由其统一采购。<br>（2）公司制定各级人员低值易耗品的需用标准和使用期限，并定期改进，依据各部门的工作特点适当倾斜、变通。<br>（3）供应部收到各部门的请购单后在接单人处签名确认，第一联退还交单人，留存第二联，将第三联交财务部资产管理员。资产管理员在收到供应部传递过来的请购单后应挑出其中符合低值易耗品定义的物品，制作“新增低值易耗品管理卡”，并在供应部发放低值易耗品前将“新增低值易耗品管理卡”和编号卡传递至供应部，供应部负责将编号贴在相应实物上，并补充完整“新增低值易耗品管理卡”，交领用人签收后方可发放。<br>5.物品调拨<br>低值易耗品调拨应填写调拨单，办理交接手续，并将调拨单传一份至财务部，否则，由此造成的低值易耗品损失由原责任人承担。 |
|---|---|

| | |
|---|---|
| 内　容 | 6.低值易耗品报废<br>低值易耗品报废时应由使用部门填写情况说明，由主管副总经理批准（电脑报废需经IT部鉴定），交行政、财务部门审核注销。<br>7.低值易耗品移交<br>职工调离，须移交所负责任低值易耗品或交回原物，否则按规定折价赔偿。<br>8.低值易耗品的摊销方法<br>低值易耗品采用“一次摊销法”。<br>9.低值易耗品的盘点<br>财务部应建立低值易耗品台账，详细列明低值易耗品名称、编号、使用部门、使用人、责任人、领用日期、预计使用期限、调拨情况、报废情况等，同时不定期对低值易耗品进行抽查盘点，每年11月中旬对低值易耗品进行全面盘点，发现盘盈（亏）应找出原因，并报公司批准后进行相关处理。<br>10.其他<br>（1）低值易耗品有关的保修卡等相关资料由使用部门指定专人负责保管并归档。<br>（2）使用人或者保管人应注意低值易耗品的日常保管和维护。 |

## 六、无形资产管理制度

| | |
|---|---|
| 目　的 | 为了规范本公司无形资产的确认、核算、计量、管理，特制定本制度。 |
| 适用范围 | 适用于本公司专利权、商标权、土地使用权、专有技术、商誉等的管理。 |

| | |
|---|---|
| 内 容 | 1.定义<br>无形资产是指企业拥有或者控制的没有实物形态的可辨认非货币性资产。具体内容包括专利权、商标权、土地使用权、专有技术、商誉等。<br>2.责任部门<br>（1）公司各项无形资产的归口管理部门如下：<br>a.专利权、非专利技术、著作权等由企管部负责管理。<br>b.商标权由办公室负责管理。<br>c.土地使用权由办公室负责管理。<br>（2）无形资产产权变动时，归口管理部门按照规定办理权证转移手续，部门负责人负责审核有关资料及台账。<br>3.无形资产的核算<br>财务部设置“无形资产”一级科目，按无形资产类别设置明细分类账。<br>4.无形资产的计价<br>无形资产按照取得时的成本进行初始计量。<br>5.无形资产的摊销方法<br>（1）对于使用寿命有限的无形资产，在使用寿命期限内，采用直线法摊销。<br>（2）对于使用寿命不确定的无形资产，不摊销。于每年年度终了，对使用寿命不确定的无形资产的使用寿命进行复核。如果有证据表明其使用寿命是有限的，则估计其使用寿命，并按其估计使用寿命进行摊销。<br>6.无形资产的专项管理<br>（1）建立无形资产台账，建立资料档案。各专业部门建立无形资产的卡片和档案。有权证的无形资产，明确管理责任，安全保管证明资料，防止遗失。<br>（2）建立健全无形资产保密制度。按照公司安全保密的有关规定，严禁泄露商业机密。一经发现，按公司“保密制度”的规定处罚。泄密事项经归口管理部门确认后、安全保密分管部门提出处理意见报公司总经理批准。对盗用公司专利技术、假冒公司产品品牌等行为，归口管理部门积极取证、法律事务部门采取法律手段保护公司的利益。 |

| | |
|---|---|
| 内　　容 | （3）无形资产归口管理部门定期对无形资产进行全面清查。分别造册登记有效期与失效期的无形资产，逐项与财务账表核对，出具无形资产清查报告，并对已经失效但未摊销完毕的无形资产查明原因，提出处置意见，报公司领导审批。 |

## 七、资产减值准备和损失处理制度

| | |
|---|---|
| 目　　的 | 为规范公司运作，合理地做好各项资产减值准备提取、核销等工作，依照《企业会计准则》的要求，特制定本制度。 |
| 适用范围 | 适用于本公司资产减值准备和损失的处理。 |
| 内　　容 | 1.总要求<br>（1）公司在制定资产减值准备和损失处理的内部控制制度时，遵循谨慎经营、有效防范、化解资产损失风险的原则。<br>（2）公司应对全体职工进行资产安全教育，确保公司资产的安全、完整和高效运转。<br>（3）公司总经理对公司所有资产的安全负责。<br>2.资产减值准备<br>（1）公司应在每个会计年度终了对各项资产进行详查，以确定计提资产减值准备的数额。<br>（2）公司期末对金融资产进行全面检查，如有依据表明金融资产发生减值，应计提减值准备。<br>公司主要从以下几个方面判断某项金融资产是否发生减值：<br>a.发行方或债务人发生严重财务困难。<br>b.债务人违反了合同条款，如偿付利息或本金发生违约或逾期等。<br>c.债权人出于经济或法律等方面因素的考虑，对发生财务困难的债务人作出让步。<br>d.债务人很可能倒闭或进行其他财务重组。<br>e.因发行方发生重大财务困难，该金融资产无法在活跃市场继续交易。 |

内　容

f.无法辨认一组金融资产中的某项资产的现金流量是否已经减少，但根据公开的数据对其进行总体评价后发现，该组金融资产自初始确认以来的预计未来现金流量确已减少且可计量，如该组金融资产的债务人支付能力逐步恶化，或债务人所在国家或地区失业率提高、担保物在其所在地区的价格明显下降、所处行业不景气等。

g.债务人经营所处的技术、市场、经济或法律环境等发生重大不利变化，使权益工具投资人可能无法收回投资成本。

h.权益工具投资的公允价值发生严重或非暂时性下跌。

i.其他表明金融资产发生减值的客观证据。

（3）公司对应收款项减值损失的计提政策：单项金额重大的应收款项，单独进行减值测试，单独计提坏账准备；单项金额非重大的应收款项按照账龄划分成“1年以内、1～2年、2～3年和3年以上”这四种组合，并按照下表的比例计提坏账准备：

**坏账计提比例**

| 账龄 | 计提比例 |
| --- | --- |
| 1年以内 | 6% |
| 1～2年 | 10% |
| 2～3年 | 15% |
| 3年以上 | 60% |

（4）公司期末存货按照成本与可变现净值孰低计价。

（5）公司期末对存货进行全面清查，并按期末单个存货项目计算存货的可变现净值，按存货成本高于可变现净值的差额提取存货跌价准备。

（6）公司期末对长期股权投资逐项进行全面检查，对由于被投资单位经营状况恶化导致其可收回金额低于账面价值的，按单项投资可收回金额低于长期股权投资账面价值的差额计提长期股权投资减值准备，调整长期股权投资账面价值。

<table>
<tr><td>内　　容</td><td>（7）公司期末对固定资产逐项进行检查，对由于市价持续下跌或技术陈旧、损失、长期闲置等原因导致其可收回金额低于账面价值，按可收回金额低于长期股权投资账面价值的差额提取固定资产减值准备。<br>（8）公司期末对在建工程进行全面检查，如果有证据表明在建工程已经发生了减值，应计提减值准备。<br>（9）公司期末对所形成的商誉进行减值测试。商誉的减值测试结合与其相关的资产组或者资产组组合进行。<br>公司进行资产减值测试，对于因合并形成的商誉的账面价值，自购买日起按照合理的方法分摊至相关的资产组；难以分摊至相关的资产组的，将其分摊至相关的资产组组合。在对包含商誉的相关资产组或者资产组组合进行减值测试时，如与商誉相关的资产组或者资产组组合存在减值迹象的，应当先对不包含商誉的资产组或者资产组组合进行减值测试，计算可收回金额，并与相关账面价值相比较，确认相应的减值损失。再对包含商誉的资产组或者资产组组合进行减值测试，比较这些相关资产组或者资产组组合的账面价值（包括所分摊的商誉的账面价值部分）与其可收回金额，如相关资产组或者资产组组合的可收回金额低于其账面价值的，确认商誉的减值损失。<br>（10）公司期末对无形资产逐项进行检查，若该项无形资产已被其他新技术所替代，使其为企业创造经济效益的能力受到重大不利影响；或该项无形资产的市价在当期大幅下跌，在剩余摊销年限内预期不会恢复；或其他足以表明该项无形资产的账面价值已超过可收回金额的情形的，按可收回金额的金额低于其账面价值的差额计提减值准备。<br>3.资产损失的核销<br>（1）公司对通过各种追讨措施后仍不能收回的资产，应进行核销。<br>（2）公司对确有证据表明无法收回的应收款项，应冲销提取的坏账准备。<br>（3）公司对已提取存货跌价准备的存货项目，应及时清理，争取减少损失。对经过多次清理措施仍无法收回的部分，直接冲减提取的存货跌价准备。</td></tr>
</table>

| | |
|---|---|
| 内　容 | （4）公司对已提取减值准备的长期股权投资项目应加强管理，争取减少损失。对经过多种措施仍不能恢复的部分直接冲减提取的减值准备。<br>（5）公司对已提取减值准备的固定资产和在建工程项目应加强管理，查清原因，争取减少损失。对经过多种措施仍不能恢复的部分，直接冲减提取的减值准备。<br>（6）公司对已提取减值准备的商誉应加强管理。对经过多种措施仍不能恢复的部分，直接冲减提取的减值准备。<br>减值损失金额应当先抵减分摊至资产组或者资产组组合中商誉的账面价值，再根据资产组或者资产组组合中除商誉之外的其他各项资产的账面价值所占比重，按比例抵减其他各项资产的账面价值。<br>（7）公司对已提取减值准备的无形资产应加强管理。对经过多种措施仍不能为公司带来经济利益的无形资产，直接冲减提取的减值准备。<br>4.附则<br>（1）由于公司年度董事会的召开时间迟于年度财务决算时间，财务部在进行年终财务决算时，可根据实际情况将计提的各项减值准备和核销的资产损失先进行账务处理，并在会计报表附注中作出说明。<br>公司核销计提的各项减值准备和核销的资产损失应向董事会书面报告，书面报告包括以下内容：核销数额、形成的过程和原因、对公司财务状况和经营成果的影响、董事会认为必要的其他书面材料。书面报告经董事会逐项表决通过后，如有与年终财务决算时计提的各项减值准备和核销的资产损失不符的，财务部根据董事会决议调整相关财务数据和财务报表。<br>（2）公司在年度财务报告中披露各项资产减值准备的计提方法、比例和提取金额。<br>（3）如资产在减值准备提取后，其价值又有较大变动，且对公司财务状况及经营业绩有重大影响，公司应在年度财务报告中及时披露。 |

## 八、资产盘点管理制度

| | |
|---|---|
| 目　　的 | 为加强公司财务管理，使盘点事务处理有所遵循，并保证其存货及财产盘点的准确性，明确相关人员的管理职责，特制定本制度。 |
| 适用范围 | 适用于本公司各项资产的盘点管理。 |
| 内　　容 | 1.盘点范围<br>（1）存货盘点：包括原料、物料、在制品、制成品、商品、零件保养材料、外协加工料品、下脚品的盘点。<br>（2）财务盘点：包括现金、票据、有价证券、租赁契约的盘点。<br>（3）财产盘点：包括固定资产、保管资产、保管品等的盘点。<br>a.固定资产：包括土地、建筑物、机器设备、运输设备、生产器具等资本支出购置的资产。<br>b.保管资产：凡属固定资产性质，但以费用报支的杂项设备。<br>c.保管品：以费用购置的资产。<br>2.盘点方式<br>（1）年中、年终盘点：<br>a.存货：由资产部或经管部会同财务部于年（中）终时，实施全面总清点一次。<br>b.财务：由财务部与会计室共同盘点。<br>c.财产：由经管部会同财务部于年（中）终时，实施全面总清点一次。<br>（2）月末盘点每月末所有存货，由经管部会同财务部实施全面清点一次（经管项目500项以上时，应采取重点盘点）。<br>（3）月份检查由检核部（总经理室）或财务部，会同经管部，做存货随机抽样盘点。<br>3.盘点人员及职责<br>（1）总盘人：由总经理担任，负责盘点工作的总指挥，督导盘点工作的进行及其异常事项的裁决。 |

| 内容 | （2）主盘人：由各部门主管担任，负责盘点的实际工作。<br>（3）复盘人：由总经理室视需要指派事业部经管部门的主管，负责盘点的监督。<br>（4）盘点人：由各事业部财务经管部门指派，负责点计数量。<br>（5）会点人：由财务部指派（人员不足时，间接部门支援），负责会点并记录，与盘点人分段核对数据工作。<br>（6）协点人：由各事业部财务经管部门指派，负责盘点时料品搬运及整理工作。<br>特定项目按月盘点及不定期抽点的盘点工作，也应设置盘点人、会点人、抽点人，其职责亦同。<br>（7）监点人：由总经理室派人员担任。<br>4.准备工作<br>（1）盘点编组由财务部主管于每次盘点前，依盘点种类、项目编排“盘点人员编组表”（略），呈总经理核定后，公布实施。<br>（2）经管部将应盘点的财物及盘点用具，预先准备妥当，并由财务部准备盘点表格。<br>a.存货的堆置，应力求整齐、集中、分类，并予以标示。<br>b.现金、有价证券及租赁契约等，应按类别整理并列清单。<br>c.各项财产卡依编号顺序，事先准备妥当，以备盘点。<br>d.各项财务账册应于盘点前登载完毕，如因特殊原因无法完成时，应由财务部将尚未入账的有关单据（如缴库单、领料单、退料单、交运单、收料单等），利用“结存调整表”（略）一式两联，将账面数调整为正确的账面结存数后，第二联财务部自存，第一联送经管部。<br>（3）盘点期间已收料而未办妥入账手续者，应另行分别存放，并予以标示。<br>5.年中、年终全面盘点<br>（1）财务部经总经理批准，签发盘点通知，并负责召集各部门的盘点负责人召开盘点协调会后，拟订盘点计划表，通知各有关部门，限期办理盘点工作。<br>（2）盘点期间除紧急用料外，暂停收发料，各生产单位于盘点期间所需用的领料，材料可不移动，但必须标示出。 |
|---|---|

| | |
|---|---|
| 内容 | (3) 原则上应采取全面盘点方式，特殊情况应呈报总经理核准后，方可改变方式进行。<br>(4) 盘点应尽量采用精确的计量器，避免用主观的目测方式，每项财务数量应于确定后，再继续进行下一项，盘点后不得更改。<br>(5) 盘点物品时，会点人应依据盘点人实际盘点数，翔实记录"盘点统计表"，每小段应核对一次，无误者于该表上互相签名确认后，将该表编列同一流水号码，各自存一联备日后查核。若有出入者，必须重点。盘点完毕，盘点人应将"盘点统计表"汇总编制"盘存表"一式两联，第一联由经管部自存，第二联送财务部，供核算盘点盈亏金额。<br>6.不定期抽点<br>(1) 由总经理室根据实际需要，随时指派人员抽点。可由财务部填制"财物抽点通知单"于呈报总经理核准后办理。<br>(2) 盘点日期及项目，原则是不预先通知经营部。<br>(3) 盘点前应由会计室利用"结存调整表"将账面数先行调整至盘点的实际账面结存数，再行盘点。<br>(4) 不定期抽点应填列"盘存表"。<br>7.盘点报告<br>(1) 财务部应根据"盘存表"编制"盘点盈亏报告表"一式三联，送经管部填列差异原因的说明及对策后，送回财务部汇总转呈总经理签核，第一联送经管部，第二联转送总经理室，第三联自存财务部作为账项调整的依据。<br>(2) 不定期抽点，应于盘点后一星期内将"盘点盈亏报告表"呈报上级核实。年中、年终盘点，应由财务部于盘点后两星期内将"盘点盈亏报告表"呈报上级核实。<br>(3) 盘点盈亏金额，平时仅列入暂估科目，年终时始以净额转入本期营业外收入的"盘点盈余"或营业外支出的"盘点亏损"。<br>8.现金、票据及有价证券盘点<br>(1) 现金、银行存款、零用金、票据、有价证券、租赁契约等项目，除年中、年终盘点时，应由财务部会同经管部共同盘点外，平时总经理室或财务部至少每月抽查一次。 |

<table>
<tr><td>内　　容</td><td>（2）现金及票据的盘点，应于盘点当日上下班未行收支前或当日下午结账后进行。<br>（3）盘点前应先将现金存放处封锁，并于核对账册后开启，由会点人员与经管人员共同盘点。<br>（4）会点人根据实际盘点数翔实填列“现金（票据）盘点报告表”（略）一式三联，经双方签认后呈核，第一联经管部存，第二联财务部存，第三联送总经理室。<br>（5）有价证券及各项所有权等应确定核对认定，会点人根据实际盘点数翔实填列“有价证券盘点报告表”（略）一式三联，经双方签订后呈核。第一联经管部存，第二联财务部存，第三联送总经理室，如有出入，应即呈报总经理批示。<br>9.存货盘点<br>（1）存货的盘点，应于当月最后一日进行。<br>（2）存货原则上采用全面盘点，如因成本计算方式无需全面盘点，或实施上有困难者，应呈报总经理核准后方可改变盘点方式。<br>10.其他项目盘点<br>（1）外协加工料品：由各外协加工料品经办人员，会同财务人员，共同赴外盘点。“外协加工料品盘点表”一式三联，应由代加工厂商签认。第一联存经管部，第二联存财务部，第三联送总经理室。<br>（2）销货退回的成品，应于盘点前办妥退货手续，含验收及列账。<br>（3）经管部应将新增加土地、房屋的所有权证的复印件，送交财务部核查。<br>11.盘点的注意事项<br>（1）所有参加盘点工作的盘点人员，必须深入了解本身的工作职责及应行准备事项。<br>（2）盘点人员盘点当日一律停止休假，必须依规定时间提早到达指定的工作地点，向该组复盘人报到，接受工作安排。如有特殊事情而觅妥代理人，应该事先报备核准，否则以旷职论处。</td></tr>
</table>

| 内　　容 | (3) 所有盘点财务都以静态盘点为原则，所以盘点开始后应停止财务的进出及移动。<br>(4) 盘点使用的单据、报表内所有栏位若遇修改处，须经盘点人员签认方能生效，否则应追究其责任。<br>(5) 所有盘点数据必须以实际清点、磅秤或换算的确定资料为依据，不得以猜想数据、伪造数据登记。<br>(6) 盘点时间，可报加班或经主管核准轮流编排补休。<br>(7) 盘点开始至工作终了期间，各组盘点人员均受复盘人指挥监督。<br>(8) 盘点结束，由各组复盘人向主盘人报告，经核准后方可离开工作岗位。<br>12.奖惩<br>(1) 盘点工作事务人员须依照本办法的规定，切实遵照办理。表现优异者，经主盘人签报，给予奖励。<br>(2) 违反本办法的，视其情节轻重，由主盘人签报人力资源部议处。<br>13.账载错误处理<br>(1) 账载数量如有漏账、记错、算错、未结账或账面记载不清者，对记账人员应视情节轻重给予适当的处分，情节严重者，应呈报总经理议处。<br>(2) 账载数字如有涂改、未盖章、签章、签证等凭证可查，凭证未整理难以查核或有虚构数字者，均由直接主管签报总经理议处。<br>14.赔偿处理<br>财、物料管理人员、保管人员有下列情况之一者，应呈报总经理议处或赔偿相同的金额。<br>(1) 未尽保管责任或由于过失致使财物遭受盗窃、损失或盘亏者。<br>(2) 对所保管的财物有盗卖、调换或化公为私等营私舞弊者。<br>(3) 对所保管的财务未经批准而擅自移转、拨借或损坏不报告者。 |
|---|---|

# 第三节 表格管控

## 一、周转资金检查单

周转资金检查单

| 名称 | 金额 | 已报未收 | 已付未报 | 实存 | 合计 | 备注 |
| --- | --- | --- | --- | --- | --- | --- |
| | | | | | | |
| | | | | | | |
| | | | | | | |
| | | | | | | |
| | | | | | | |
| | | | | | | |
| | | | | | | |
| 共计 | | | | | | |

## 二、银行存款明细账

银行存款明细账

年度： 银行名称： 存款账号：

| 日期 | | 摘要 | 支票发票日 | | | 支票号码 | 收入 | 支出 | 金额 |
| --- | --- | --- | --- | --- | --- | --- | --- | --- | --- |
| 月 | 日 | | 年 | 月 | 日 | | | | |
| | | | | | | | | | |
| | | | | | | | | | |
| | | | | | | | | | |
| | | | | | | | | | |
| | | | | | | | | | |
| | | | | | | | | | |
| | | | | | | | | | |
| | | | | | | | | | |

## 三、银行存款余额调节表

**银行存款余额调节表**

账号：　　　　　　　　　　　　　　　　年　　月　　日

| 项目 | 金额 | 项目 | 金额 |
|---|---|---|---|
| 银行存款日记账余额 | | 银行存款对账单余额 | |
| | | | |
| 调节后余额 | | 调节后余额 | |

## 四、现金盘点报告表

**现金盘点报告表**

<table>
<tr><td colspan="2"></td><td>面值</td><td>数量</td><td>金额</td><td>盘点异常及建议事项</td></tr>
<tr><td colspan="2">现金及周转零用金</td><td></td><td></td><td></td><td></td></tr>
<tr><td colspan="2">小计</td><td></td><td></td><td></td><td>盘点结果及要点报告</td></tr>
<tr><td colspan="2">其他项目：未核销费用</td><td></td><td></td><td></td><td rowspan="5"></td></tr>
<tr><td colspan="2">员工借支</td><td></td><td></td><td></td></tr>
<tr><td colspan="2">总计</td><td></td><td></td><td></td></tr>
<tr><td colspan="2">账面数</td><td></td><td></td><td></td></tr>
<tr><td colspan="2">盘盈（盘亏）</td><td></td><td></td><td></td></tr>
<tr><td>项　目</td><td>张数</td><td>金额</td><td>盘点数</td><td>盘盈（亏）</td><td rowspan="4">左列款项及票据于　　年　　月　　日　　时盘点时本人在场并如数归还无误。<br>保管人：<br>盘点人：</td></tr>
<tr><td></td><td></td><td></td><td></td><td></td></tr>
<tr><td></td><td></td><td></td><td></td><td></td></tr>
<tr><td></td><td></td><td></td><td></td><td></td></tr>
</table>

核准：　　　　　　　　　　复核：　　　　　　　　　　盘点人：

## 五、货币资金明细表

货币资金明细表

| 开户银行及分行名称/保存现金单位名称 | 账户号码 | 货币种类 | 原币金额 | 账面人民币余额 | 其中： | | | 年利率（%） | 备注 |
|---|---|---|---|---|---|---|---|---|---|
| | | | | | 期限在3个月以内(含3个月)的定期存款 | 期限在3个月以上的定期存款 | 活期存款 | | |
| 货币资金合计 | | | | | | | | | |
| 一、银行存款小计 | | | | | | | | | |
| | | | | | | | | | |
| 其他银行存款（请另外分列明细） | | | | | | | | | |
| 二、现金小计 | | | | | | | | | |
| | | | | | | | | | |
| 其他现金 | | | | | | | | | |
| 三、其他货币资金小计 | | | | | | | | | |
| 1.外埠存款 | | | | | | | | | |
| 2.银行汇票存款 | | | | | | | | | |
| 3.银行本票存款 | | | | | | | | | |
| 4.信用卡存款 | | | | | | | | | |
| 5.信用证存款 | | | | | | | | | |
| 6.存出投资款 | | | | | | | | | |
| 7.委托投资款 | | | | | | | | | |
| 8.其他 | | | | | | | | | |
| | | | | | | | | | |

## 六、货币资金变动情况表

货币资金变动情况表

编制单位： 年 月 日 单位：万元

| 项目 | 银行存款账号 | | | 现金 | 凭证起讫号 | 合计 | 备注 |
|---|---|---|---|---|---|---|---|
| | ×× | ×× | ×× | | | | |
| 周初账面金额 | | | | | | | |
| 本周增加金额 | | | | | | | |
| 营业收入 | | | | | | | |
| 融资收入 | | | | | | | |
| 投资收回 | | | | | | | |
| 其他收入 | | | | | | | |
| 本周减少金额 | | | | | | | |
| 营业支出 | | | | | | | |
| 归还贷款 | | | | | | | |
| 投资支出 | | | | | | | |
| 其他支出 | | | | | | | |
| 本周账面余额 | | | | | | | |
| 未记账增加 | | | | | | | |
| 未记账减少 | | | | | | | |
| 本周账面余额 | | | | | | | |

会计主管： 出纳： 制表：

## 七、现金收支日报表

现金收支日报表

| 昨日库存 | 本日收入 | | 本日支出 | | 今日库存 |
|---|---|---|---|---|---|
| | 收款金额 | 银行提现 | 付款支出 | 解交银行 | |
| | | | | | |
| | 收款凭证从第　号到第　号 | | 付款凭证从第　号到第　号 | | |
| 备注 | | | | | |
| 出纳员 | | | | | |

## 八、货币资金日报表

货币资金日报表

年　　月　　日　　　　　　　　　　　　　　单位：元

| 货币资金类别 | 昨日余额 | 本日收入 | 本日支出 | 本日余额 |
|---|---|---|---|---|
| | | | | |
| | | | | |
| | | | | |
| | | | | |
| | | | | |
| | | | | |
| | | | | |
| | | | | |
| | | | | |
| 合计 | | | | |

## 九、固定资产目录

固定资产目录

| 编号 | 名称 | 规格型号 | 单位 | 原始价值 | 估计使用年限或工作量 | 折旧率 | 折旧额 | 备注 |
|---|---|---|---|---|---|---|---|---|
| | | | | | | | | |
| | | | | | | | | |
| | | | | | | | | |

## 十、固定资产登记簿

固定资产登记簿

| 月份 | 增加数 | | | | | | 减少数 | | | | | | | 结余数 | | | |
|---|---|---|---|---|---|---|---|---|---|---|---|---|---|---|---|---|---|
| | 一车间 | 二车间 | | 合计 | 其中 | | 一车间 | 二车间 | | 合计 | 其中 | | | 一车间 | 二车间 | | 合计 |
| | | | | | 有偿拨入 | 无偿拨入 | | | | | 有偿拨入 | 无偿拨入 | 报废清理 | | | | |
| 年初数 | | | | | | | | | | | | | | | | | |
| 1月 | | | | | | | | | | | | | | | | | |
| 2月 | | | | | | | | | | | | | | | | | |
| 3月 | | | | | | | | | | | | | | | | | |
| 4月 | | | | | | | | | | | | | | | | | |
| 5月 | | | | | | | | | | | | | | | | | |
| 6月 | | | | | | | | | | | | | | | | | |
| 7月 | | | | | | | | | | | | | | | | | |
| 8月 | | | | | | | | | | | | | | | | | |
| 9月 | | | | | | | | | | | | | | | | | |
| 10月 | | | | | | | | | | | | | | | | | |
| 11月 | | | | | | | | | | | | | | | | | |
| 12月 | | | | | | | | | | | | | | | | | |
| 合计 | | | | | | | | | | | | | | | | | |

## 十一、固定资产卡片

### 固定资产卡片（正面）

卡片编号：

<table>
<tr><td>固定资产编号</td><td></td><td>日期</td><td>凭证</td><td colspan="4">使用和保管单位</td></tr>
<tr><td>名称</td><td></td><td></td><td></td><td></td><td></td><td></td><td></td></tr>
<tr><td>主要规格</td><td></td><td></td><td></td><td></td><td></td><td></td><td></td></tr>
<tr><td>建筑部门或建造工厂</td><td></td><td></td><td></td><td></td><td></td><td></td><td></td></tr>
<tr><td>建筑或建造完成日期</td><td></td><td></td><td></td><td></td><td></td><td></td><td></td></tr>
<tr><td>出厂编号</td><td></td><td colspan="6">固定资产的原价</td></tr>
<tr><td>资产来源</td><td></td><td>日期</td><td>凭证</td><td>摘要</td><td>借方金额</td><td>贷方金额</td><td>余额</td></tr>
<tr><td>验收日期</td><td></td><td rowspan="3"></td><td rowspan="3"></td><td rowspan="3"></td><td rowspan="3"></td><td rowspan="3"></td><td rowspan="3"></td></tr>
<tr><td>验收凭证号数</td><td></td></tr>
<tr><td>预计使用年限</td><td></td></tr>
<tr><td>折旧率</td><td></td><td colspan="6"></td></tr>
<tr><td>备注</td><td colspan="7">报废清理或拨出记录</td></tr>
<tr><td rowspan="3"></td><td colspan="4">报废清理记录</td><td colspan="3">拨出记录</td></tr>
<tr><td>日期</td><td>凭证摘要</td><td>清理费用</td><td>变价收入</td><td>日期</td><td>凭证</td><td>拨入单位</td></tr>
<tr><td rowspan="3"></td><td rowspan="3"></td><td rowspan="3"></td><td rowspan="3"></td><td rowspan="3"></td><td rowspan="3"></td><td rowspan="3"></td></tr>
<tr><td>设卡日期</td></tr>
<tr><td>注销日期</td></tr>
</table>

固定资产卡片（反面）

<table>
<tr><td colspan="5">停用和恢复记录</td><td colspan="9">主体及附属配备及其变更记录</td></tr>
<tr><td colspan="3">停用</td><td colspan="2">恢复使用</td><td colspan="3">主体及附属设备</td><td colspan="6">主体及附属配备变更记录</td></tr>
<tr><td>日期</td><td>凭证</td><td>原因</td><td>日期</td><td>凭证</td><td>名称及摘要</td><td>单位</td><td>数量</td><td>日期</td><td>凭证</td><td>名称及摘要</td><td>单位</td><td>增加数量</td><td>减少数量</td></tr>
<tr><td></td><td></td><td></td><td></td><td rowspan="4"></td><td rowspan="4"></td><td rowspan="4"></td><td rowspan="4"></td><td rowspan="4"></td><td rowspan="4"></td><td rowspan="4"></td><td rowspan="4"></td><td rowspan="4"></td><td rowspan="4"></td></tr>
<tr><td colspan="4">大修理记录</td></tr>
<tr><td>完工日期</td><td>凭证</td><td>摘要</td><td>大修理费用</td></tr>
<tr><td></td><td></td><td></td><td></td></tr>
</table>

## 十二、固定资产折旧计算分配表

固定资产折旧计算分配表

年 月　　　　金额单位：

<table>
<tr><td>应借账户</td><td>使用部门</td><td>上月计提的折旧额</td><td>上月增加应计提的折旧额</td><td>上月减少应计提的折旧额</td><td>本月应计提的折旧额</td><td>备注</td></tr>
<tr><td rowspan="3">制造费用</td><td>第一车间</td><td></td><td></td><td></td><td></td><td></td></tr>
<tr><td></td><td></td><td></td><td></td><td></td><td></td></tr>
<tr><td>小计</td><td></td><td></td><td></td><td></td><td></td></tr>
<tr><td rowspan="4">辅助生产成本</td><td>机修车间</td><td></td><td></td><td></td><td></td><td></td></tr>
<tr><td>动力车间</td><td></td><td></td><td></td><td></td><td></td></tr>
<tr><td></td><td></td><td></td><td></td><td></td><td></td></tr>
<tr><td>小计</td><td></td><td></td><td></td><td></td><td></td></tr>
<tr><td rowspan="3">营业费用</td><td>第一销售部</td><td></td><td></td><td></td><td></td><td></td></tr>
<tr><td></td><td></td><td></td><td></td><td></td><td></td></tr>
<tr><td>小计</td><td></td><td></td><td></td><td></td><td></td></tr>
<tr><td rowspan="2">管理费用</td><td></td><td></td><td></td><td></td><td></td><td></td></tr>
<tr><td>小计</td><td></td><td></td><td></td><td></td><td></td></tr>
<tr><td>合计</td><td></td><td></td><td></td><td></td><td></td><td></td></tr>
</table>

审核：　　　　制表：

## 十三、固定资产报废申请书

固定资产报废申请书

申请单位： 报送日期： 年 月 日 申请书编号：

| 资产编号 | | 资产名称 | | 型号规格 | |
|---|---|---|---|---|---|
| 制造国、厂 | | 制造年份 | | 投产年份 | |
| 使用单位及安装地点 | | 分类折旧年限 | | 已使用年限 | |
| 资产原值 | | 已提折旧 | | 残值 | |
| 报废原因、更新设备条件及处理意见：<br><br>单位领导： 检查人： 经办人： | | | | | |
| 设备部门意见： | | | | | |
| 主管领导批示： | | | 财务部门：<br>年 月 日 | | |

注：使用单位、设备部门、财务部门各一份。

## 十四、闲置固定资产明细表

闲置固定资产明细表

管理部门： 制表日期： 年 月 日

| 资产编号 | 资产名称 | 数量 | 单位 | 账面价值 | | | 使用情况(年限) | | | 闲置原因 | 拟处理意见 |
|---|---|---|---|---|---|---|---|---|---|---|---|
| | | | | 总价 | 已提折旧 | 净值 | 取得时间 | 使用年限 | 已用时间 | | |
| | | | | | | | | | | | |
| | | | | | | | | | | | |
| | | | | | | | | | | | |
| | | | | | | | | | | | |
| | | | | | | | | | | | |
| | | | | | | | | | | | |

管理部门经理： 财务部经理：

## 十五、存货分类汇总表

存货分类汇总表

| 项　　目 | 行次 | 年初金额 | | | 期末余额 | | | | 其中存放超过3年的存货 |
|---|---|---|---|---|---|---|---|---|---|
| | | 金额 | 跌价准备 | 净额 | 金额 | 期末可变现净值 | 跌价准备 | 净额 | |
| 1.原材料 | 1 | | | | | | | | |
| 2.包装物 | 2 | | | | | | | | |
| 3.低值易耗品 | 3 | | | | | | | | |
| 4.材料成本差异 | 4 | | | | | | | | |
| 5.库存商品 | 5 | | | | | | | | |
| 6.产品成本差异 | 6 | | | | | | | | |
| 7.委托加工物资 | 7 | | | | | | | | |
| 8.委托代销商品 | 8 | | | | | | | | |
| 9.受托代销商品 | 9 | | | | | | | | |
| 减：代销商品款 | 10 | | | | | | | | |
| 10.在产品及自制半成品 | 11 | | | | | | | | |
| (1)自制半成品 | 12 | | | | | | | | |
| (2)生产成本 | 13 | | | | | | | | |
| (3)劳务成本 | 14 | | | | | | | | |
| 11.在途物资 | 15 | | | | | | | | |
| 12.材料采购 | 16 | | | | | | | | |
| 13.发出商品 | 17 | | | | | | | | |
| 14.分期收款发出商品 | 18 | | | | | | | | |
| 15.其他 | 19 | | | | | | | | |
| 合计 | 20 | | | | | | | | |

## 十六、存货核算明细表

存货核算明细表

货号：　　　　　　　　　　　　单位：　　　　　　　　　　　　存放地点：

| 年 | | 单号 | 摘要 | 单价 | 进货 | | 出货 | | 结存 | |
|---|---|---|---|---|---|---|---|---|---|---|
| 月 | 日 | | | | 数量 | 金额 | 数量 | 金额 | 数量 | 金额 |
| | | | | | | | | | | |
| | | | | | | | | | | |
| | | | | | | | | | | |
| | | | | | | | | | | |
| | | | | | | | | | | |
| | | | | | | | | | | |

## 十七、无形资产及其他资产登记表

无形资产及其他资产登记表

年度　　　　　　　　　　　　　　　　　　　　　　　　单位：元

| 项　目 | 年初余额 | 本年增加 | 本年摊销 | 本年减少 | 年末余额 | 备注 |
|---|---|---|---|---|---|---|
| 1.无形资产 | | | | | | |
| (1) | | | | | | |
| (2) | | | | | | |
| (3) | | | | | | |
| 小计 | | | | | | |
| 2.其他资产 | | | | | | |
| (1) | | | | | | |
| (2) | | | | | | |
| (3) | | | | | | |
| 小计 | | | | | | |
| 合计 | | | | | | |

## 十八、固定资产盘盈盘亏报告单

固定资产盘盈盘亏报告单

单位名称：　　　　　　　　　　　　　　　　　　　　年　　月　　日

| 编号 | 名称 | 计量单位 | 盘盈 | | | 盘亏 | | | 备注 |
|---|---|---|---|---|---|---|---|---|---|
| | | | 数量 | 重置价值 | 估计折旧 | 数量 | 原价 | 已提折旧 | |
| | | | | | | | | | |
| | | | | | | | | | |
| 盘盈盘亏原因 | | | | | | | | | |
| 审批意见 | | | | | | | | | |

部门负责人：　　　　　　　　保管员：　　　　　　　　清点人：

## 十九、流动资产盘盈盘亏报告单

流动资产盘盈盘亏报告单

名称：　　　　　　　　　　　　　　　　　　　　年　　月　　日

| 编号 | 类别及名称 | 计量单位 | 单价 | 实存 | | 账存 | | 对比结果 | | | | 备注 |
|---|---|---|---|---|---|---|---|---|---|---|---|---|
| | | | | | | | | 盘盈 | | 盘亏 | | |
| | | | | 数量 | 金额 | 数量 | 金额 | 数量 | 金额 | 数量 | 金额 | |
| | | | | | | | | | | | | |
| | | | | | | | | | | | | |
| | | | | | | | | | | | | |
| 盘盈盘亏原因 | | | | | | | | | | | | |
| 审批意见 | | | | | | | | | | | | |

部门负责人：　　　　　　　　保管员：　　　　　　　　清点人：

## 二十、资产清查中盘盈资产明细表

资产清查中盘盈资产明细表

| 序号 | 资产名称 | 规格型号 | 计量单位 | 取得日期 | 取得方式 | 存放地点 | 使用部门 | 使用人 | 累计使用年限 | 资产原值 | 资产净值 | 申请入账金额 | 备注 |
|---|---|---|---|---|---|---|---|---|---|---|---|---|---|
| | | | | | | | | | | | | | |
| | | | | | | | | | | | | | |
| | | | | | | | | | | | | | |
| | | | | | | | | | | | | | |
| | | | | | | | | | | | | | |
| | | | | | | | | | | | | | |

## 二十一、××××年××月新增低值易耗品管理卡

××××年××月新增低值易耗品管理卡

| 购置日期 | 低值易耗品名称 | 编　号 | 使用部门 | 存放地点 | 责任人 | 签　收 | 预计使用寿命 |
|---|---|---|---|---|---|---|---|
| | | | | | | | |
| | | | | | | | |
| | | | | | | | |
| | | | | | | | |
| | | | | | | | |
| | | | | | | | |

## 二十二、低值易耗品报废申请表

低值易耗品报废申请表

| 申请部门 | | 申请人 | |
|---|---|---|---|
| 低值易耗品名称 | | 编号 | |
| 数量 | | 购置日期 | |
| 预计使用时间 | | 已使用时间 | |
| 审批意见 | 审批人： | | |
| 备注：本表一式两份，一份报废部门存档，一份交财务部门。 | | | |

## 二十三、资产调拨单

资产调拨单

| 资产名称 | | 资产编号 | | 产地 | | 数量 | |
|---|---|---|---|---|---|---|---|
| 购置日期 | | 资产状况 | | | | | |
| 调出 | 调出原因 | | | | | | |
| | 部门/责任人 | | 经手人签名 | | | | |
| | | | 主管领导签名 | | | | |
| 接收 | 部门/责任人 | | 经手人签名 | | | | |
| | | | 主管领导签名 | | | | |
| 备注： | | | | | | | |

# 第三章 问题解答

## 1.现金管理的内容有哪些？

现金管理的内容包括：

（1）编制现金预算，以便合理地估计未来的现金需求。

（2）对日常的现金收支进行控制，力求加速收款、延缓付款。

（3）用特定的方法确定最佳的现金持有量，当企业实际的现金余额与最佳现金持有量不一致时，采取短期融资策略，或采用归还借款、投资于有价证券等策略达到理想状况。

（4）不得保存账外公款，包括不得将公款以个人名义存入银行，不得保存账外现钞等各种形式的账外公款。

## 2.如何控制现金支出？

控制现金支出是指在权衡成本和收益的基础上，尽可能地延迟支付款时间，为企业提供更多使用资金的时间。通常的做法有控制支付时间、充分利用银行的信用额度以及做好付款前的核查工作等。

（1）控制支付。

控制支出的前提是让经营管理人员尽快知道企业的收支情况，以便提前采取投资措施以使用过剩资金，或者采取融资措施以应付资金短缺。尽早知道收支情况的办法是：

a.银行在清算完之后及时告诉企业。

b.企业定时向银行询问有关情况，如果能够及时知道收支情况，企业便可及时采取投融资措施。

（2）利用付款期展延。

要求在一定期限内付款的应付账款，企业可以等到期限的最后一天付款。如50日内付清全部货款，则企业可以在第50天付款，或者企业可以在50天以后1～5天内付款。

（3）利用银行信用额度。

对于存款大户，银行通常给予其一定的信用额度。信用额度是银行同意企业在一定时间内随时所能融通资金的最高数额。通常在信用额度范围内的企业融资，其利率比一般融资要低。个别银行还允许存款大户在一定数额范围内进行透支。

（4）做好付款前的核查。

付款前的核查工作不可缺少，它可以防止无效或错误付款的发生。核查工作一般包括：

a.核对发票与订货单。要确认企业即将付款的事项确属已经发生的订货，并且订货数量和金额与对方发票所载明的数量和金额相符，订单所要求的货物与发票所载明的货物相符。

b.开出付款凭单。一旦付款的条件具备，就可开出付款凭单。凭单要授权开出付款支票，并载明开出支票所需要的相关信息。

c.签发支票。要由有签发支票权力的人签发。

### 3.如何加速收款？

为了加速货款进入企业的速度，缩短支票兑现的过程，企业必须建立一套加速收款系统。建立这套系统的常用的方法有集中法、锁箱法等。

（1）集中法。

集中法，是指企业不只是在总部建立一个收款中心（基本账户），而且还要根据企业销售点的分散程度，在其他地区建立多个收款中心（一般账户）来集中收款的方法。目的是缩短邮寄支票和账单的时间，缩短支票兑现所需的时间。在我国，企业同城结算通常使用支票，异地结算通常使用汇票结算，但汇票结算成本要大于支票结算。在当地设立收款中心，有利于使用支票结算，节约汇款费用。但各地设立收款中心，需要在各地开户，需要在账户上保持一定的存款余额，对企业来说，增加了总的沉淀资金。

（2）锁箱法。

锁箱法，是指企业在各地租用专用的邮政信箱来收取客户支票的方法。企业通知客户将付款支票寄到当地租用的专用信箱，并委托当地开户银行每天开启信箱，进行票据登记并将款项存入企业账户，当地银行定期向企业通知收款情况，企业要向银行支付一定的费用。由于银行直接参与收款，缩短了支票处理时间。与一般收款办法相比，锁箱法可以将收款时间缩短一半。但企业同样要给银行支付手续费，并且要在委托银行保持一定的存款额。

### 4.存货与财务部有何关系？

一般来说，存货的日常管理不由财务部门直接负责，它们属于生产部门、营销部门生产经营的职责范围。

作为集中统一管理流动资金的财务部门，为了能够合理、节约地使用流动资金，保证企业再生产中资金的供应，势必要与生产部门和营销部门密切合作、互相配合，以加强存货的管理。

由于分工的不同，各个部门对存货管理会有所侧重。如采购部门和生产部门对原料存货较为关心，生产部门对产品存货比较重视，而营销部门则把产成品存货作为重点。财务部门必须同时考虑到所有这3种存货的水平。因此，可以说，财务部门在企业中负有综合协调的职责。财务部门关心的是如何为每一种存货确定一定储存量，这个储存量可以使投放在这部分资产上的资金能以最小的成本取得最大的效益。为此，财务部门必须权衡采购和储存存货的成本和带来的经济效益，以便最有效地分配企业的资金。

### 5.如何对存货进行控制？

企业的材料种类、规格繁多，如果对这么多种类的材料都采用同一的管理方式，不仅使工作复杂化，而且难以深入，为此，可以采用ABC分析法。所谓ABC分析法，就是通过科学的分析方法，把占用资金的重点项目和一般项目加以划分，其中A类为数量少、资金占用多的项目，作为最重要类控制；B类次之；C类为数量多、资金占用较少的项目。

### 6.固定资产如何计价？

固定资产既要按实物计量单位进行计算，又要按货币计量单位进行计算。有以下几种基本计价方法，如下表所示。

固定资产的计价方法

| 序号 | 计算方法 | 具体细分 | |
|---|---|---|---|
| 1 | 原始价值 | 指企业在购置、建造或获得某项固定资产所支付的全部货币支出 | |
| | | 购入的 | 按买价加上支付的运输费、保险费、包装费、安装费和交纳的税金计价 |
| | | 自行建造的 | 按建造过程中实际发生的全部支出计价 |
| | | 投资者投入的 | 按照评估确认或合同、协议约定的价值计价 |
| | | 融资租入的 | 按照租赁协议或合同的价款加上运输费、保险费、安装调试费计价 |
| | | 接受捐赠的 | 按照发票账单所列金额加上由企业负担的运输费、保险费、安装调试费等计价；无发票账单的，按照同类设备计价 |

（续表）

<table>
<tr><th>序号</th><th>计算方法</th><th colspan="2">具体细分</th></tr>
<tr><td rowspan="2">1</td><td rowspan="2">原始价值</td><td>在原有固定资产基础上改建、扩建的</td><td>按照固定资产原值加上改建、扩建发生的支出减去改建、扩建过程中发生的固定资产变价收入后的余额计价</td></tr>
<tr><td>企业购建固定资产</td><td>交纳的固定资产投资方向调节税、耕地占用税计入固定资产价值</td></tr>
<tr><td>2</td><td>重置价值</td><td colspan="2">指在目前情况下重新购建某项固定资产所需要发生的全部支出。以下两种情况需要用重置价值：<br>（1）当企业取得的固定资产无法确定原值时，如出现盘盈固定资产时，按照同类固定资产的重置完全价值计价<br>（2）国家要求企业对固定资产进行重新评估计价时</td></tr>
<tr><td rowspan="4">3</td><td rowspan="4">折余价值</td><td colspan="2">指固定资产原值减去已提折旧后的净额，它反映固定资产的现值</td></tr>
<tr><td>原始价值</td><td>反映对固定资产的原始投资、企业固定资产的规模和生产能力。可以同企业生产、财务成果比较，分析投资效果，考核固定资产的效率</td></tr>
<tr><td>重置价值</td><td>可在统一价格的基础上综合反映固定资产的总额，有助于考察各个时期企业装配的技术水平</td></tr>
<tr><td>折余价值</td><td>反映企业当前实际占用在固定资产上的资金，可以了解固定资产的新旧程度</td></tr>
</table>

### 7.如何核定固定资产的需要量？

（1）搞好固定资产的清查。一是要全部清查现有固定资产的实有量；二是根据国家规定的技术标准，对现有的固定资产的质量进行逐台鉴定，明确哪些设备完好，哪些需要维修，哪些需要报废；三是要根据各类设备的技术规范，分别查明单台设备的设计生产能力、现有能力和生产某种产品的全部设备综合生产能力。

（2）以企业确定的计划生产任务为根据。核定时，要根据自己的生产能力进行生产，要注意留有余地。

（3）要同挖潜、革新、改造和采用新技术结合起来。既要保证生产需要，又要减少资金占用，就要弄清现有设备的薄弱环节，采取技术革新手段，改造旧设备，同时考虑采用新技术，提高企业的现代化水平。

（4）充分发动群众，有科学的计算依据。

## 8.如何进行固定资产盘点？

固定资产清查盘点原则是“见账就清，见物就点，账账相符，账实相符”。

由于固定资产的种类及数量比较多，而使用情况变化频繁。因此，各部门、单位在清查时，负责此工作的主管人员要召集有关人员，特别是本部门资产管理人员，工作时间较长对本单位情况比较熟悉的人员了解分析本部门的固定资产购置、分布、领用、变动等情况，积极与业务主管部门联系， 收集相关资料，规划好清查的时间、地点、先后顺序、人员安排等。对固定资产进行逐一盘点。

盘点时，可以是以账查物，对账载固定资产逐一核实勾兑；也可以是以物对账，对盘点出的固定资产与账载情况逐一核实。经过盘点，账实相符的，逐一填列资产信息登记表；账有而实物没有的（盘亏），则要查明原因，分别填列信息登记表；账无而实物有的（盘盈），要查明原因和资产来源，分别填列信息登记表。

# 第七部分 财务分析

引言：

财务分析是指以财务和其他资料为依据和起点，采用专门方法，系统地分析和评价企业的过去和现在的经营成果、财务状况及其变动，协助利益关系集团改善决策。财务分析是会计核算的继续和深化，是财务工作的主要组成部分。

# 第一章　基础知识

## 第一节　财务分析的目的与内容

### 一、财务分析的目的

对外发布的财务报表，是根据全体使用人的一般要求设计的，并不适合特定报表使用人的特定要求。报表使用人要从中选择自己需要的信息，重新排列，并研究其相互关系，使之符合特定决策要求。

企业财务分析的主要使用人有七种，他们的分析目的不尽相同（如下表所示）。

财务分析的目的

| 序号 | 使用人 | 分析目的 |
|---|---|---|
| 1 | 投资人 | 为了决定是否投资，分析企业的资产和获利能力；为了决定是否转让股份，分析获利状况、股价变动和发展前景；为了考查经营者业绩，要分析资产获利水平、破产风险和竞争能力；为了决定股利分配政策，要分析筹资状况 |
| 2 | 债权人 | 为了决定是否给企业贷款，要分析贷款的报酬和风险；为了了解债务人的短期偿债能力，要分析其流动状况；为了了解债务人的长期偿债能力，要分析其盈利状况；为了决定是否出让债权，要评价其价值 |
| 3 | 经理人员 | 为了改善财务决策而进行财务分析，涉及的内容最为广泛，几乎包括外部使用人关心的所有问题 |
| 4 | 供应商 | 要通过分析，看企业是否能长期合作，了解其信用水平如何，以确定是否应对企业延长付款期 |
| 5 | 政府 | 要通过财务分析了解企业的纳税情况，遵守政府法规和市场秩序的情况，职工收入和就业状况 |
| 6 | 员工和工会 | 要通过分析，判断企业盈利与员工收入、保险、福利之间是否相适应 |
| 7 | 中介机构（审计师、咨询人员等） | 审计师通过财务分析可以确定审计的重点。财务分析领域的逐渐扩展与咨询业的发展有关，在一些国家，“财务分析师”已成为专门职业，他们为各类报表使用人提供专业咨询 |

财务分析的一般目的可以概括为：评价过去的经营业绩，衡量现在的财务状况，

预测未来的发展趋势。根据分析的具体目的，财务分析可以分为流动性分析、财务风险分析、专题分析，如破产预测、审计师的分析性检查程序等。

## 二、财务分析的内容

### （一）财务报表分析

财务报表分析的信息，主要来自企业定期编制的资产负债表、损益表、现金流量表及其附表和财务状况说明书。对财务报表的分析，包括获利能力分析、偿债能力分析、财务状况分析、筹资和投资状况分析、成本费用开支情况分析等。

### （二）偿债能力分析

偿债能力是指企业以自有资产偿还所欠债务的能力。偿债能力一方面反映企业对债权人债务的保障程度；另一方面，企业偿债能力也体现企业持续经营的能力与经营风险的大小。偿债能力越强，则持续经营能力越强，经营风险越小。

企业负债分为流动负债和长期负债两类，相应地，偿债能力的分析也包括短期偿债能力分析和长期偿债能力分析。

### （三）获利能力分析

获利能力是指企业获取利润的能力，是企业经营能力的核心。企业投资者和潜在投资者投资的主要目的在于获取最大的收益，企业管理者的工作业绩主要体现在所管理企业的获利能力。因此，获利能力分析是企业投资者和经营管理者最为关注的财务报表分析内容之一。

### （四）资金营运能力分析

资金营运能力是指企业充分利用所有资金创造财富的能力。企业资金营运能力是其获利能力和偿债能力的基础，体现企业在市场竞争中的经营绩效。在其他条件不变的情况下，加速企业资金的周转，使单位资产在单位时间内发挥更大作用，就能不断降低产品的生产成本和费用，获取更多利润。

可用一系列指标来分析企业资金营运能力，一般采用将这些指标进行纵向分析和横向分析的方法。纵向分析是一种趋势分析法，是将本期指标与上期或上若干期指标进行比较，以考察企业资金营运能力的发展方向，并有针对性地提出下一步改进措施。横向分析是将本企业的分析期指标与同行业平均水平和先进水平进行比较，找出差距所在，以加强薄弱环节，改进经营管理。

资金营运能力分析指标体系包括总资产周转率、固定资产周转率和流动资产周转率。

## 三、财务分析的种类

财务分析按照分析时间的不同，可以分为定期分析和不定期分析；按照分析的目的和要求不同，可以分为全面分析与局部分析、专题分析与典型分析。

（1）全面分析。

也叫做综合分析，它是对企业的资金运转的各方面情况，进行综合、全面、系统的分析。这种分析，既要把数据与实际调查研究资料结合起来，又要力求重点突出，避免一般化。通过分析，借以考察资金运转过程中所取得的主要经验和成绩以及存在的主要问题，以利于评价工作和改进工作。全面分析一般适用于对季度、年度报表的分析。

（2）局部分析。

就是对一两个主要问题或几个主要会计指标进行扼要的剖析，与往期比较，或与预算比较，借以考核预算管理水平的提高程度，大体观察近期经济管理情况或某指标发展的基本趋势。局部分析一般适用于月度分析。

（3）专题分析。

是对某些重大的预算管理措施或企业的重大变化进行分析。它的特点是分析范围单一，研究要透彻、深入。

（4）典型分析。

是对某些典型事例、典型单位所进行的分析。

在实际工作中，上述几种分析形式往往是互相结合，互相补充，采用哪一种分析，需要根据分析的要求具体决定。

# 第二节　财务分析的步骤

## 一、准确定位分析内容

在进行财务分析前要对分析的内容有准确的定位。虽然分析的形式和分析的目的有许多种，但分析的内容概括起来却可分成企业发展能力、企业效益情况、支付能力状况、资产运营状况四个方面。而且各方面的内容都有各自的评价和计量指标，如企业发展能力的常用计量指标有收入增长率、人均劳动生产率、固定资产增长率、资本积累率等，企业效益的计量指标有业务收入收支差率、成本费用增长率、成本费用利润率、净资产收支差率等。

## 二、充分收集各种相关信息

分析之前，充分收集与分析内容相关的信息资料，只有充分的信息资料才有可能得出准确、全面的财务分析。除收集相关的必要的报表数据外，还应收集对分析内容有影响的重大经济事件、行业因素、管理政策、经营策略变化和会计方法变更以及业务量等信息。在收集的信息资料中，除报表数据外，相关的经营和会计信息也是至关重要的，有时会对数据的形成产生巨大的影响。

## 三、综合运用各种分析方法

进行财务分析的方法有很多种，一般来说，分析中不可缺少的方法有水平分析、进度分析、垂直分析、比率分析和因素分析。不同的分析目的，采取的分析方法就有所不同，应选择最有效的分析方法。如月份财务分析，关注的重点是指标的计划进度，那么与计划预算比的“进度分析”就不可缺少，而对于生产、销售等业务的专项盈利性分析，与同行业平均水平和本企业历史情况相比则是不可缺少的。在进行分析时，不能只使用某一分析方法，应该综合运用各种分析方法，从不同的角度对企业经营状况进行分析评价，这样才有利于得出正确的结论。

## 四、循序渐进，找出根源

在分析过程中要依次进行整体分析、定性分析和定量分析三个阶段，循序渐进，最终找出问题的根源。分析越深入，越容易找到数据形成的最深层原因，越容易对症下药。

### （一）通过整体分析，概括出分析目标的总体状况

主要是运用趋势分析法、水平分析法和垂直分析法等对分析内容及其计量指标进行全面分析。通过趋势分析，将企业目前的经营状况与本企业历史情况相比，以评价企业自身经营状况是否改善；通过水平分析，与同类企业比，以说明本企业在同行业中所处的地位与水平。

### （二）通过垂直分析和比率分析，对相关因素进行定性分析，找出影响数据形成的主要因素

垂直分析是指计算各项目占总体的比重或结构，分析各项目与总体的关系情况及其变动情况，从而找出变动异常的项目。在涉及收入、成本分析时，进行垂直分析很有必要。比率分析是把相关比率与本企业的历史比率、企业制定的目标或同行业平均比率进行比较。通过对变动异常的项目进行比率分析，确定进一步分析的领域，发现

变化的趋势和引起变动的具体原因。相关比率是将某一指标同其他与之有着直接或重要关系的指标或项目进行对比，以便更深入地认识某方面的水平与经营状况，如通信收入收支差率、业务费收入贡献率等都属于相关比率。

### （三）进行定量分析，确定相关因素对分析目标的影响程度

在整体分析和定性分析的基础上，对一些主要影响因素进行定量分析，这将使分析进一步深入。

## 五、提出解决问题的办法

在应用各种分析方法进行分析的基础上，将定量分析结果、定性分析判断及实际调查情况结合起来，最终得出分析结论，并对分析出的问题提出相应的解决方法。

# 第二章　管控工具

## 第一节　流程管控

### 一、会计报告作业流程

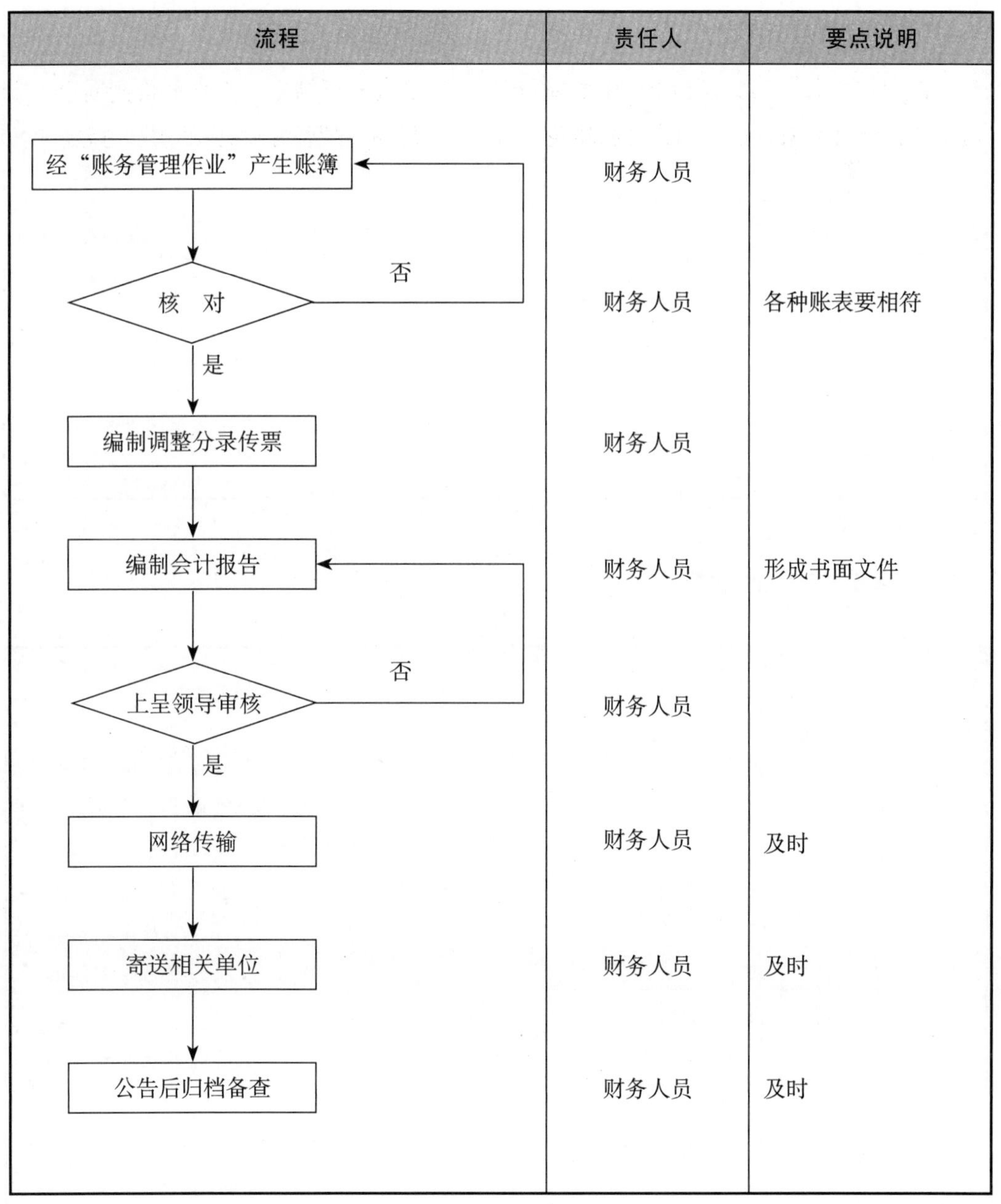

| 流程 | 责任人 | 要点说明 |
| --- | --- | --- |
| 经“账务管理作业”产生账簿 | 财务人员 | |
| 核　对（否：返回“经‘账务管理作业’产生账簿”；是：下一步） | 财务人员 | 各种账表要相符 |
| 编制调整分录传票 | 财务人员 | |
| 编制会计报告 | 财务人员 | 形成书面文件 |
| 上呈领导审核（否：返回“编制会计报告”；是：下一步） | 财务人员 | |
| 网络传输 | 财务人员 | 及时 |
| 寄送相关单位 | 财务人员 | 及时 |
| 公告后归档备查 | 财务人员 | 及时 |

## 二、会计报表编制作业流程

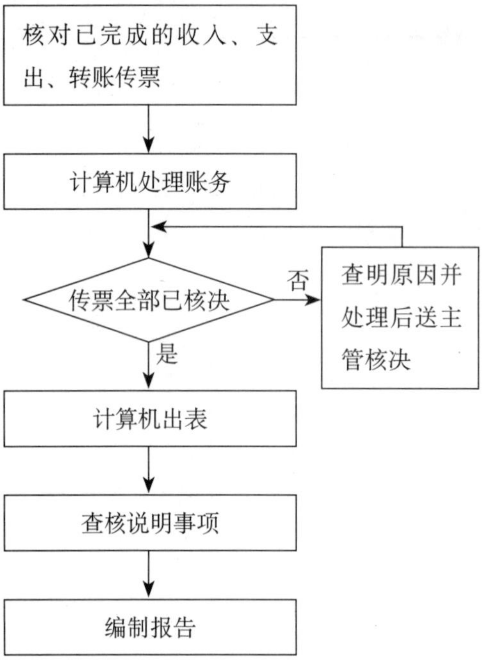

| 流程 | 责任人 | 要点说明 |
|---|---|---|
| 核对已完成的收入、支出、转账传票 | 会计 | 要及时 |
| ↓ 计算机处理账务 | 会计 | 每月 |
| ↓ 传票全部已核决（否→查明原因并处理后送主管核决→返回；是↓） | | |
| 计算机出表 | 会计 | 每月 |
| ↓ 查核说明事项 | 会计 | 要认真 |
| ↓ 编制报告 | 会计 | 形成书面文件 |

## 三、财务分析作业流程

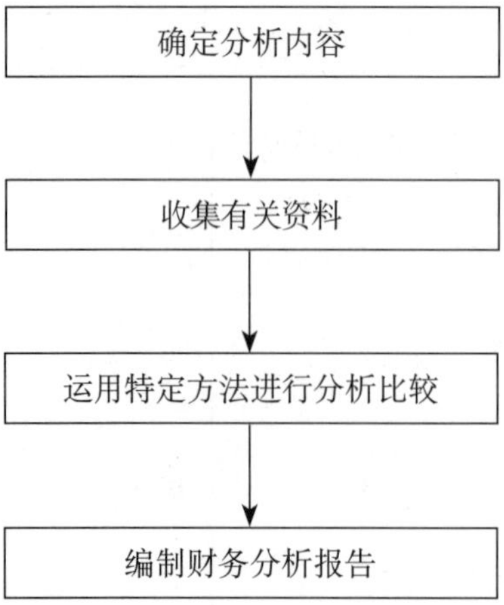

| 流程 | 责任人 | 要点说明 |
|---|---|---|
| 确定分析内容 | 财务分析人员 | 内容包括资金结构、风险程度、盈利能力、经营成果 |
| ↓ 收集有关资料 | 财务分析人员 | 包括公司的财务报表，以及统计核算、业务核算等方面的资料 |
| ↓ 运用特定方法进行分析比较 | 财务分析人员 | 可用多种方法 |
| ↓ 编制财务分析报告 | 财务分析人员 | 形成书面文件 |

# 第二节 制度管控

## 一、财务分析工作制度

<table>
<tr><td>目　　的</td><td>为全面反映公司经济活动情况，及时提供经济运行活动中的重要信息，增强内部管理的时效性、针对性及对未来发展趋势的预见性，全面提高公司经济效益，特制定本制度。</td></tr>
<tr><td>适用范围</td><td>适用于本公司及下属各业务部门。</td></tr>
<tr><td>内　　容</td><td>1.财务分析时间<br>每月在28日报出财务报表之后5日内作出财务分析。<br>2.财务分析方法<br>采用比较分析法、因素分析法。<br>3.财务分析的要求<br>财务分析必须对分析当期的财务状况、经营情况、资金运用情况等进行评价。因而，要求各单位在作财务分析前必须对不属于当期的而计入当期的、属于当期的而未计入当期的损益、非常规的账务调整等一些非常情况进行分析说明，计算累计影响数并予以剔除，然后再对当期的真实情况进行分析、评价。<br><br>财务分析的要求<br><table>
<tr><th>序号</th><th>分析内容</th><th>要求</th></tr>
<tr><td>1</td><td>利润分析</td><td>（1）分析本期利润完成及构成情况，没有利润的说明亏损原因<br>（2）测算盈亏临界点销售额测算，进行保本经营分析</td></tr>
<tr><td>2</td><td>销售分析</td><td>（1）分析当期销售商品的收入构成，能够说明畅销品种及滞销品种，为公司产品结构的改善提供依据<br>（2）分析半年或全年销售情况，根据本期签订订单、合同、已签订合同成交的概率，预测公司全年或下期产品销售指标可完成程度，并说明预测依据</td></tr>
</table></td></tr>
</table>

内　容

（续表）

| 序号 | 分析内容 | 要求 |
|---|---|---|
| 3 | 成本、费用分析 | （1）分析产品的成本构成，阐明本期生产成本的结构特点及异常情况，内部考核指标完成情况，并能够提出降低成本的合理化建议<br>（2）分析管理费用与销售费用的增减变化情况，并与本期计划数及上期实际数进行对比，分析变化的原因，分析内部考核指标完成情况，对业务招待费、佣金单列分析 |
| 4 | 存货分析 | （1）通过产值核算，即现有成品按售价计算，分析成品周转天数，分析库存量是否合理、是否能够满足销售的需要、是否有不合理库存积压；分析库存的结构，看储备是否合理、是否需要进行结构调整<br>（2）分析原辅料储备对后续生产保障的情况，并对在制品存在的异常成本作出说明 |
| 5 | 偿债分析 | 根据负债比率、流动比率及速动比率分析企业的偿债能力及经营风险的大小 |
| 6 | 营运能力分析 | （1）对应收账款进行账龄分析，计算应收账款周转率，揭示公司目前应收账款的现状。对于大额欠款客户要进行详细说明，同时对公司重点客户进行信用评价<br>（2）通过对存货周转率、主营业务利润率、成本费用利润率等财务指标的计算，评价公司目前的整体经营状况，指出存在的问题，提出解决的可行性建议 |
| 7 | 现金流量分析 | （1）按当期口径测算现金流量，即扣除上期影响及转入下期因素测算当期现金收入及各项支出，测算现金净流量，据此分析公司投入现金总量可能出现的增减变化<br>（2）预计下期收入、支出及下期现金收支总体趋势，下期经营需要资金概算 |

4.财务分析报告的内容与格式

（1）生产经营状况分析。

从产量、产值、质量及销售等方面对公司本期的生产经营活动作一简单评价，并与上年同期水平作一对比说明。

（2）成本费用分析。

a.原材料消耗与上期对比增减变化情况，对变化原因作出分析说明。

<table>
<tr><td>内　容</td><td>
b.管理费用与销售费用的增减变化情况（与上期对比）并分析变化的原因，对业务费、销售佣金单列分析。<br>
c.以本期各产品产量大小为依据确定本公司主要产品，分析其销售毛利，并根据具体情况分析降低产品单位成本的可行途径。<br>
（3）利润分析。<br>
a.分析主要业务利润占利润总额的比例（主要业务利润按工业、贸易和其他行业分为产品销售利润、商品销售利润和营业利润）。<br>
b.对各项投资收益、汇总损益及其他营业收入作出说明。<br>
c.分析利润构成情况及其原因。<br>
（4）资金的筹集与运用状况分析。<br>
a.存货分析。<br>
——根据产品销售率分析本公司产销平衡情况。<br>
——分析存货积压的形成原因及库存产品完好程度。<br>
——本期处理库存积压产品的分析，包括处理的数量、金额及导致的损失。<br>
b.应收账款分析。<br>
——分析金额较大的应收账款形成原因及处理情况，包括催收或诉讼的进度情况。<br>
——本期未取得货款的收入占总销售收入的比例，如比例较大的应说明原因。<br>
——应收账款中非应收货款部分的数量，包括预付货款、定金及借给外单位的款项等。对借给外单位和其他用途而非应收账款科目的款项应单独列出并作出说明。<br>
（5）负债分析。<br>
a.根据负债比率、流动比率及速动比率分析企业的偿债能力及财务风险的大小。<br>
b.分析本期增加的借款的去向。<br>
c.季度分析和年度分析应根据各项借款的利息率与资金利润率的对比，分析各项借款的经济性，以作为调整借款渠道和计划的依据之一。
</td></tr>
</table>

| | |
|---|---|
| 内　　容 | （6）其他事项分析。<br>a.对发生重大变化的有关资产和负债项目作出分析说明（如长期投资等）。<br>b.对其他影响企业效益和财务状况较大的项目和重大事件作出分析说明。<br>（7）提出措施与建议。<br>通过分析对所存在的问题，应提出解决措施和途径，包括：<br>a.根据分析结合具体情况，对企业生产、经营提出合理化建议。<br>b.对现行财务管理制度提出建议。<br>c.总结前期工作中的成功经验。<br>d.季度、年度分析应对应收账款进行账龄分析，予以分类说明。<br>各项财务指标说明如下：<br>——应收账款周转天数＝（应收账款平均占用额×30）÷本月销售收入（或营业收入）。<br>——流动资金周转天数＝（全部流动资金平均占用额×30）÷本月销售收入（或营业收入）。<br>——存货周转天数＝（存货平均占用额×30）÷本月销售收入（或营业收入）。<br>——销售利润率＝销售利润（或营业利润）÷本月销售收入（或营业收入）×100%。<br>——产品销售率＝本月产品销售收入÷（Σ各产品产量×销售单价）×100%。<br>——负债比率＝负债总额÷资产总额×100%。<br>——投资收益率＝税后利润÷实收资本（或上级拨入资金）×100%。<br>以上各项指标的平均占用额是指该指标的月初数与月末数的平均数。<br>年度财务分析则将上述公式中的30改为360，销售收入以全年累计数计算，各项指标的平均占用额则指该指标的年初数与年末数的平均数。 |

| | |
|---|---|
| 内　　容 | 5.财务分析报告签名与提交<br>具体规定如下：<br>（1）财务分析报告应有公司负责人和填表人签名，并在第一页表上的右上盖上单位公章。如栏目或纸张不够，请另加附页，但要保持整齐、美观。<br>（2）各单位财务分析报告应在每月10日前报财务部，一式两份。 |

## 二、财务会计报告制度

| | |
|---|---|
| 目　　的 | 为了规范公司财务会计报告，保证财务会计报告的真实、完整，切实发挥财务报告在企业管理中的作用，为公司对下属产业经营考核提供考核依据，根据《企业会计准则》，结合本公司管理需要，特制定本制度。 |
| 适用范围 | 适用于公司本部及所属分公司。 |
| 内　　容 | 1.财务会计报告的构成<br>财务会计报告分为快报，年度、半年度财务会计报告，季度和月度财务会计报告。<br>（1）快报。<br>快报是企业每月在正式编制会计报表前，所提供的主要财务指标完成情况报告。通过快报可以及时地了解公司本月生产经营的完成情况，正确地采取有效措施，解决生产经营的问题。<br>a.集团所属公司每月1日上午（节假日不顺延）必须将快报以传真和电子邮件形式上报集团公司财务部。不得迟报、漏报、谎报、瞒报，报表内的指标不得缺项，各项数据要真实、准确，与正式报表不得有较大误差。<br>b.集团公司汇总快报，必须每月4日前报出，要保证各项数据的完整性、合理性。同时，要对快报进行简单的分析，以便向领导和有关部门提供合理的决策依据。 |

<table>
<tr><td>内　　容</td><td>
（2）年度、半年度财务会计报告。<br>
a.年度、半年度财务会计报告应当包括会计报表、会计报表附注、财务情况说明书。<br>
b.会计报表应当包括资产负债表、利润表、现金流量表、所有者权益变动表及相关附表以及集团公司为管理需要增加的有关报表。<br>
c.季度、月度财务会计报告。<br>
季度、月度财务会计报告通常仅指会计报表，会计报表至少应当包括资产负债表和利润表。国家统一的会计制度规定季度、月度财务会计报告需要编制会计报表附注的，从其规定。<br>
2.各项报表的编写要求<br>
年度、半年度财务会计报告至少应当反映2个年度或者相关2个期间的比较数据。<br>
（1）资产负债表。<br>
资产负债表是反映企业在某一特定日期财务状况的报表。资产负债表应当按照资产、负债和所有者权益（或者股东权益，下同）分类分项列示。其中，资产、负债和所有者权益的定义及列示应当遵循下列规定：<br>
a.资产，是指过去的交易、事项形成并由企业拥有或者控制的资源，该资源预期会给企业带来经济利益。在资产负债表上，资产应当按照其流动性分类分项列示，包括流动资产和非流动资产。非银行金融机构的各项资产有特殊性的，按照其性质分类分项列示。<br>
b.负债，是指过去的交易、事项形成的现时义务，履行该义务预期会导致经济利益流出企业。在资产负债表上，负债应当按照其流动性分类分项列示，包括流动负债和非流动负债等。非银行金融机构的各项负债有特殊性的，按照其性质分类分项列示。<br>
c.所有者权益，是指所有者在企业资产中享有的经济利益，其金额为资产减去负债后的余额。在资产负债表上，所有者权益应当按照实收资本（或者股本）、资本公积、盈余公积、未分配利润等项目分项列示。
</td></tr>
</table>

| 内　容 | （2）利润表。<br>利润表是反映企业在一定会计期间经营成果的报表。利润表应当按照各项收入、费用以及构成利润的各个项目分类分项列示。其中，收入、费用和利润的定义及列示应当遵循下列规定：<br>a.收入，是指企业在销售商品、提供劳务及让渡资产使用权等日常活动中所形成的经济利益的总流入。收入不包括为第三方或者客户代收的款项。在利润表上，收入应当按照其重要性分项列示。<br>b.费用，是指企业为销售商品、提供劳务等日常活动所发生的经济利益的流出。在利润表上，费用应当按照其性质分项列示。<br>c.利润，是指企业在一定会计期间的经营成果。在利润表上，利润应当按照营业利润、利润总额和净利润等利润的构成分类分项列示。<br>（3）现金流量表。<br>现金流量表是反映企业一定会计期间现金和现金等价物（以下简称现金）流入和流出的报表。现金流量表应当按照经营活动、投资活动和筹资活动的现金流量分类分项列示。其中，经营活动、投资活动和筹资活动的定义及列示应当遵循下列规定：<br>a.经营活动，是指企业投资活动和筹资活动以外的所有交易和事项。在现金流量表上，经营活动的现金流量应当按照其经营活动的现金流入和流出的性质分项列示；非银行金融机构的经营活动按照其经营活动特点分项列示。<br>b.投资活动，是指企业长期资产的购建和不包括在现金等价物范围内的投资及其处置活动。在现金流量表上，投资活动的现金流量应当按照其投资活动的现金流入和流出的性质分项列示。<br>c.筹资活动，是指导致企业资本及债务规模和构成发生变化的活动。在现金流量表上，筹资活动的现金流量应当按照其筹资活动的现金流入和流出的性质分项列示。 |
|---|---|

| | |
|---|---|
| 内 容 | （4）会计报表附注。<br>会计报表附注是为便于会计报表使用者理解会计报表的内容而对会计报表的编制基础、编制依据、编制原则和方法及主要项目等所作的解释。会计报表附注至少应当包括下列内容：<br>a.不符合基本会计假设的说明。<br>b.重要会计政策和会计估计及其变更情况、变更原因及其对财务状况和经营成果的影响。<br>c.或有事项和资产负债表日后事项的说明。<br>d.关联方关系及其交易的说明。<br>e.重要资产转让及其出售情况。<br>f.企业合并、分立。<br>g.重大投资、融资活动。<br>h.会计报表中重要项目的明细资料。<br>i.有助于理解和分析会计报表需要说明的其他事项。<br>（5）财务情况说明书。<br>财务情况说明书至少应当对下列情况作出说明：<br>a.企业生产经营的基本情况。<br>b.利润实现和分配情况。<br>c.资金增减和周转情况。<br>d.对企业财务状况、经营成果和现金流量有重大影响的其他事项。<br>3.财务会计报告的编制<br>（1）编制时间。<br>企业应当于年度终了编报年度财务会计报告。国家统一的会计制度规定企业应当编报半年度、季度和月度财务会计报告的，从其规定。<br>（2）编制的基本原则。<br>a.企业编制财务会计报告，应当根据真实的交易、事项以及完整、准确的账簿记录等资料，并按照国家统一的会计制度规定的编制基础、编制依据、编制原则和方法。<br>企业不得违反《企业会计制度》和国家统一的会计制度规定，随意改变财务会计报告的编制基础、编制依据、编制原则和方法。 |

<table>
<tr><td>内　　容</td><td>b.任何组织或者个人不得授意、指使、强令企业违反《企业会计制度》和国家统一的会计制度规定，改变财务会计报告的编制基础、编制依据、编制原则和方法。<br>c.企业应当依照《企业会计制度》和国家统一的会计制度规定，对会计报表中各项会计要素进行合理的确认和计量，不得随意改变会计要素的确认和计量标准。<br>d.企业应当依照有关法律、行政法规和《企业会计制度》规定的结账日进行结账，不得提前或者延迟。年度结账日为公历年度每年的12月31日；半年度、季度、月度结账日分别为公历年度每半年、每季、每月的最后一天。<br>（3）编制前的准备工作。<br>a.全面清查资产、核实债务。企业在编制年度财务会计报告前，应当按照下列规定，全面清查资产、核实债务：<br>——款项，包括应收款项、应付款项、应交税费等是否存在，与债务、债权单位的相应债务、债权金额是否一致。<br>——在制品、自制半成品、库存商品等各项存货的实存数量与账面数量是否一致，是否有报废损失和积压物资等。<br>——投资是否存在，投资收益是否按照国家统一的会计制度规定进行确认和计量。<br>——建筑物、机器设备、运输工具等各项固定资产的实存数量与账面数量是否一致。<br>——工程的实际发生额与账面记录是否一致。<br>——清查、核实的其他内容。<br>企业通过前款规定的清查、核实，查明财产物资的实存数量与账面数量是否一致、各项结算款项的拖欠情况及其原因、材料物资的实际储备情况、各项投资是否达到预期目的、固定资产的使用情况及其完好程度等。<br>企业清查、核实后，应当将清查、核实的结果及其处理办法向企业的董事会或者相应机构报告，并根据国家统一的会计制度的规定进行相应的会计处理。<br>企业应当在年度中间根据具体情况，对各项财产物资和结算款项进行重点抽查、轮流清查或者定期清查。</td></tr>
</table>

| | |
|---|---|
| 内　　容 | b.在编制财务会计报告前，除应当全面清查资产、核实债务外，还应当完成下列工作：<br>——核对各会计账簿记录与会计凭证的内容、金额等是否一致，记账方向是否相符。<br>——依照《企业会计制度》规定的结账日进行结账，结算出有关会计账簿的余额和发生额，并核对各会计账簿之间的余额。<br>——检查相关的会计核算是否按照国家统一的会计制度的规定进行。<br>——对于国家统一的会计制度没有规定统一核算方法的交易、事项，检查其是否按照会计核算的一般原则进行确认和计量以及相关账务处理是否合理。<br>——检查是否存在因会计差错、会计政策变更等原因需要调整前期或者本期相关项目。<br>在前款规定工作中发现问题的，应当按照国家统一的会计制度的规定进行处理。<br>（4）会计报告的编写。<br>a.编制年度和半年度财务会计报告时，对经查实后的资产、负债有变动的，应当按照资产、负债的确认和计量标准进行确认和计量，并按照国家统一的会计制度的规定进行相应的会计处理。<br>b.应当按照国家统一的会计制度规定的会计报表格式和内容，根据登记完整、核对无误的会计账簿记录和其他有关资料编制会计报表，做到内容完整、数字真实、计算准确，不得漏报或者任意取舍。<br>c.会计报表之间、会计报表各项目之间，凡有对应关系的数字，应当相互一致；会计报表中本期与上期的有关数字应当相互衔接。<br>d.会计报表附注和财务情况说明书应当按照本制度和国家统一的会计制度的规定，对会计报表中需要说明的事项作出真实、完整、清楚地说明。<br>e.企业发生合并、分立情形的，应当按照国家统一的会计制度的规定编制相应的财务会计报告。 |

<table>
<tr><td>内　容</td><td>f.企业终止营业的，应当在终止营业时按照编制年度财务会计报告的要求全面清查资产、核实债务、进行结账，并编制财务会计报告；在清算期间，应当按照国家统一的会计制度的规定编制清算期间的财务会计报告。<br>4.财务报告报送时间及使用制度<br>（1）上述报告报公司财务部3份，本部门经理1份，本部门其他人使用报告由本部门经理提供或经本部门经理同意后由分管财务主管提供。月报次月6日前报公司财务部及本部门经理，半年报告于次月10日前报公司财务部及本部经理，年报于次月15日前报公司财务部及本部门经理，以上报告报送时间遇节假日前推1天。<br>（2）报送总经理、董事会报告由公司财务部审核编报。<br>（3）对外报告本着简化、适用、前后期口径统一、合法原则报出，财务分析仅供内部管理使用，不得对外提供。<br>（4）违规责任。<br>a.报告编制人对报告质量负责，报告有重大差错、遗漏，给予报告编制人_______元以下_______元以上罚款。<br>b.无异常原因，报告编制人未按规定时间报送报告，给予报告编制人_______元以下_______元以上罚款。<br>c.报告编制人未按规定向规定人以外人员提供报告，违反保密制度，给予报告提供人_______元以下_______元以上罚款。对公司造成不良影响及损失的给予行政处罚，性质严重的移交司法机关处理。</td></tr>
</table>

# 第三节 表格管控

## 一、财务分析提纲

一、主要指标完成情况

（一）产量

（二）产值

（三）销售收入

（四）利税

1.利润

2.税金

（五）销售回款

1.内贸回款

（1）配套市场

（2）维修市场

2.外贸回款

（六）出口交货值

（七）二项资金占用

1.应收账款占用

2.产成品占用

二、主要财务状况分析

（一）盈利能力

1.销售利润率：(利润总额÷销售收入)×100%

2.成本费用利润率：(利润总额÷成本费用总额)×100%

（二）偿债能力指标

1.资产负债率：(负债总额÷资产总额)×100%

2.流动比率：(流动资产÷流动负债)×100%

3.速动比率：(流动资产－存货)÷流动负债×100%

4.利息支付倍数：税息前利润÷利息费用

（三）营运能力指标

1.应收账款周转率：(销售收入÷平均应收账款)×100%

2.存货周转率：(销售成本÷平均存货)×100%

（四）上市指标

1.每股收益：税后利润÷股本总数

2.净资产收益率：净利润÷平均股东权益

3.销售毛利率：（销售收入−销售成本）÷销售收入×100%

4.销售净利率：（净利润÷销售收入）×100%

**三、资金收支分析**

**四、成本费用分析**

**五、存在的问题及建议**

## 二、财务状况控制表

### 财务状况控制表

日期：　　年　月　日

| 应收账款 | | 应付账款 | |
|---|---|---|---|
| 昨日余额 | | 昨日余额 | |
| 本日销货 | | 本日发票付账 | |
| 本日退货折让 | | 折让退回 | |
| 现金销货 | | 支付票据 | |
| 贷款收回 | | 支付现金 | |
| 本日余额 | | 本日余额 | |
| 应收票据 | | 应付票据 | |
| 昨日余额 | | 昨日余额 | |
| 本日收入 | | 本日支付票据 | |
| 本日兑现 | | 本日到期 | |
| 本日余额 | | 本日余额 | |

| 银行存款 | 昨日结存 | 本日存入 | 本日支出 | 本日结存 | 明日应付款 |
|---|---|---|---|---|---|
| | | | | | |
| | | | | | |
| | | | | | |
| | | | | | |

核准：　　　　复核：　　　　制表：

## 三、现金流量表纵向趋势分析表

现金流量表纵向趋势分析表

<table>
<tr><td rowspan="3">项　目</td><td rowspan="2">上年金额</td><td rowspan="2">本年金额</td><td colspan="2">本年比上年增长</td></tr>
<tr><td>金　额</td><td>百分比(%)</td></tr>
<tr><td>①</td><td>②</td><td>③＝②－①</td><td>④＝③÷①</td></tr>
<tr><td>1.经营活动产生的现金流量</td><td></td><td></td><td></td><td></td></tr>
<tr><td>(1)销售商品、提供劳务收到的现金</td><td></td><td></td><td></td><td></td></tr>
<tr><td>(2)收到的税费返还</td><td></td><td></td><td></td><td></td></tr>
<tr><td>(3)收到的其他与经营活动有关的现金</td><td></td><td></td><td></td><td></td></tr>
<tr><td>(4)现金流入小计</td><td></td><td></td><td></td><td></td></tr>
<tr><td>(5)购买商品、接受劳务支出的现金</td><td></td><td></td><td></td><td></td></tr>
<tr><td>(6)支付给职工以及为职工支付的现金</td><td></td><td></td><td></td><td></td></tr>
<tr><td>(7)支付的各项税费</td><td></td><td></td><td></td><td></td></tr>
<tr><td>(8)支付的其他与经营活动有关的现金</td><td></td><td></td><td></td><td></td></tr>
<tr><td>(9)现金流出小计</td><td></td><td></td><td></td><td></td></tr>
<tr><td>(10)经营活动产生的现金流量净额</td><td></td><td></td><td></td><td></td></tr>
<tr><td>2.投资活动产生的现金流量</td><td></td><td></td><td></td><td></td></tr>
<tr><td>(1)收回投资所收到的现金</td><td></td><td></td><td></td><td></td></tr>
<tr><td>(2)取得投资收益所获得的现金</td><td></td><td></td><td></td><td></td></tr>
<tr><td>(3)处置固定资产、无形资产和其他长期投资所收回的现金净额</td><td></td><td></td><td></td><td></td></tr>
<tr><td>(4)收到的其他与投资活动有关的现金</td><td></td><td></td><td></td><td></td></tr>
<tr><td>(5)现金流入小计</td><td></td><td></td><td></td><td></td></tr>
<tr><td>(6)购建固定资产、无形资产和其他长期资产所支付的现金</td><td></td><td></td><td></td><td></td></tr>
<tr><td>(7)投资所支付的现金</td><td></td><td></td><td></td><td></td></tr>
<tr><td>(8)支付的其他与投资活动有关的现金</td><td></td><td></td><td></td><td></td></tr>
<tr><td>(9)现金流出小计</td><td></td><td></td><td></td><td></td></tr>
</table>

(续表)

| 项　　目 | 上年金额 | 本年金额 | 本年比上年增长 | |
|---|---|---|---|---|
| | | | 金　额 | 百分比(%) |
| | ① | ② | ③＝②－① | ④＝③÷① |
| （10）投资活动产生的现金流量净额 | | | | |
| 3.筹资活动产生的现金流量 | | | | |
| (1)吸收投资所收到的现金 | | | | |
| (2)取得借款所收到的现金 | | | | |
| (3)收到的其他与筹资活动有关的现金 | | | | |
| (4)现金流入小计 | | | | |
| (5)偿还债务所支付的现金 | | | | |
| (6)分配股利、利润和偿付利息所支付的现金 | | | | |
| (7)支付的其他与筹资活动有关的现金 | | | | |
| (8)现金流出小计 | | | | |
| (9)筹资活动产生的现金流量净额 | | | | |
| 4.汇率变动对现金的影响 | | | | |
| 5.现金及现金等价物增加额 | | | | |
| 补充资料 | | | | |
| 1.将净利润调节为经营活动现金流量 | | | | |
| 净利润 | | | | |
| 加：计提的资产减值准备 | | | | |
| 固定资产折旧 | | | | |
| 无形资产摊销 | | | | |

(续表)

| 项　　目 | 上年金额 | 本年金额 | 本年比上年增长 | |
|---|---|---|---|---|
| | | | 金　额 | 百分比(%) |
| | ① | ② | ③=②-① | ④=③÷① |
| 长期待摊费用摊销 | | | | |
| 待摊费用减少(减：增加) | | | | |
| 预提费用增加(减：减少) | | | | |
| 处置固定资产、无形资产和其他长期资产的损失(减：收益) | | | | |
| 固定资产报废损失 | | | | |
| 财务费用 | | | | |
| 投资损失(减：收益) | | | | |
| 递延税款贷项(减：借项) | | | | |
| 存货的减少(减：增加) | | | | |
| 经营性应收项目的减少(减：增加) | | | | |
| 经营性应付项目的增加(减：减少) | | | | |
| 其他 | | | | |
| 经营活动产生的现金流量净额 | | | | |
| 2.不涉及现金收支的投资和筹资活动 | | | | |
| 债务转为资本 | | | | |
| 一年内到期的可转换公司债券 | | | | |
| 融资租入固定资产 | | | | |
| 3.现金及现金等价物净增加情况 | | | | |
| 现金的期末余额 | | | | |
| 减：现金的期初余额 | | | | |
| 加：现金等价物的期末余额 | | | | |
| 减：现金等价物的期初余额 | | | | |
| 现金及现金等价物净增加额 | | | | |

## 四、资产负债表纵向趋势分析表

资产负债表纵向趋势分析表

| 会计报表项目 | 上年金额 | 本年金额 | 本年比上年增长 | |
|---|---|---|---|---|
| | | | 金额 | 百分比(%) |
| | ① | ② | ③＝②－① | ④＝③÷① |
| 流动资产 | | | | |
| 长期投资 | | | | |
| 固定资产净额 | | | | |
| 在建工程 | | | | |
| 长期待摊费用 | | | | |
| 无形资产及其他资产 | | | | |
| 待处理财产损失 | | | | |
| 资产合计 | | | | |
| 流动负债 | | | | |
| 长期负债 | | | | |
| 负债合计 | | | | |
| 实收资本 | | | | |
| 其他权益 | | | | |

## 五、利润表纵向趋势分析表

利润表纵向趋势分析表

| 会计报表项目 | 上年金额 | 本年金额 | 本年比上年增长 | |
|---|---|---|---|---|
| | | | 金额 | 百分比(%) |
| | ① | ② | ③＝②－① | ④＝③÷① |
| 1.主营业务收入 | | | | |
| 减：主营业务成本 | | | | |
| 2.主营业务税金及附加 | | | | |
| 3.主营业务利润 | | | | |
| 加：其他业务利润 | | | | |
| 减：存货跌价损失 | | | | |
| 销售费用 | | | | |
| 管理费用 | | | | |
| 财务费用 | | | | |
| 4.营业利润 | | | | |
| 加：投资收益 | | | | |
| 营业外收入 | | | | |
| 减：营业外支出 | | | | |
| 加：以前年度损益调整 | | | | |
| 5.利润总额 | | | | |
| 减：所得税 | | | | |
| 6.净利润 | | | | |

## 六、月份财务分析表

月份财务分析表

<table>
<tr><td>资产项目</td><td>上月价值</td><td>本月价值</td><td>净增加</td><td>负债项目</td><td>上月金额</td><td colspan="2">本月金额</td><td>净增加</td></tr>
<tr><td>现金</td><td></td><td></td><td></td><td>应付账款</td><td></td><td colspan="2"></td><td></td></tr>
<tr><td>银行存款</td><td></td><td></td><td></td><td>应付票据</td><td></td><td colspan="2"></td><td></td></tr>
<tr><td>应收账款</td><td></td><td></td><td></td><td>暂收款</td><td></td><td colspan="2"></td><td></td></tr>
<tr><td>应收票据</td><td></td><td></td><td></td><td>其他</td><td></td><td colspan="2"></td><td></td></tr>
<tr><td>在制品库存</td><td></td><td></td><td></td><td>小计</td><td></td><td colspan="2"></td><td></td></tr>
<tr><td>在制品价值</td><td></td><td></td><td></td><td>借款</td><td></td><td colspan="2"></td><td></td></tr>
<tr><td>原料库存</td><td></td><td></td><td></td><td>股本</td><td></td><td colspan="2"></td><td></td></tr>
<tr><td rowspan="2">物料库存</td><td rowspan="2"></td><td rowspan="2"></td><td rowspan="2"></td><td>本期盈余</td><td></td><td colspan="2"></td><td></td></tr>
<tr><td>累积盈余</td><td></td><td colspan="2"></td><td></td></tr>
<tr><td>其他</td><td></td><td></td><td></td><td>合计</td><td></td><td colspan="2"></td><td></td></tr>
<tr><td>小计</td><td></td><td></td><td></td><td>存货类别</td><td>原料</td><td>物料</td><td>在制品</td><td>制成品</td></tr>
<tr><td>固定资产</td><td></td><td></td><td></td><td>上期结存</td><td></td><td></td><td></td><td></td></tr>
<tr><td>折旧</td><td></td><td></td><td></td><td>本期入库</td><td></td><td></td><td></td><td></td></tr>
<tr><td>存出保证金</td><td></td><td></td><td></td><td>折让</td><td></td><td></td><td></td><td></td></tr>
<tr><td>暂存款</td><td></td><td></td><td></td><td>本期结存</td><td></td><td></td><td></td><td></td></tr>
<tr><td>其他</td><td></td><td></td><td></td><td>本期出库</td><td></td><td></td><td></td><td></td></tr>
<tr><td>小计</td><td></td><td></td><td></td><td>生产耗用</td><td></td><td></td><td></td><td></td></tr>
<tr><td>合计</td><td></td><td></td><td></td><td>其他耗用</td><td></td><td></td><td></td><td></td></tr>
</table>

## 七、年度财务分析表

年度财务分析表

盖章单位：

| 指标名称 | 本期数 | 上年同期数 | 增减率 | 指标名称 | 本期数 | 上年同期数 | 增减率 |
|---|---|---|---|---|---|---|---|
| 营业收入（元） | | | | 总产值（元） | | | |
| 利润（元） | | | | 应收账款周转天数（天） | | | |
| 创汇额（美元） | | | | 流动资金周转天数（天） | | | |
| 存货（元） | | | | 存货周转天数（天） | | | |
| 借款总额（元） | | | | 销售利润率（%） | | | |
| 应收账款（元） | | | | 产品销售率（%） | | | |
| 员工人数（人） | | | | 负债比率（%） | | | |
| | | | | 投资收益率（%） | | | |
| 本年度财务状况分析 | | | | | | | |

## 八、财务状况分析表

财务状况分析表

| 项次 | 检讨项目 | 检讨 | 评核 | | |
|---|---|---|---|---|---|
| | | | 良 | 可 | 差 |
| 1 | 投入成本 | □ 投资事业过多 □ 增资困难 | | | |
| 2 | 资金冻结 | □ 严重 □ 尚可 □ 轻微 | | | |
| 3 | 利息负担 | □ 高 □ 中 □ 低 | | | |
| 4 | 设备投资 | □ 过多未充分利用 □ 可充分利用<br>□ 设备不足 □ 设备陈旧 | | | |
| 5 | 销售价格 | □ 好 □ 尚有利润 □ 差 | | | |
| 6 | 销售量 | □ 供不应求 □ 供求平衡<br>□ 竞争利害 □ 销售水平差 | | | |
| 7 | 应收款 | □ 赊销过多 □ 尚可 □ 甚少 | | | |
| 8 | 应收票据 | □ 期票过多 □ 适中 □ 支票甚少 | | | |
| 9 | 退票坏账 | □ 很多 □ 尚可 □ 甚少 | | | |
| 10 | 生产效率 | □ 高 □ 尚可 □ 差 | | | |
| 11 | 附加价值 | □ 低 □ 尚可 □ 差 | | | |
| 12 | 材料库存 | □ 多 □ 适中 □ 短 | | | |
| 13 | 采购期 | □ 过长 □ 适中 □ 短 | | | |
| 14 | 耗料率 | □ 高 □ 中 □ 理想 | | | |
| 15 | 产品良品率 | □ 低 □ 中 □ 高 | | | |
| 16 | 人工成本 | □ 高 □ 适中 □ 低 | | | |
| 17 | 成品库存 | □ 多 □ 适中 □ 少 | | | |
| 18 | 在制品库存 | □ 多 □ 适中 □ 少 | | | |

# 第三章 问题解答

## 1.财务报表分析具有哪些功能?

财务报表分析的功能有三点:

（1）通过分析资产负债表，可以了解公司的财务状况，对公司的偿债能力、资本结构、流动资金作出准确判断。

（2）通过分析损益表，可以了解公司的盈利能力、盈利状况、经营效率，对公司在行业中的竞争地位、持续发展能力作出判断。

（3）通过分析财务状况变动表，了解公司营运资金管理能力，判断公司合理运用资金的能力，以及支持日常周转的资金来源是否充分并且有可持续性。

## 2.财务报表分析的对象是什么?

财务分析的对象是财务报表，财务报表主要包括资产负债表、财务状况变动表和利润及利润分配表。

## 3.财务分析报告有哪些内容?

财务报表分析是由不同的使用者进行的，他们各自有不同的分析重点，也有共同的要求。从企业总体来看，财务报表分析报告的基本内容，主要包括以下三个方面:

（1）分析企业的偿债能力，分析企业权益的结构，估量对债务资金的利用程度。

（2）评价企业资产的营运能力，分析企业资产的分布情况和周转使用情况。

（3）评价企业的盈利能力，分析企业利润目标的完成情况和不同年度盈利水平的变动情况。

以上三个方面的分析内容互相联系，互相补充，可以综合描述出企业生产经营的财务状况、经营成果和现金流量情况，以满足不同使用者对会计信息的基本需要。

## 4.财务报告撰写前应做好哪些准备工作?

（1）收集资料。

收集资料是一个调查过程，深入全面的调查是进行科学分析的前提，但调查要有目的地进行。分析人员可以在日常工作中，根据财务分析内容要点，经常收集、积累有关资料。这些资料既包括间接的书面资料，又包括从直属企业取得的第一手资料。具体包括:

a.各类政策、法规性文件。

b.历年的财务分析报告。

c.各类报纸、杂志公布的有关资料。

d.统计资料或年度财务计划。

（2）整理核实资料。

资料搜集齐全后，要加以整理核实，保证其合法性、正确性和真实性，同时根据分析的内容进行分类。整理、核实资料是财务分析工作中的中间环节，起着承上启下的作用。在这一阶段，分析人员应根据分析的内容和要点做些摘记，合理分类，以便查找和使用。

### 5.怎样为撰写财务报告积累素材？

（1）建立台账和数据库。

通过会计核算形成了会计凭证、会计账簿和会计报表，但是编写财务分析报告仅靠这些凭证、账簿、报表的数据往往是不够的。比如，在分析经营费用与营业收入的比率增长原因时，往往需要分析不同区域、不同商品、不同责任人实现的收入与费用的关系，但这些数据不能从账簿中直接得到。这就要求分析人员平时要做大量的数据统计工作，对分析的项目按性质、用途、类别、区域、责任人，按月度、季度、年度进行统计，建立台账和数据库，以便在编写财务分析报告时有据可查。

（2）关注重要事项。

财务人员对经营运行、财务状况中的重大变动事项要勤于做笔记，记载事项发生的时间、计划、预算、责任人及发生变化的各影响因素。必要时马上作出分析判断，并将各部门的文件分类归档。

（3）关注经营运行。

财务人员应尽可能多地争取参加相关会议，了解生产、质量、市场、行政、投资、融资等各类情况。参加会议，听取各方面意见，有利于财务分析和评价。

（4）定期收集报表。

财务人员除收集会计核算方面的有关数据之外，还应要求公司各相关部门（生产、采购、市场等）及时提交可利用的其他报表，对这些报表要认真审阅，及时发现问题、总结问题，养成多思考、多研究的习惯。

（5）岗位分析。

大多数企业财务分析工作往往由财务经理来完成，但报告材料要靠每个岗位的财务人员提供。因此，应要求所有财务人员对本职工作养成分析的习惯，这样既可以提升个人素质，也有利于各岗位之间相互借鉴经验。只有每一岗位都发现问题、分析问题，才能编写出内容全面的、有深度的财务分析报告。

### 6.写报告时为什么要注意阅读对象？

内部管理报告的阅读对象主要是公司管理者尤其是领导。报告阅读对象不同，报告的写作应因人而异。比如，提供给财务部领导可以专业化一些，而提供给其他部门领导，尤其对本专业相当陌生的领导的报告则要力求通俗一些；同时提供给不同层次阅读对象的分析报告，则要求分析人员在写作时准确把握好报告的框架结构和分析层次，以满足不同阅读者的需要。

### 7.财务分析报告的起草程序是怎样的？

在收集、整理好资料，确定分析报告的标题后，就可以根据企业经营管理的需要进入编制财务分析报告的阶段。这个阶段的首要工作就是起草报告。起草报告应围绕标题并按报告的结构进行。特别是专题分析报告，要将问题分析透彻，真正地分析问题、解决问题。对综合分析报告的起草，最好先拟订报告的编写提纲，然后在提纲框架的基础上，依据所收集、整理的资料，选择恰当的分析方法，起草综合分析报告。

### 8.财务分析报告的修改和审定程序是怎样的？

财务分析报告起草后形成的初稿，可交主管领导审阅，并征求主管领导的意见和建议，再反复推敲，不断进行修改，充实新的内容，使之更加完善，更能反映出所编制的财务分析报告的特点，直至最后由主管领导审定。审定后的财务分析报告应填写编制单位和编制日期，并加盖单位公章。

# 第八部分

# 内部审计管理

引言：

内部审计是在现代企业制度下自我监督、自我约束机制的重要组成部分。内部审计作为完善公司治理，降低企业经营风险的手段和方法，对企业的经营管理有着重要的影响。

# 第一章　基础知识

## 第一节　认识内部审计

内部审计是在组织内部建立的、用以检查和评价其活动的一项独立的评价职能，是对组织的一种服务。

### 一、内部审计的作用

内部审计是组织内部对各种经营活动和控制的一种独立评价、决定：

（1）是否已经确认并降低风险。

（2）是否遵循可接受的政策和程序。

（3）是否达到制定的标准。

（4）是否有效率、经济地利用资源。

（5）是否完成了组织的目标。

### 二、内部审计的内容

内部审计的内容包括三个方面，如下表所示：

**内部审计的内容**

| 序号 | 项目 | 说明 |
|---|---|---|
| 1 | 财务收支审计 | （1）核查财务和经营数据的合法性、真实性和完整性（包括财务报表和必要的原始凭证、账簿）<br>（2）对数据的收集、衡量、分类、汇报所采用的方法进行检查 |
| 2 | 专案审计 | 对严重违反财经纪律，侵占国家、公司资产，严重损失浪费等损害国家、公司利益的行为进行专案审计 |
| 3 | 专项审计 | （1）管理、效益审计：对财务收支计划、投资和经费的预算，信贷计划，外汇收支计划和经济合同的执行以及经济效益进行审计监督<br>（2）专题调查：对基建项目（招标外包）、管理层关注问题等进行专题审计<br>（3）任期、离任审计：对被审单位负责人在任职期间职责履行情况进行审计；配合上级审计机构对公司主要领导人及所属公司的主要领导人的离任经济责任进行审计 |

## 三、内部审计的三个层次

### （一）基本内部审计

单纯的财务审计，主要是确定财务、经营数据的真实性、准确性和完整性，并界定管理者经济责任。

### （二）较高水平的内审

对公司经营管理各方面政策、规章、制度的执行情况的审计。其目的是监督公司规章制度执行的严肃性，协助管理层发现并制止任何违反公司规章制度的行为。

### （三）世界先进水平的内审

对公司经营管理各方面政策、规章、制度的完善性与有效性的审计。目的是确保公司的利益得到最大化，公司的资源得到最高效和最经济的使用。

## 四、内部审计的方式

### （一）报送审计

被审单位接到审计通知书，应在指定时间将有关材料送审计机构接受审计检查。

### （二）就地审计

审计人员到被审单位进行审计，后者提供必要的工作、生活条件。

## 五、内部审计的主要职权

（1）要求被审计单位按时报送有关计划、预算、决算、合同协议、会计凭证、账簿等文件资料。

（2）检查实物、凭证、账册、报表等有关文件和资料。

（3）提出改进管理、提高效益的建议。

（4）对正在进行的严重违反财经法纪、严重损失浪费行为作出临时制止的决定。

（5）对阻挠、破坏审计工作以及拒绝提供有关资料的，经公司领导批准可以采取必要的临时措施，并提出追究有关人员责任的建议。

（6）对审计工作中的重大事项有权直接向上级审计机构如实反映。

（7）监督被审计单位严格执行审计决定。

（8）对违反财经法纪和大量浪费的被审计单位的直接责任人员和单位负责人，可建议公司总经理给予行政处分，情节特别严重的可建议移送司法机关依法追究刑事责任。

（9）参与重大经济决策的可行性论证或可行性报告事前审计。

## 第二节 内部审计工作步骤

根据内部审计工作的实质要求，审计工作可分为以下四个阶段：

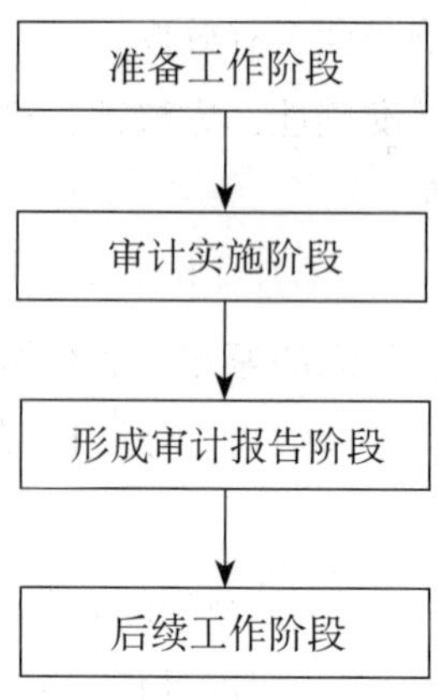


内部审计的四个阶段

### 一、准备阶段

#### （一）审计立项与授权

1.审计立项

审计立项是指确定具体的内部审计项目，即被审计的对象。审计对象包括公司下属的各子公司，公司内部的各职能部门、各项经营活动或项目、系统等。

审计对象的选择一般由以下三种方式决定：

（1）公司审计部通过对公司的经营活动风险进行系统分析后制定年度内部审计工作计划表，经批准后逐项实施。

（2）由公司董事会下达的专项审计任务。

（3）由被审计者提出审计要求，经批准实施审计业务。

2.审计批准与授权

对于已立项的审计项目，审计部应在审计实施前以正式报告的形式报审计委员会主任审核、批准与授权。

#### （二）审计准备

在确定审计事项后，审计人员开始审计准备工作，制订审计计划。审计准备工作包括以下内容：

1.初步确定具体审计目标和审计范围

内部审计的总目标是审查和评价公司各项经营管理活动，增加组织价值和改善公司运营流程。针对已确定的具体审计任务，审计人员应制定具体的审计目标，以利于拟订审计方案和审计工作结束后的审计评价。

内部审计的范围一般包括以下几个方面

（1）组织内部控制系统的恰当性、有效性。

（2）财务会计信息、资料的准确性、完整性、可靠性。

（3）经营活动的效率和效果。

（4）资产的保全情况。

（5）对法律、法规及政策、计划的遵守、执行情况。

审计人员应根据具体的审计任务确定具体的审计范围，以确保审计目标的实现。

2.研究背景资料

在制定审计计划时应收集、研究审计对象的背景资料。

（1）当审计对象为公司子公司、职能部门时，背景资料主要包括其组织结构、经营管理情况、管理人员相关资料、定期的财务报告、有关的政策法规和预算资料等。

（2）当审计对象为某一项目、系统时，背景资料主要指其立项、预算资料，合同及相关责任人资料等。

（3）如果在以前年度实施过内部审计，则应调阅以前的审计文件，关注以前的审计发现及审计对象对审计建议的态度。

### （三）成立审计小组和确定审计时间

1.成立审计小组

不同的审计项目要求审计人员具备不同的知识和技能，根据实际业务的需要，审计部门应安排适当的审计人员，指定审计项目负责人，并对审计工作进行具体的安排。

2.确定审计时间

成立审计小组的同时，应初步确定审计时间，包括审计开始的时间、外勤工作时间、审计结束及审计报告的提出时间。

### （四）准备初步审计方案

审计方案是说明审计目标、范围和具体进行的程序。完成审计工作后，审计方案是审计工作的记录。审计方案在计划审计工作时由审计负责人初步制定，并在审计工作实际进行中根据需要进行修改和调整。

在被审计单位背景资料不全或实施突击性检查等情况下，审计人员也可以在审计过程中制订和完善审计方案。

### （五）计划审计报告的提交方式、时间和对象

对审计报告的提交方式、提交时间和对象，做出明确规定。

### （六）发出审计通知书

在审计前，审计人员应通知被审计单位进行审计的时间、审计目标和范围，并要求被审计单位及时准备相关的文件、报表和其他资料，告知需要配合的相关事项。

在经授权实施突击审计的情况下，审计部门可不预先通知被审计单位。

以上为审计工作的准备阶段，完成准备工作后，审计工作即进入外勤工作阶段。

## 二、实施审计工作阶段

### （一）初步调查

1.审计座谈会

审计开始前，审计人员应与被审计单位负责人、财务负责人及其他相关人员召开审计座谈会，了解基本情况，说明审计的目标和范围以及审计中需要提供的各种资料和需要协助的范围等。

2.实地考察

审计人员应实地考察被审计单位的经营地点、设备、职员及业务情况，对被审计单位的业务活动获得感性认识。

3.研究文件资料

对被审计单位提供的及实地考察过程中得到的文件资料进行整理归档，并进行查阅、研究。

4.编写初步调查说明书

初步调查完成后，审计人员应编写简要的初步调查说明书，概括被审计单位的基本情况及初步调查的实施情况。

### （二）分析性程序及符合性测试

1.分析性程序（比较、比率和趋势分析）

审计人员应根据财务报表和有关业务数据计算相关比率、趋势变动，用定量的方法更好地理解被审计单位的经营状况。主要的分析、比较包括：

（1）实际与预算的比较。

（2）年度内各月份数据的比较及趋势分析。

（3）年度间数据的比较及趋势分析。

（4）账户间关系分析。

（5）财务和经营比率与前期、同类经营机构的分析比较。

审计人员通过比较和分析各项指标所发现的异常情况，应引起充分关注，从而有针对性地采取更详细的审计程序来审查重点领域。

2.描述和分析内部控制设计的恰当性

审计人员应采用绘制流程图、文字说明等方式描述被审计单位现有的内部控制制度。

审计人员应在认真研究、分析被审计单位现有内部控制系统的相关制度、规定等文件的情况下，对内部控制系统设计的恰当性进行评价。

3.初步分析和评价内部控制执行的有效性

（1）审计人员可采用内部控制调查表或询问相关人员等方式获得内部控制执行情况的相关信息。

（2）审计人员可采用对经营活动进行"穿行测试"或小样本测试的方式，初步评价内部控制系统的执行情况。"穿行测试"是审计人员针对关键控制点，选取一定的交易和经营活动进行程序测试或文件测试（根据组织的记录来追踪选定测试项目的整个过程）。小样本测试是选择较少的样本量对选定项目进行测试、复核，以测试真实性，了解经营活动的实际处理是否与预期一致。

（3）研究信息系统的控制制度，进行信息系统的相关测试。

信息系统的内部控制涉及被审计活动的信息收集、处理、传递和保管各个环节。尤其是各子公司的信息系统控制的有效性、恰当性直接影响其资金、资产安全及财务信息等的准确、完整性。审计人员应对被审计单位信息系统的内控制度进行全面熟悉与分析，并根据实际情况进行相关的测试。

（4）分析重大风险领域，确定重点审计的范围及方法。

通过对内部控制系统进行描述和测试后，审计人员应对被审计单位的内部控制情况进行分析并做出初步评价，评估风险，确定控制薄弱环节以及审计的重点。

### （三）实质性测试及详细审查

实质性测试及详细检查是在对内部控制的初步评价基础上，运用适当的审计技术详细审查、评价被审计单位的经营活动。

审计人员应收集充分的、可靠的、相关的和有用的审计证据（包括文件、函证、笔录、复算、询问等），进行审核、分析与研究，形成审计判断。一般应包括以下内容：

（1）加总相关明细账户余额与总账余额，比较核对两者是否一致。

（2）运用统计抽样，抽查会计记录，从凭证到账户。

（3）巡视库房，抽查清点库存物资等账面存货，确定存货的保管情况以及存货资产的存在性、完整性及计价的准确性。

（4）清查固定资产，确定资产的管理、使用情况以及增减值情况。

（5）盘点现金，核对银行存款余额，确定货币资金的安全性及账实核对情况。

（6）函证主要往来账户余额，选取无法函证或未取得回函的重要账户实行替代程序，确定往来结算的准确性。

（7）审核各类经济合同，对重要合同签订的招、投标及执行情况进行审查与评价。

（8）审查工程的预、决算资料，复算工程量，确定工程支出的合理性、准确性。

（9）检查采购计划、采购合同与发票、入库单、付款支票是否一致。

（10）采用分析性复核程序，审查成本计算的准确性、折旧计提的正确性等。

（11）检查涉税项目，确定被审计单位是否遵守国家税收法律、法规及其他规定，是否按时、足额缴纳税款。

（12）审核费用的发生情况、审批手续，确定其真实性、合法性、合理性。

## 三、形成审计结果阶段

### （一）审计发现和审计建议

内部审计人员通过执行初步调查、符合性测试和详细审查，收集适当的、有用的及相关的审计证据，并通过分析与评价形成审计发现，提出适当的审计建议。

1.审计发现

审计发现应包括事实、标准及期望、原因及结果。

（1）事实是指在审计过程中审计人员发现的实际情况、相关问题。

（2）标准及期望是指评价这些问题所依据的相关政策、规范、考核目标、预算指标等。

（3）原因是审计人员分析的实际情况与相关标准产生差异的原因。

（4）结果是指实际情况与标准产生差异造成的影响及相关风险。

审计人员应用书面文字、相关图表等详细阐述相关的审计发现，审计人员成文的审计发现应有相关的审计证据来支持。

2.审计建议

审计人员应根据具体的内部控制情况及相关的审计发现提出具体的、适当的审计建议，以利于被审计单位完善内部控制、降低经营风险。

### （二）审计报告

1.审计复核与监督

审计项目负责人应对审计人员的审计工作底稿及收集的相关证明资料进行详细的

复核，并对审计人员实施的相关审计程序进行适当的监督和管理。

2.整理审计工作底稿及相关资料，编写意见交换稿

（1）审计人员应对编制的审计工作底稿及收集的相关文件、报表、记录等证据资料及时整理、归类。审计人员应根据统一的标准对审计工作底稿及证据资料编制索引号，以便查阅。

（2）召开退出会议前，审计项目负责人应编写详细的意见交换稿，也可以编制审计报告初稿代替。意见交换稿应简要说明项目的审计目标、审计范围、实施的审计程序，并对具体的审计发现和初步的审计建议进行详细阐述。

### （三）与被审计单位交换意见

与被审计单位的沟通包括重大问题的沟通及退出会议上的意见交换。

（1）重大问题主要是指，在审计过程中发现的正在进行的重大违规或对公司利益造成严重损害的问题。在这种情况下，需要被审计单位马上采取相关的措施。审计人员应根据具体情况分析所发现问题的实质及影响，确定沟通的对象，并向公司董事长、总经理报告。

（2）召开退出会议，就相关审计发现与审计建议与被审计单位交换意见。

审核工作结束前，审计人员应与被审计单位负责人及相关责任人召开退出会议，就意见交换稿上的相关问题听取被审计单位的解释与意见，并详细记录。双方应在意见交换书上签名确认。对在有关问题上的不同意见，可由被审计单位进行书面陈述并交予审计人员，与审计人员的审计发现与建议一齐归档，以便查阅、分析。

### （四）编制正式的审计报告

外勤工作结束后，审计项目负责人应及时编制正式的审计报告。正式的审计报告是在意见交换稿的基础上根据与被审计单位沟通的结果，正式编制完成的。审计报告应用简洁、扼要的文字阐述审计目标、审计范围、审计人员执行的审计程序以及审计结论，并适当地表明审计人员的意见。被审计单位对审计结论和建议的看法，也可根据需要包括在审计报告中。

### （五）审核并报送审计报告

审计部门负责人应对审计报告及相关的审计资料进行详细审核，确认后正式报送给公司董事长及审计委员会，并对审计结果进行简要的口头汇报。审计部门也应将经批准的审计报告送予被审计单位并确认其已收到。

## 四、后续工作阶段

### （一）后续审计

在出具了正式的审计报告后，审计部门应关注被审计单位对审计结果及公司董事长对相关事项处理决定的态度。在认为合适的一段时间以后，由审计人员对被审计单位实施后续审计，确定审计中发现的问题是否得到了恰当的解决，对于暂时无法解决的问题是否告知并得到了公司董事长或董事会的批准。审计人员应对相关的风险进行评价，并将后续审计的结果及相关的风险评价报告公司董事长及审计委员会。

### （二）审计评价

审计评价是指审计部负责人对具体审计项目的执行情况、审计方法、审计程序及审计目标的完成情况进行的总结、评价。

审计评价由审计人员的自我评价、审计项目负责人的项目评价及审计部负责人的总结评价三个层次构成。每一个审计项目完成之后，审计部负责人都应督促审计人员、审计项目负责人及时做出书面总结、评价，审计部负责人也应根据实际情况签署相关的意见和建议。

### （三）审计档案

审计人员应对审计资料进行整理、装订、编号，形成内部审计档案，并由审计部负责保管。

# 第二章　管控工具

## 第一节　流程管控

### 一、企业内部审计工作流程

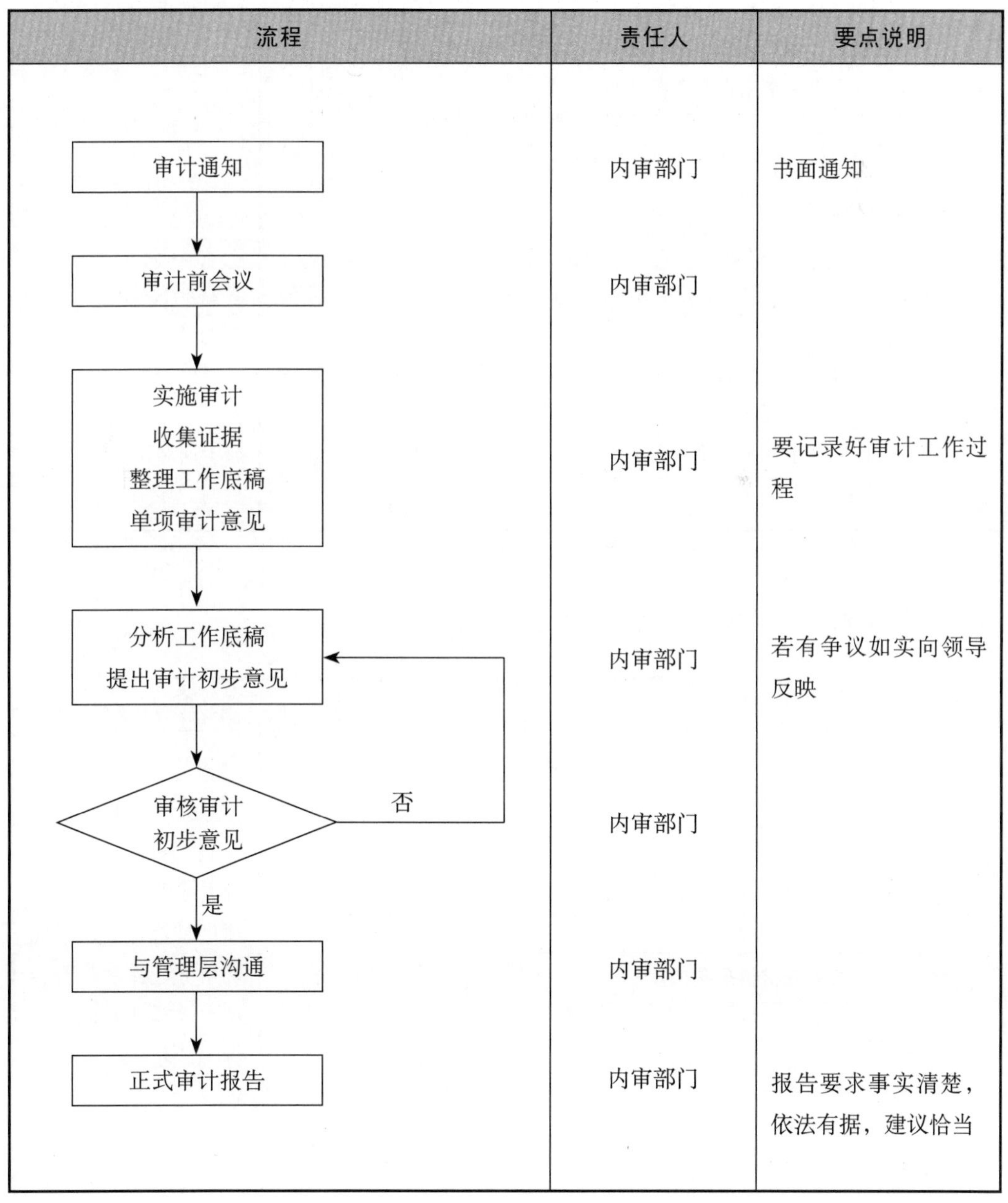

| 流程 | 责任人 | 要点说明 |
| --- | --- | --- |
| 审计通知 | 内审部门 | 书面通知 |
| 审计前会议 | 内审部门 | |
| 实施审计<br>收集证据<br>整理工作底稿<br>单项审计意见 | 内审部门 | 要记录好审计工作过程 |
| 分析工作底稿<br>提出审计初步意见 | 内审部门 | 若有争议如实向领导反映 |
| 审核审计初步意见（否：返回“分析工作底稿　提出审计初步意见”；是：进入下一步） | 内审部门 | |
| 与管理层沟通 | 内审部门 | |
| 正式审计报告 | 内审部门 | 报告要求事实清楚，依法有据，建议恰当 |

## 二、货币资金审计流程

| 流程 | 责任人 | 要点说明 |
| --- | --- | --- |
| 调查了解货币资金内部控制系统 | 内部审计员 | |
| ↓ 查验签发支票登记簿与签发支票存根 | 内部审计员 | 要仔细 |
| ↓ 抽验资金收付款凭证 | 内部审计员 | 随机抽查 |
| ↓ 核实收入货币资金收款收据 | 内部审计员 | |
| ↓ 检查日记账，抽查银行存款调节表与库存现金盘点表 | 内部审计员 | 账表要相符 |
| ↓ 检查不相容职务划分情况 | 内部审计员 | 查看职位说明及各单据的签字 |
| ↓ 检查货币资金收付凭证管理 | 内部审计员 | |
| ↓ 评价货币资金内部控制系统 | 内部审计员 | 有书面文字 |

## 三、材料采购审计流程

| 流程 | 责任人 | 要点说明 |
| --- | --- | --- |
| 审查订货合同 | 内部审计员 | |
| ↓ 审查材料的验收入库情况 | 内部审计员 | 查看采购成本的构成项目是否正确，采购费用分配比例是否合理，采购成本的计算方法是否正确 |
| ↓ 审查材料采购成本 | 内部审计员 | |
| ↓ 审查在途材料 | 内部审计员 | |
| ↓ 审查材料采购的账务处理 | 内部审计员 | |

## 四、应收账款审计流程

| 流程 | 责任人 | 要点说明 |
| --- | --- | --- |
| 取得应收款明细表 | 内部审计员 | 相关部门要配合 |
| ↓ 发出询证应收账款 | 内部审计员 | 相关人员要配合 |
| ↓ 分析询证函及应收账款余额 | 内部审计员 | 要仔细 |
| ↓ 取得或编制应收账款账龄分析表，确定应收账款的可实现价值 | 内部审计员 | |
| ↓ 审查坏账准备金的提取与使用 | 内部审计员 | 要依据坏账准备提取政策 |

## 五、应收票据审计流程

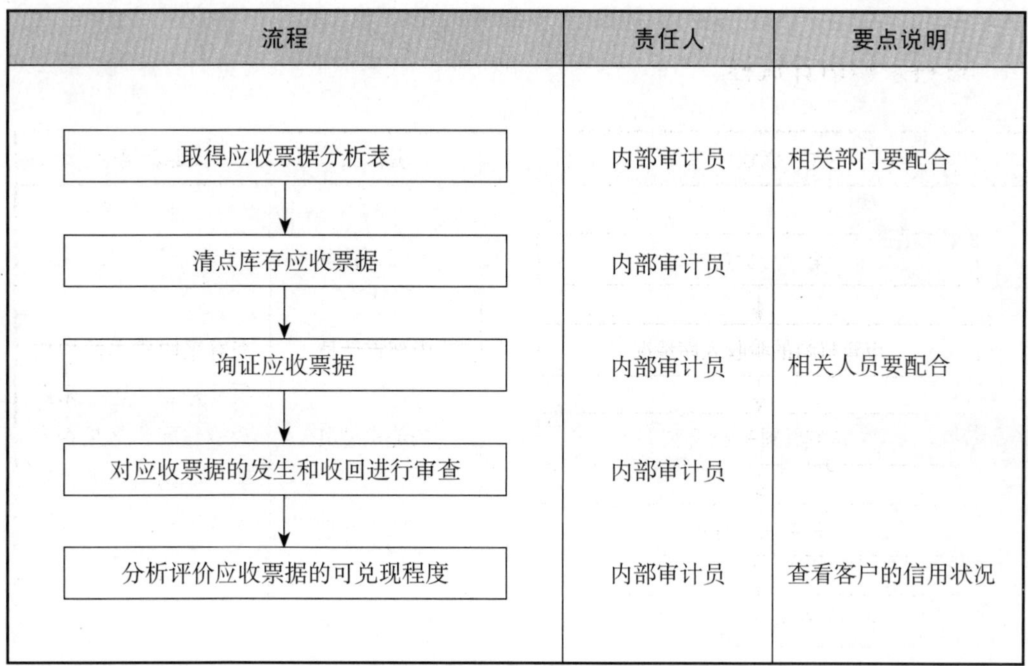

| 流程 | 责任人 | 要点说明 |
| --- | --- | --- |
| 取得应收票据分析表 | 内部审计员 | 相关部门要配合 |
| ↓ 清点库存应收票据 | 内部审计员 | |
| ↓ 询证应收票据 | 内部审计员 | 相关人员要配合 |
| ↓ 对应收票据的发生和收回进行审查 | 内部审计员 | |
| ↓ 分析评价应收票据的可兑现程度 | 内部审计员 | 查看客户的信用状况 |

## 六、主营业务收入会计处理审计流程

| 流程 | 责任人 | 要点说明 |
|---|---|---|
| 审查发票和销货合同 | 内部审计员 | 重点抽查，审查销售收入计算是否正确 |
| ↓ 根据结算方式选用不同的方法与相关账户进行对比 | 内部审计员 | 查明收入的入账金额是否正确 |
| ↓ 核实主营业务收入的截止期 | 内部审计员 | 可对决算日前后一周有关收入的记录进行检查、核实 |

# 第二节 制度管控

## 一、内部审计控制制度

| 目　　的 | 为加强公司及所属公司的管理和监督，维护财经法纪，改善经营管理，提高经济效益，根据有关内部审计工作规定，并结合公司实际情况，特制定本制度。 |
|---|---|
| 适用范围 | 适用于对公司各部门以及公司所属单位的财务收支和经济效益等进行监督。 |
| 内　　容 | 1.审计的主要任务<br>（1）对公司及所属公司的资金、财产的安全及完整进行审计监督。<br>（2）对公司及所属公司的财务收支计划、投资和经费的预算、信贷计划、收汇收支计划和经济合同的执行以及经济效益进行审计监督。 |

| | |
|---|---|
| 内 容 | （3）对公司及所属公司的会计报表进行审计。<br>（4）对公司及所属公司的承包经营责任的审计评议，配合上级审计机构，对公司主要领导人及所属公司的主要领导人的离任经济责任进行审核。<br>（5）对公司及所属各公司基建工程项目的概（预）算的执行、建设成本的真实性和经济效益进行审计。<br>（6）对公司及所属公司的内部控制制度的健全、有效及执行情况进行监督。<br>（7）对严重违反财经法规，侵占国家、公司资产，严重损失浪费等损害国家、公司利益的行为进行专案审计。<br>（8）贯彻执行有关审计法规，制定或参与研究公司及所属公司有关的规章制度。<br>（9）办理公司领导和上级审计机构交办的其他审计事项，配合上级审计部门和会计师事务所对公司所属公司进行审计。<br>2.审计部的主要职权<br>（1）有权让被审单位及时报送有关计划、预算、决算报表和文件资料等。<br>（2）检查实物、凭证、账册、有关文件和资料。<br>（3）索取有关的证明材料。<br>（4）参与有关的会议。<br>（5）对正在进行的严重违反财经法纪、严重损失浪费行为提请公司领导或有关部门作出临时的制止决定。<br>（6）对阻挠、破坏审计工作以及拒绝提供有关资料的，经公司领导批准可以采取必要的临时措施，并提出追究有关人员责任的建议。<br>（7）监督被审计单位严格执行审计决定。<br>（8）对审计工作中的重大事项有权直接向上级审计机构如实反映。<br>（9）对违反财经法纪和公司董事会有关决议的被审计单位的直接责任人员和单位负责人，可建议公司总经理给予行政处分，情节特别严重的可建议移送司法机关依法追究刑事责任。 |

| | |
|---|---|
| 内　容 | 3.审计部必须会签的项目<br>对公司的下列项目，审计部必须会签（不包括子公司）：<br>（1）基建项目。<br>（2）经济合同（包括采购合同）。<br>（3）公司的年度会计报表。<br>审计部不定时对上述项目的执行情况进行抽查。<br>4.工作程序<br>（1）审计部在年初应根据上级审计机构的部署，结合公司的实际情况，确定年度审计工作计划，报请总经理批准后实施。<br>（2）实施审计计划时应拟订审计方案，确定审计范围、内容、方式和时间，并通知被审计单位提供必要的工作条件。<br>（3）审计中必须做好工作底稿，记录审计过程，各种旁证材料都应齐全，做好调查记录并应有关人员的签名盖章。<br>（4）审计中如有争议，应如实向领导反映，必须依法有据，实事求是地提出解决办法，切忌主观、武断。<br>（5）每项审计工作结束后，最迟不得超过两个星期提出审计报告。<br>a.审计报告的要求：事实清楚、数据确实、依法有据、建议恰当。<br>b.审计报告在征求补充审计单位意见后（不是同意审计报告），报送公司经理审定批示，做出审计结论和处理决定，通知被审计单位执行。<br>c.被审计单位在听取审计报告草稿后有不同意见时，首先对事实和数据是否确切可提出补充意见，经审计部查明后修改或补充。被审计单位对审计报告的法规依据、处理建议的内容也可以提出不同看法，审计部可以采纳或维护报告。<br>d.被审计单位对总经理指示的审计报告必须执行，审计部必须在一定时期内向总经理报告执行结果。<br>e.审计报告后若有情况变化和有新的重要数据，经查明后，被审计单位应向审计报告，并同时向总经理报告，由总经理决定原审计报告的修改或继续执行。 |

| | |
|---|---|
| 内　容 | f.每个审计报告及工作底稿附件等必须在一个月内整理装订成册，归档备查。<br>5.奖惩<br>（1）对审计工作成绩显著的工作人员以及在揭发检举中的有功人员应给予表扬和奖励。<br>（2）审计人员泄漏机密，有以权谋私、舞弊行为者应给予行政处分，情节严重构成犯罪的提请司法机关依法追究其刑事责任。<br>（3）对打击、报复检举揭发人员者，不论其职位高低，在公司内部由总经理根据情节严重程度给予行政和经济处分，情节特别严重的报有关部门处理直到依法追究其法律责任。 |

## 二、采购、生产、销售及存货管理内部控制审计制度

| | |
|---|---|
| 目　的 | 为了加强公司对采购、生产、销售业务的内部控制审计，规范采购与付款、生产、销售与收款业务行为，根据《中华人民共和国审计法》、《审计署关于内部审计工作的规定》、《内部审计准则》等法律法规及公司相关制度，特制定本制度。 |
| 适用范围 | 适用于本公司及所属分公司、控股子公司的采购、生产、销售管理内部控制审计工作。 |
| 内　容 | 1.术语<br>（1）采购物资：主要包括原材料、辅助材料、外协加工产品和代理产品等。<br>（2）生产：指对采购物资进行加工形成完工产品的过程。<br>（3）销售：包括专用设备和代理产品等的销售。<br>（4）存货：包括原材料、辅助材料、在制品、产成品、通用产品等。 |

| 内　容 | 2.采购业务内部控制审计<br>（1）审查采购业务是否建立了相应的管理制度和内部控制制度，已建立的制度是否健全、完整和有效。<br>（2）审查采购业务的岗位是否职责分工明确，不相容岗位是否分离。<br>（3）审查采购业务决策审批程序是否符合相关规定。<br>（4）审查采购申请及订货业务是否符合内控流程，履行审批手续。<br>（5）审查采购物资价格的确定是否符合公司相关规定。<br>（6）审查采购材料物资是否按规定进行验收入库。<br>（7）审查物资入库是否按规定进行管理并记录。<br>（8）审查付款是否按规定支付，成本核算及账务记录是否按有关会计制度办理。<br>3.生产业务内部控制审计<br>（1）审查生产业务是否建立了相应的管理制度和内部控制制度，已建立的制度是否健全、完整和有效。<br>（2）审查生产业务的岗位是否职责分工明确，不相容岗位是否分离。<br>（3）审查生产业务决策审批程序是否符合相关规定。<br>（4）审查生产计划编制过程是否符合规定程序。<br>（5）审查生产前期准备工作是否按规定开展。<br>（6）审查材料的领用是否与生产计划相符。<br>（7）审查生产制造过程是否按规定进行，相关部门是否进行质量检验。<br>（8）审查在制品、产成品成本归集是否按有关会计制度办理。<br>（9）审查产成品入库时是否经过检验并分类管理。<br>4.销售业务内部控制审计<br>（1）审查销售业务是否建立了相应的管理制度和内部控制制度，已建立的制度是否健全、完整和有效。<br>（2）审查销售业务的岗位是否职责分工明确，不相容岗位是否分离。<br>（3）审查销售业务决策审批程序是否符合相关规定。 |
|---|---|

| | |
|---|---|
| 内　容 | （4）审查销售政策是否健全可行并有效执行，销售产品结构设计是否适应市场需求及时更新。<br>（5）审查销售业务是否按规定对客户进行严格的信用管理和审查。<br>（6）审查货物出库、发运是否符合流程规定。<br>（7）审查销售收入是否及时取得、正确记录，应收账款的催缴是否及时，坏账准备的计提是否符合公司会计政策规定。<br>（8）审查应收款项控制程序是否健全可行并有效执行，检查应收账款的对账记录。<br>5.存货管理内部控制审计<br>（1）审查存货管理是否建立了相应的管理制度和内部控制制度，已建立的制度是否健全、完整和有效。<br>（2）审查存货管理岗位是否职责分工明确，不相容岗位是否分离。<br>（3）审查存货出入库记录与财务记账记录的核对程序是否存在并得到有效的执行。<br>（4）审查存货的出入库验收制度是否健全并得到有效的执行。<br>（5）审查存货的盘点制度是否健全并得到有效的执行。<br>（6）审查存货盘盈盘亏的处理是否符合相关制度。<br>（7）审查存货的财务记录是否符合相关的会计准则。 |

## 三、筹（融）资与投资内部控制审计制度

| | |
|---|---|
| 目　的 | 为了加强公司对筹（融）资、投资的内部控制审计，规范筹（融）资与投资行为，根据《中华人民共和国审计法》、《审计署关于内部审计工作的规定》，特制定本制度。 |
| 适用范围 | 适用于本公司筹（融）资与投资内部控制审计工作。 |

| | |
|---|---|
| 内 容 | 1.定义<br>本制度所称的筹（融）资主要包括股权筹（融）资和债权筹（融）资。本制度所称的投资主要包括理财型投资、股权型投资及固定资产投资。<br>2.项目管理内部控制审计<br>（1）审查项目管理是否建立了相应的管理制度和内部控制制度，已建立的制度是否健全、完整和有效。<br>（2）审查项目管理岗位是否职责分工明确，不相容岗位是否分离。<br>（3）审查决策审批程序是否符合相关规定。<br>（4）组织保证条件方面：<br>a.是否有健全的筹（融）资与投资项目管理体制和组织机构，并配备了适当的管理人员。<br>b.是否建立了项目责任制和岗位责任制，管理人员的职责分工是否明确，岗位设置和职责分工是否体现了控制和制约的原则。<br>c.是否建立了完善的监督检查制度，管理部门是否定期了解项目的进展情况，分析经济效果，实施及时的组织协调工作。<br>3.立项控制方面<br>（1）是否提出项目的申请报告。<br>（2）是否有项目的可行性研究报告。<br>（3）是否对相关情况进行了调查。<br>（4）项目是否符合国家的有关规定，是否严格按规定的程序办理了审批手续。<br>4.计划预算控制方面<br>（1）重大项目是否纳入预算进行管理。<br>（2）重大项目预算编制的程序是否完善，编制的依据是否充分。<br>（3）重大项目的预算是否按规定程序经过批准。<br>（4）合同（协议）的签订是否有严格的会签与审批程序。<br>5.项目经费控制方面<br>（1）项目所需资金是否属于项目预算范围。 |

| | |
|---|---|
| 内　容 | （2）项目资金是否按预算和协议拨付，是否经过有关部门及领导的审批。<br>（3）项目资金是否做到专款专用。<br>6.会计核算控制方面<br>（1）是否已建立各种项目的账务核算配置系统，实行项目的总分类核算和明细分类核算。<br>（2）是否对项目有关的账目定期进行清查核对。<br>（3）对项目会计核算的程序、方法是否完善并合乎法规、数量是否正确。<br>7.债券、股票及投资资产的保管及定期盘点方面<br>（1）债券、股票及投资资产的保管是否能有效地保证财产的安全与完整。<br>（2）投资的资产是否及时到位，有无被临时挪用的漏洞。<br>（3）是否对相关资产及单据定期盘点并与会计记录核对。<br>8.项目后期控制方面<br>（1）债券利息支付、股票股利发放等审批手续是否齐全，程序是否完整，是否合法、合乎法规、及时准确。<br>（2）筹（融）集资金的使用是否合理有效。<br>（3）是否对投资的效果进行了分析和总结。<br>（4）处置投资资产时是否经过了严格的审批手续，是否经过了合理的财务分析。<br>（5）处置程序是否得当，处置资产所得款项是否及时回收。 |

## 四、固定资产管理内部控制审计制度

| | |
|---|---|
| 目　的 | 为了加强公司对固定资产管理的内部控制审计，规范固定资产管理行为，根据《中华人民共和国审计法》、《审计署关于内部审计工作的规定》、《内部审计准则》等法律法规及公司相关制度，特制定本制度。 |

| 适用范围 | 适用于本公司及所属分公司、控股子公司的固定资产管理内部控制审计工作。 |
|---|---|
| 内　　容 | 1.定义<br>本制度所称的固定资产是指生产商品、提供劳务、出租或经营管理持有的，且使用寿命超过一个会计年度的房屋、建筑物、机器、设备、器具、工具等资产。<br>2.固定资产管理内部控制审计<br>（1）审查固定资产管理是否建立了相应的管理制度和内部控制制度，已建立的制度是否健全、完整和有效。<br>（2）审查固定资产核算与管理的相关部门岗位设置是否齐全，职责分工是否明确，不相容岗位是否分离。<br>（3）审查固定资产预算、取得及处置是否符合内控流程，履行审批手续。<br>（4）审查固定资产的验收、内部转移、调拨使用、报废清理等变动记录、流程是否符合相关规定。<br>（5）审查对大型固定资产的维修保养状况是否符合相关规定。要求对生产经营用的机器、汽车等易磨损、需定期保养的固定资产，按固定资产项目，逐个建立固定资产定期维修、保养记录，从而保证固定资产的正常运行，有效延长固定资产的使用寿命。<br>（6）审查固定资产的日常盘点是否符合相关规定。要求对固定资产定期进行清查盘点，并对清查盘点中发生的盘盈、盘亏、损毁等情况及时查明原因，分清责任，进行相应的会计处理。<br>（7）审查固定资产的会计核算是否符合相关规定。要求及时计账，正确计提固定资产折旧，保证账实相符。 |

## 五、会计业务内部控制审计制度

| | |
|---|---|
| 目　　的 | 为了加强公司对会计业务内部控制的审计工作，保证审计工作质量，根据《中华人民共和国审计法》、《审计署关于内部审计工作的规定》、《内部审计准则》等法律法规及公司相关制度，特制定本制度。 |
| 适用范围 | 适用于本公司及所属分公司、控股子公司的会计业务内部控制审计工作。 |
| 内　　容 | 1.定义<br>本制度所称的会计业务内部控制审计，是审计部门和审计人员依据国家的方针、政策和法律法规及本公司的有关规章制度，对被审计单位会计内部控制的合乎法规、健全与有效性进行的审计监督活动。<br>2.会计业务内控审计<br>（1）审查会计业务内部控制是否有合理的组织保证：<br>a.是否设置独立的机构对公司经济业务进行会计核算和财务管理。<br>b.是否配备适量的、符合岗位业务要求的人员。<br>c.是否设置齐全的会计业务岗位，职责分工是否明确，不相容岗位是否分离。<br>（2）审查会计业务是否建立了相应的管理制度和内部控制制度，已建立的制度是否健全、完整和有效。<br>（3）审查会计业务操作流程是否符合相关规定。<br>（4）审查会计业务职责是否履行：<br>a.是否及时、准确、全面地核算经济业务，保证财务资料的真实完整。<br>b.是否通过实施财务预算、财务决算、财务控制和财务分析等手段，加强现金流量的动态平衡管理。<br>c.是否在考虑货币的时间价值和投资的风险价值的基础上，通过相应的税务筹划、严格的成本（费用）开支控制、正确的融资决策、前瞻性的投资规划、合理的利润分配方案等手段，使公司经济效益最优。 |

<table>
<tr><td>内　容</td><td>d.是否监督指导分子公司会计核算和财务管理工作，提高公司规范运作水平。<br>（5）审查货币资金管理内部控制是否符合相关规定：<br>a.管钱和管账的人员是否分离，是否能够相互制约。<br>b.银行账户的设置、使用及核算是否合乎法规、合法。<br>c.现金、支票、发票、有价证券、结算票据、印章的管理是否符合制度规定，有无漏洞，执行是否有效。<br>d.货币资金的收支有无审核、审批制度，记账是否及时、合乎法规、准确，控制是否有效。<br>e.货币资金有无定期盘点制度，出现差错或长、短款时，处理是否及时、合乎法规。<br>f.资金的筹（融）集、调度、计划、分配和支出是否统一建账、归口管理，是否有监督机制。<br>（6）审查会计人员管理是否符合相关规定：<br>a.会计人员是否具备应有的职业道德和业务技能。<br>b.会计人员是否以国家财经政策、《会计法》等法规和本公司有关规章制度为准绳，依法办事、履行职责。<br>c.会计人员工作调动或其他原因离职，是否有交接、监交制度，并有效执行。<br>（7）审查财务部门安全性管理是否符合相关规定：<br>a.财务室是否具备防火、防盗等安全防护的硬件措施。<br>b.财务专用电脑是否具备加密、防病毒等安全防护功能，并由专人使用维护。<br>c.财务电子数据是否定期备份并妥善保管。<br>（8）审查会计档案管理是否符合相关规定：<br>a.是否有专人负责会计档案管理。<br>b.是否按规定要求整理、归档、保管、利用、销毁会计档案资料。</td></tr>
</table>

# 第三节　表格管控

## 一、审计计划表

审计计划表

编号：　　　　　　　　　　　　　　　　　　　　　填写日期：

| 被审计部门 | | 审计时间 | |
|---|---|---|---|
| 审计目标 | | | |
| 审计范围 | | | |
| 主要审计内容 | | | |
| 审计方式 | | | |
| 审计人员 | | | |
| 备注 | | | |
| 领导审批意见：<br><br>签名：　　　　日期： | | | |

## 二、审计通知单

审计通知单

☐ 定期　　☐ 不定期　　　　　　　　　　　　　　　　月　　日

| 审计单位： | 审计日期： |
|---|---|
| 审计内容： | |
| 配合事项： | |

总经理：　　　　　　　　　　　　　　　　制单：

## 三、审计工作记录

**审计工作记录**

编号：　　　　　　　　　　　　　　　　填写日期：

<table>
<tr><td>审计事项</td><td colspan="5"></td></tr>
<tr><td>审计部门</td><td colspan="5"></td></tr>
<tr><td rowspan="4">审计记录</td><td>单据</td><td>数量</td><td>金额</td><td>正确性</td><td>说明</td></tr>
<tr><td></td><td></td><td></td><td></td><td></td></tr>
<tr><td></td><td></td><td></td><td></td><td></td></tr>
<tr><td></td><td></td><td></td><td></td><td></td></tr>
<tr><td>评语</td><td colspan="5"></td></tr>
</table>

## 四、审计查账记录表

**审计查账记录表**

被审计单位：　　　　　　问题类别：　　　　　　单位：

<table>
<tr><td colspan="2">年</td><td rowspan="2">证册号</td><td rowspan="2">凭证号码</td><td rowspan="2">内容摘要</td><td rowspan="2">金额</td><td colspan="2">会计记录</td><td rowspan="2">审计结论</td></tr>
<tr><td>月</td><td>日</td><td>借</td><td>贷</td></tr>
<tr><td></td><td></td><td></td><td></td><td></td><td></td><td></td><td></td><td></td></tr>
<tr><td></td><td></td><td></td><td></td><td></td><td></td><td></td><td></td><td></td></tr>
<tr><td></td><td></td><td></td><td></td><td></td><td></td><td></td><td></td><td></td></tr>
<tr><td></td><td></td><td></td><td></td><td></td><td></td><td></td><td></td><td></td></tr>
<tr><td></td><td></td><td></td><td></td><td></td><td></td><td></td><td></td><td></td></tr>
<tr><td></td><td></td><td></td><td></td><td></td><td></td><td></td><td></td><td></td></tr>
<tr><td></td><td></td><td></td><td></td><td></td><td></td><td></td><td></td><td></td></tr>
<tr><td></td><td></td><td></td><td></td><td></td><td></td><td></td><td></td><td></td></tr>
</table>

审计组长：　　　　审计员：　　　　复核：　　　　审计日期：

## 五、审计工作报告

### 审计工作报告

审计部门：

| 审计项目 | 审计类别 | 审计期间 | 抽样比率 | 审计结果 | 备注 |
|---|---|---|---|---|---|
| | | | | | |
| | | | | | |
| | | | | | |
| | | | | | |
| | | | | | |
| | | | | | |
| 审计意见 | | | | | |

制表：　　审计专员：　　审计主管：　　财务总监：

## 六、审计工作底稿

### 审计工作底稿

| 审计对象 | | 审计时间 | |
|---|---|---|---|
| 审计内容 | | | |
| 发现的问题 | | | |
| 处理意见 | | | |
| 附件 | | | |
| 审计人员签字 | | 被审计对象签字 | |

# 第三章 问题解答

### 1.编制年度审计计划应该关注哪些因素？

单位组织年度内经济工作的中心问题；单位组织重大政策措施落实情况及存在的问题；经营管理中存在的突出问题和难点问题；群众普遍关注或反映强烈的热点问题；以往审计发现的比较突出、影响较大的问题；具体审计项目先后顺序安排；审计资源（人员数量、审计耗时与审计经费）的合理分配；后续审计的必要安排。

### 2.项目审计计划的内容有哪些？

项目审计计划的内容包括审计目标、审计范围、重要性、审计风险评估、审计小组构成、审计时间分配、专家与外部审计工作结果的利用等。

### 3.审计前的调查内容有哪些？

审计前的调查内容有经营活动情况；内部控制设计与运行情况；财务会计资料；重要合同、协议及会议记录；上次审计结论、建议及后续审计执行情况；上次外部审计意见等。

### 4.控制测试的内容有哪些？

控制测试内容包括内部控制健全性测试与有效性测试。

健全性测试是评价被审计单位各项业务活动是否建立了内部控制制度；各项内部控制制度是否符合内部控制的基本原则（全面、制衡、成本效益、权责利对称）；控制环节是否设置齐全；关键控制点是否存在；控制强点与控制弱点。

有效性测试是评价内部控制系统布局是否合理，有无多余和不必要的控制；关键控制点是否发挥作用；内部控制目标是否达到。

控制测试方法有：询问相关人员；检查内部控制生成的文件和记录；观察被审计单位经营活动；重新执行有关内部控制（穿行测试）；功能测试。

穿行测试：检查一项业务从头至尾的处理情况，以确认控制程序是否认真执行。一般采用顺查法，从凭证开始查到登记入账为止。

功能测试：查明制度执行是否发挥了控制作用，还要进行功能分析。注意是否存在多余制度（不经济、无效率、管理混乱）。

### 5.实质性测试的内容有哪些?

实质性测试内容包括业务活动效益性测试和财务收支合法性测试。测试种类有分析性程序、交易测试、余额测试和列报测试。测试方法是：询问、观察、检查、监盘、函证、分析、计算。

### 6.审计通知书有什么内容?

审计通知书的主要内容包括：

（1）被审计单位名称。

（2）审计的范围和内容。

（3）审计的方式和时间。

（4）审计组长及成员名单。

（5）对被审计单位要求。

### 7.审计通知书的下发有什么要求?

（1）审计通知书要总经理签署下达，并附带总经理授权通知书。

（2）通知书至少要提前三天出示给被审计单位。

### 8.审计工作底稿的内容有哪些?

审计工作底稿是指内部审计人员在执行审计业务过程中形成的全部审计工作记录和获取、得知的相关资料，包括：

（1）永久性文件。包括被审单位组织结构图、上一次审计报告、审计程序及建议落实情况的复印件、有关规章制度和工作流程、 财务报表、 被审单位的情况介绍。

（2）业务性文件。完整的审计程序、完成的调查问卷、其他重要文件的存档、经营流程的描述、对具体业务的考察、财务报表分析、关键问题发现记录、审计报告草稿。

（3）审计报告和落实情况，可先放在业务性文件部分，审计工作及落实情况结束后转到永久性文件部分，也可以独立作为审计工作底稿的一卷。

### 9.审计报告的结构与内容是什么?

审计报告通常由稿头、内容目录、高层总结、报告的主体部分和附件组成。

（1）稿头。包括标题、日期、参与的审计人员、报告保密等级及抄送人员名单等。

（2）内容目录。

（3）高层总结。包括审计的目的及范围、重要的审计发现和结论、审计建议、被审计单位提出的具体行动方案，以及被审计单位管理层仍存在异议的地方。

（4）报告的主体部分。包括审计的范围及背景、审计的具体工作、详细的参考文件索引、现存内控程序及其状况、控制缺陷及发生的问题、对问题原因的具体分析。

（5）附件。包括审计工作参考的文件，如专项材料、手稿、报表、调查记录稿等。